*Das prominenteste Opfer von Napoleons Rückkehr
war nicht er selbst, sondern Marschall Michel Ney,
der für seinen Eidbruch gegenüber König Ludwig XVIII.
nach den Hundert Tagen mit seinem Leben
bezahlen musste.*

Jean-Léon Gérôme: Die Hinrichtung des Marschalls Ney (1868),
Sheffield City Art Galleries (siehe Kapitel 14)

Volker Hunecke

NAPOLEONS RÜCKKEHR

DIE LETZTEN HUNDERT TAGE – ELBA, WATERLOO, ST. HELENA

Klett-Cotta

Klett-Cotta
www.klett-cotta.de
© 2015 by J. G. Cotta'sche Buchhandlung
Nachfolger GmbH, gegr. 1659, Stuttgart
Alle Rechte vorbehalten
Printed in Germany
Umschlag: Rothfos & Gabler, Hamburg
Unter Verwendung eines Fotos von © Bibliothèque des Arts
Décoratifs, Paris, France/Archives Charmet/Bridgeman Images
Gesetzt von r&p digitale medien, Echterdingen
Gedruckt und gebunden von Friedrich Pustet GmbH & Co. KG,
Regensburg
ISBN 978-3-608-94855-4

Bibliografische Information der Deutschen Nationalbibliothek
Die Deutsche Nationalbibliothek verzeichnet diese Publikation in der
Deutschen Nationalbibliografie; detaillierte bibliografische
Daten sind im Internet über <http://dnb.d-nb.de> abrufbar.

Inhalt

KAPITEL 1

Einleitung: Krieg und Konstitution

Am 31. März 1814 marschierten die alliierten Sieger in Paris ein, während sich der geschlagene Napoleon nach Fontainebleau zurückzog. Von seinen eigenen Marschällen dazu gedrängt, ergab er sich eine Woche später in das Unvermeidliche und verzichtete für sich und seine Erben auf die Throne Frankreichs und Italiens – ein Verzicht, der wenige Tage später durch den Vertrag von Fontainebleau völkerrechtlich verankert wurde (11. April). Indem er diesem Vertrag zwei Tage später durch seine Unterschrift beitrat, erwarb Napoleon sich und seinen Angehörigen das Recht, ihre bisherigen Titel weiterzuführen, und seine Anerkennung als souveräner Herrscher über die Insel Elba. Derweil betrieb der Senat, bis kürzlich Napoleons wichtigstes Herrschaftsinstrument, dessen Absetzung und die Inthronisation eines neuen Monarchen in der Person Ludwigs XVIII., der am 3. Mai feierlichen Einzug in Paris hielt.

Den Bourbonen zum Friedensschluss zu bewegen, den Napoleon seit seiner Niederlage bei Leipzig beharrlich verweigert hatte, bedurfte es lediglich eines weiteren Monats. Der am 30. Mai unterzeichnete, für Frankreich außerordentlich günstige Erste Pariser Friede sah in einem seiner Schlussartikel die Einberufung eines allgemeinen Kongresses innerhalb von zwei Monaten nach Wien vor, um die durch den gegenwärtigen Vertrag offengelassenen Fragen zu regeln. Der mit großer Verzögerung am 3. November offiziell eröffnete Kongress befand sich, wegen Uneinigkeit unter den Großmächten, in einer tiefen Krise, als er am 7. März 1815 durch die Nachricht von Napoleons Entweichen von Elba aufgeschreckt wurde. Die Kunde, dass dieser am ersten des Monats mit tausend Bewaffneten im Golfe Juan bei Cannes gelandet war, hatte Paris bereits zwei Tage früher erreicht. Prompt ergriff man in Wien und Paris Maßnahmen, den Rechtsbrecher in die Schranken zu weisen. Alle von der Pariser Regierung eingeleiteten Schritte konnten allerdings nicht verhindern, dass Napoleon, ohne einen einzigen Blutstropfen zu vergießen, bereits am Abend des 20. März in den Tuilerien-Palast einzog, den Ludwig XVIII. in der Nacht davor verlassen hatte. Napoleon hatte so leichtes Spiel, da das gegen ihn ausgesandte Militär in hellen Scharen zu ihm überlief.

Die Reaktion des Wiener Kongresses bestand darin, am 13. März den mit bewaffneter Macht in Frankreich eingefallenen Bonaparte als »Feind und Störer der Ruhe der Welt« zu ächten. Um diesem Verdikt Nachdruck zu verleihen, verpflichteten sich die Großmächte wenige Tage später, jeweils 150.000 Mann zu mobilisieren, um Napoleon außerstand zu setzen, künftig die Ruhe Europas und den allgemeinen Frieden zu stören. Da er einsehen musste, dass Europa um keinen Preis gewillt war, ihn erneut auf dem französischen Thron zu dulden, stampfte auch Napoleon, kaum dass er sich erneut als Regierungschef etabliert hatte, ein Heer aus dem Boden, mit dem er sich Mitte Juni den jenseits der französischen Nordgrenze zusammengezogenen britisch-niederländischen und preußischen Truppen entgegenwarf. Die ihm am 18. Juni durch Wellington und Blücher bei Waterloo zugefügte vollständige Niederlage führte vier Tage später zu seiner erneuten Abdankung, Entfernung aus Paris und Frankreich, so dass Ludwig XVIII. aus dem niederländischen Exil zurückkehren und am 8. Juli wieder in seine Hauptstadt einziehen konnte. Bei dieser Gelegenheit begrüßte ihn der Seine-Präfekt Chabrol mit den Worten: »Sire, hundert Tage sind seit dem unglücklichen Augenblick vergangen, als Ihre Majestät [...] unter den Tränen und Klagen aller Ihre Hauptstadt verlassen hat.«

Chabrols »Hundert Tage« sind seit damals zu einem festen Begriff in der Geschichtsschreibung geworden. Mit ihm meint man nicht nur die – tatsächlich hundertzehn – Tage der Abwesenheit Ludwigs XVIII. von Paris, sondern die ganze Zeitspanne von Napoleons Entweichen von Elba bis zu der Ende Juli über ihn verhängten Verbannung nach Sankt Helena und der Wiedereinsetzung Ludwigs XVIII., also bis zu den Anfängen der Zweiten Restauration. Um Napoleons kühnen Handstreich, dessen ebenso fulminanten Anfangserfolg wie jähes Scheitern, in seinen tieferen Ursachen zu verstehen, gehen die meisten Historiker bis zu seiner ersten Abdankung zurück, beziehen also in ihre Darstellung, wie es auch in der vorliegenden geschehen soll, die ganze Erste Restauration mit ein.

Im millenaren Lauf der Geschichte mögen die Hundert Tage wenige sein, doch für den Gang der Geschichte Frankreichs und Europas bilden sie eine tiefe Zäsur. Der Napoleon redivivus war eine doppelte Herausforderung – für sein Land und für den ganzen Kontinent. Gegenüber den europäischen Mächten kündigte er durch sein Wiedererscheinen das Arrangement von 1814 (Vertrag von Fontainebleau und Pariser Friede) auf, und zwar gegenüber zum Frieden bereiten Gegnern, die ihn jahrelang als friedlos und kompromisslos kennengelernt hatten, als jemanden, der nur die Sprache der Waffen versteht. Nicht weniger bedrohlich war seine Rückkehr für sein eignes Land, das sich 1814 seiner entledigt hatte, weil es nicht gewillt war, länger die kaiserliche Diktatur zu ertragen. Um überhaupt eine Chance zu haben, von Europa und Frankreich als Herrscher dieses Landes geduldet zu werden, musste Napoleon sich den Anschein geben, nicht mehr der alte zu sein, sondern friedfertig, kompromissbereit, als ein der Freiheit der Franzosen und der Völker verpflichteter Herrscher. Bei den europäischen Mächten stießen Napoleons Friedensbeteuerungen von vornherein auf ungläubige Ohren; die Franzosen wussten also, dass Napoleon an der Macht erneut Krieg mit Europa bedeutete.

Diese (von der napoleonischen Propaganda tunlichst verheimlichte) Tatsache einmal beiseite lassend, bleibt im Hinblick auf Frankreich das Problem der auch unter Napoleon nie befriedigend gelösten Verfassungsfrage. Nachdem Ludwig XVIII. mit der »oktroyierten« Verfassung vom 4. Juni 1814, der Charte constitutionnelle, wesentliche Freiheitsforderungen, die seit 1789 auf der politischen Agenda der Franzosen standen, erfüllt hatte, war es für Napoleon unmöglich, an sein anderthalb Jahrzehnte lang praktiziertes diktatorisches Regime einfach anzuknüpfen; auch er musste, wenn die Franzosen ihn erneut akzeptieren sollten, den von Ludwig XVIII. gewiesenen Weg einer konstitutionellen und liberalen Regierung einschlagen, zu dessen Liberalismus gewissermaßen in Konkurrenz treten. Doch in einem solchen Konkurrenzkampf war er notwendigerweise von vornherein der Unterlegene. Der dynastischen Legitimität des Bourbonen, der überdies den Frieden mit Europa verbürgte, hatte Napoleon allein seine materielle Legitimität entgegenzusetzen, das heißt seinen und Frankreichs militärischen Ruhm, das von ihm errichtete Empire, dessen einstige Prädominanz über den Kontinent. Doch um Europa und den Franzosen die Furcht vor einem neuerlichen Krieg zu nehmen, musste er sich verbal davon distanzieren. Dies tat er, indem er, von seinem Ziel Paris noch weit entfernt, bereits am 9. März in Grenoble die zu ihm übergelaufenen Soldaten harangierte: »Wir müssen vergessen, dass wir einst die Herren der Nationen waren«; und gut vierzehn Tage später verkündete er den in feierlicher Sitzung versammelten Grands Corps d'État: »Ich habe den Ideen des Grand Empire entsagt.«[1] Wenn das ernst gemeint war, hätte Napoleon den Franzosen überhaupt nichts zu bieten gehabt, was sie mit Ludwig XVIII. ohne Krieg haben konnten.

Um gegen das ihm feindliche Europa überhaupt eine Chance zu haben, musste Napoleon die Franzosen für sich gewinnen. Da er ihnen keinen Frieden versprechen konnte, musste er ihnen wenigstens Freiheit gewähren. Diesen Versuch, in Frankreich, die ludovizianische Charte noch überbietend, politische und bürgerliche Freiheit zu begründen, unternahm er mit der am 22. April verkündeten Verfassung, die dem Verlangen der Franzosen nach Freiheit und konstitutioneller Regierung weitgehend Rechnung trug. Aber so wenig wie der Bourbonenkönig konnte er sich dazu durchringen, das französische Volk uneingeschränkt in seine Souveränitätsrechte einzusetzen, ihm den *pouvoir constituant*, die verfassunggebende Gewalt, zuzubilligen. Wie der, gemessen an ihrer Zeit, erzliberalen Charte der Makel anhaftete, »oktroyiert« zu sein, so der napoleonischen Verfassung ihr, das Volk als Souverän entmündigender, Titel: *Acte additionnel aux constitutions de l'Empire*. Auf diese Bezeichnung wollte Napoleon um keinen Preis verzichten. Gegen Benjamin Constant, der ihn davon abzubringen versuchte, wandte er ein: Ihr wollt mir meine Vergangenheit rauben, an der ich festhalten will. »Die neue Verfassung muss an die alte anknüpfen. Nur so hat sie die Sanktion der von Ruhm und Erfolgen gekrönten Jahre.«[2] Aus seiner Sicht hatte Napoleon mit seinem Beharren auf den Verfassungen des Empire völlig recht. Denn die einzige Legitimität, die er für sich in Anspruch nehmen konnte, bestand in seiner Vergangenheit, darin, was er als Erster Konsul und Kaiser erreicht hatte. Um sich erneut in den Besitz der Macht zu setzen, mochte er zwar beteuern, auf die Ideen des Grand Empire, auf eine imperiale Politik künftig verzichten zu wollen, aber schier unmöglich war es ihm, seine eigene Vergangenheit auszulöschen und solches Europa und die Franzosen glauben zu machen.

Mit Napoleons Rückkehr standen also erneut zwei Kernprobleme auf der Tagesordnung der französischen und der europäischen Politik, die Frankreich und Europa seit einem Vierteljahrhundert in Atem gehalten hatten – Verfassung und Krieg. Diese einander scheinbar so fernen, ja gegensätzlichen Tatbestände waren in der damaligen Situation unauflöslich miteinander verschränkt. Um in dem unausweichlich heraufziehenden Krieg gegen das ihm feindliche Europa bestehen zu können, bedurfte Napoleon der möglichst uneingeschränkten Unterstützung durch die Nation. Um sie zu gewinnen, standen ihm theoretisch zwei Wege offen: der Appell an den patriotischen Geist der Massen, der erfordert hätte, der jakobinischen Politik der *patrie en danger* von 1792/93 nachzufolgen. Doch das kam für einen Napoleon, 1792 in Paris Zeuge des Sturms auf das Königsschloss und der Septembermorde und seitdem von tiefem Abscheu gegen Aktionen der Masse erfüllt, nicht in Frage. Daher musste er die Notabeln, lange Zeit die verlässlichsten Stützen seiner Herrschaft, erneut für sich zu gewinnen suchen; doch das setzte voraus, dass er der Diktatur zugunsten einer konstitutionellen Regierung entsagte, also das Wagnis einging, mitten in dem schwersten Waffengang, der Frankreich seit 1792 bevorstand, die Verfassung des Landes auf eine parlamentarisch-liberale Grundlage zu stellen.

Auch für die Alliierten war es auf der anderen Seite mit einem militärischen Sieg über Napoleon allein nicht getan. Um einem solchen Dauer zu verleihen, um in Europa dauerhaft eine neue Friedensordnung aufzurichten, mussten in Frankreich auf Napoleon ein Regime und ein Monarch folgen, die dies am sichersten zu verbürgen versprachen. Da man nach den bitteren Erfahrungen der Hundert Tage solches den Franzosen nicht allein zu überlassen für opportun hielt, war eine Einmischung in die innerfranzösischen Angelegenheiten, welche die alliierten Sieger zunächst ganz und gar nicht beabsichtigt hatten, unvermeidlich; dem mit alliierter Unterstützung restaurierten Ludwig XVIII. trug dies jedoch das seine ganze weitere Regierungszeit vergiftende Stigma ein, im Tross der verbündeten Armeen zurückgekehrt zu sein – »dans les fourgons de l'étranger«. So hatte Frankreich zwar erneut die Charte; doch sie wurde, ohne dass auch nur ein Buchstabe an ihr verändert worden wäre, nicht mehr als die Charte von 1814 wahrgenommen. Ihr haftete das Odium an, allein infolge der Niederlage von Waterloo Geltung erlangt zu haben, dank der demütigendsten Niederlage, die Frankreich seit vier Jahrhunderten, seit Azincourt erlitten hatte. So wenig wie die Charte glich die Restauration von 1815 der von vielen Franzosen als glücklich und befreiend empfundenen Restauration des Vorjahres, und noch weniger glich der am 20. November 1815 geschlossene Zweite Pariser Friede dem auf Ausgleich bedachten Frieden vom Jahr davor. Nun erfuhr Frankreich zum ersten Mal selbst, was Napoleon anderthalb Jahrzehnte lang seinen unterlegenen Gegnern angetan hatte: Gebietsabtretungen, Kriegsentschädigung in vielhundertfacher Millionenhöhe, militärische Besetzung und die mit ihr verbundenen Kontributionen, Herausgabe der erbeuteten Kunstwerke.

Das größte und dauerhafteste Leid verursachte der Rückkehrer Napoleon indes dadurch, dass er den von ihm selbst zu Beginn seiner ersten Herrschaft beigelegten Parteizwist und Bürgerkrieg der Revolutionszeit erneut entfachte und in solcher Weise vertiefte, dass Frankreich bis gegen Ende des Jahrhunderts ein politisch und gesellschaftlich tief zerrissenes Land blieb. Auf Waterloo folgte die militärische Besetzung von mehr als sechzig Departements durch eine Million alliierte Soldaten. Was Frankreich insbesondere durch die preußischen Besetzer zu erdulden hatte, sollte die Beziehungen zwischen beiden Ländern für anderthalb Jahrhunderte auf unheilvolle Weise belasten. Die Hundert Tage läuteten nicht nur in Frankreich eine Epoche der Reaktion ein, sondern auch, wie die am Rande der Friedensverhandlungen am 26. September 1815 in Paris durch Zar Alexander, Kaiser Franz und König Friedrich Wilhelm vereinbarte Heilige Allianz befürchten ließ, in ganz Mittel- und Osteuropa.

Was war nun Ursache von Anfang und Ende der Cent-Jours und ihrer anscheinend in jeder Hinsicht negativen Bilanz? Die früheste Deutung der Ereignisse geht auf ihren Urheber selbst zurück – auf Napoleon. Ihm zufolge waren es die Schmerzens- und Hilfeschreie des von den Bourbonen gepeinigten französischen Volkes, das die kaiserliche Regierung zurückverlangte; diesem Appell mochte er sich nicht versagen, und getragen von einer Woge enthusiastischer Zustimmung des Volks bestieg er, ohne einen einzigen Schuss abzugeben, binnen zwanzig Tagen erneut den allein ihm legitimer Weise gebührenden Thron. Wenn er nach nur drei

Monaten diesen Thron erneut verlor, war das in den Augen des so rasch wieder Gestürzten die Folge von Waterloo, der durch Verrat und Fehler seiner Marschälle verursachten Niederlage. Viel von dieser Sicht der Ereignisse hat sich in der populären Vorstellung bis heute erhalten, doch der Wirklichkeit wird sie nicht im Entferntesten gerecht. Ihr kommt man erheblich näher, wenn man die Rolle des Militärs in Napoleons Aufstieg und Fall genau umgekehrt sieht. Richtig ist zwar, dass Napoleon, um in Paris erneut die Herrschaft an sich zu reißen, keinerlei militärische Gewalt anwenden musste; hierauf konnte er verzichten, weil die gegen ihn ausgesandten Soldaten und Offiziere, die einst fast allesamt unter ihm gedient hatten, in hellen Scharen zu ihm überliefen. Seinen Thron verdankte er also einer massenhaften Meuterei bzw., wie manche es sehen, einem militärischen Staatsstreich.

Zwar ist auf der anderen Seite gewiss nicht zu verkennen, dass seine Niederlage bei Waterloo Napoleons Sturz befördert hat. Doch über sein ferneres Verbleiben auf dem Thron wurde die Entscheidung nicht auf dem Schlachtfeld gefällt, sondern in Paris, wo er am dritten Tag nach der Schlacht wieder aufgetaucht war. Hier bekam er es mit einem Gegner zu tun, der auf seine Weise nicht weniger unnachgiebig war als Wellington und Blücher zusammen. Dieser Gegner war die von den Notabeln dominierte öffentliche Meinung und insbesondere das von ihm selbst einberufene Parlament, gewählt von Wahlmännern, die allesamt seinem früheren Regime entstammten. Noch am 11. Juni, als er zur Armee, zu seinem letzten Feldzug aufbrach, hatte Napoleon die frisch gewählten Abgeordneten eindringlich ermahnt, die gegenwärtige Notlage zu bedenken und sich nicht in sterile Verfassungsdebatten zu verstricken; doch genau das taten die Abgeordneten. Sie gaben der in ihren Augen noch immer nicht befriedigend gelösten Verfassungsfrage den Vorrang vor der Abwehr des äußeren Gegners. Kaum einer von ihnen wünschte offen eine Niederlage der französischen Waffen, aber auch keinen Sieger Napoleon, in dem sie erneut den Diktator witterten. Indem sie nach Waterloo intransigent auf Napoleons Abdankung bzw. Absetzung drangen, vollzogen die Abgeordneten, wenn man die damals gültige Verfassung zugrunde legt, einen parlamentarischen Staatsstreich, der das definitive Ende der napoleonischen Herrschaft bedeutete.[3] Napoleons abermaliger Sturz hatte also dieselbe Ursache wie seine erste Absetzung – nämlich dass es ihm, wie den Franzosen insgesamt, noch immer nicht gelungen war, das Urproblem von 1789 zu lösen, dem Land eine ihm zuträgliche Verfassung zu geben.

Neben vielen Verlierern und Belastungen für die Zukunft – die immensen menschlichen und materiellen Verluste des Feldzugs von 1815; die zahlreichen Opfer der *Terreur blanche* in den Anfängen der Zweiten Restauration; der in seiner Knospe erstickte junge französische Liberalismus; die bis zur Dritten Republik währende politische Instabilität Frankreichs; die auf beiden Seiten des Rheins genährten nationalistischen Ressentiments – neben all dem sahen die Hundert Tage auch einen Profiteur, nämlich in der Person ihres Verursachers. Um die auf den ersten Blick wie eine flüchtige Episode erscheinenden Hundert Tage in ihrer ganzen Tragweite zu erfassen, versuche man sich einmal vorzustellen, Napoleon wäre nicht von Elba zurückgekehrt. Sich auszumalen, wie dann seine letzten Lebensjahre – etwa als aufgeklärter, reformfreudiger Inselfürst – ausgesehen haben könnten, wäre ein müßiges Gedankenspiel. Absolut gewiss dagegen ist, dass sich die Welt, und zwar schon seit damals, ein ganz anderes Bild von ihm geformt hätte. Ein Napoleon ohne Waterloo wäre nie nach Sankt Helena verbannt worden, und ohne sein Exil am Rande der zivilisierten Welt hätte er nicht sechs Jahre lang bis zu seinem Tod an seiner eigenen Legende weben und, seinen Begleitern diktierend, sein eigener Plutarch werden können. Ohne seine Rückkehr wäre ihm ein großer, wohl der größte Teil seines Nachruhms vorenthalten geblieben und er hätte nicht bis ins 21. Jahrhundert hinein die Phantasie von Literaten und Geschichtsschreibern beschäftigt.

Napoleons bis heute anhaltender Popularität hat seine Rückkehr nicht nur nicht geschadet, sondern sogar kräftig Vorschub geleistet – und das, obgleich er dadurch seinem eigenen Land unermesslichen Schaden zugefügt hat. In Frankreich verhalf sein Wiedererscheinen einerseits dem unseligen Ultraroyalismus zum Durchbruch und andererseits der Bildung einer bonapartistischen Partei, die beide für mehr als zwei Generationen ihren verderblichen Einfluss auf das politische Leben des Landes ausübten. Seine Rückkehr von Elba, die manchen als sein größtes und unverzeihlichstes Verbrechen gilt, ist bis heute der kräftigste Springquell der napoleonischen Legende geblieben. Hiervon zeugen nicht zuletzt die bereits seit geraumer Zeit auf Hochtouren laufenden Vorbereitungen, des Bicentenaire von Waterloo zu gedenken. Diese fügen sich bruchlos in den Mythos von dem Helden ein, der allein fremder Übermacht, also in einem unfairen Kampf, wenn nicht gar durch Verrat erlag. Die neuerliche Betrachtung der Hundert Tage, eingebettet in den gesamten Zeitraum von der Ersten bis zur Zweiten Restauration, soll dagegen zeigen, dass letztlich nicht die Waffen über Napoleons Schicksal entschieden haben, sondern der bis in die Anfänge der Revolution zurückreichende Kampf um eine der neuen Zeit angemessene politische Ordnung Frankreichs.

KAPITEL 2

Das Ende des Kriegs und der napoleonischen Herrschaft

Mit dem Beginn des Jahres 1814 trat der 1792 begonnene Krieg in seine letzte, entscheidende Phase ein. Um die Jahreswende überschritten die Heere der Verbündeten den Rhein und trugen den Krieg auf französischen Boden, der als nahezu einziges Gebiet auf dem Kontinent seit zwanzig Jahren von ihm verschont geblieben war. Vor der starken Übermacht des Gegners wichen die von den Marschällen geführten französischen Einheiten nach und nach zurück. Nachdem er in Paris die des Kriegs überdrüssige Opposition zum Schweigen gebracht und für die Dauer seiner Abwesenheit die Regentschaft geregelt hatte, setzte Napoleon sich am 25. Januar selbst an die Spitze seiner Truppen und errang im Verlauf der nächsten sechs Wochen durch blitzschnelle Manöver eine Serie von Siegen über die ihm zahlenmäßig meist überlegenen preußischen, russischen und österreichischen Einheiten.

Sein militärischer Genius mochte, wie manche meinen, selten so leuchtend geglänzt haben wie zu jener Zeit, aber politisch blieb Napoleon so verblendet wie immer. Er weigerte sich, die wachsende Kriegsmüdigkeit in seinem eigenen Land, insbesondere auch unter seinen Marschällen, zur Kenntnis zu nehmen, und verkannte die Entschlossenheit der alliierten Chefs, ihn nicht nur militärisch zu besiegen, sondern auch, da er das alleinige Hindernis für einen Friedensschluss darstellte, politisch zu entmachten. Napoleon ge-

nügte, wie am 10. Februar bei Champaubert (Dept. Marne),
die Aufreibung eines einzigen russischen Korps von 5.000
Mann, um in Jubel auszubrechen: »Wovon hängt nicht das
Schicksal ganzer Reiche ab! Wenn wir morgen einen ähnlichen Erfolg über [den russischen General] Sacken erringen
wie den heutigen [...], wird der Feind schneller über den
Rhein zurückweichen, als er gekommen ist, und ich werde
wieder an der Weichsel stehen.« Und nachdem er eine Woche später bei Montereau eine andere feindliche Einheit zum
Rückzug gezwungen hatte, triumphierte er gegenüber seinem
Bruder Joseph: »Fortuna ist zu mir zurückgekehrt; ich bin
wieder Herr der Lage.«[4]

Diese scheinbaren Wendungen des Schicksals zu seinen
Gunsten verleiteten ihn, bei den – parallel zu den Kampfhandlungen geführten – Friedenssondierungen in Châtillon-
sur-Seine eine unnachgiebige Haltung einzunehmen. Den
Bedingungen der Verbündeten, Rückführung Frankreichs
auf seine (im Detail rektifizierten) Grenzen von 1792, setzte
Napoleon die Forderung nach den »natürlichen Grenzen«
entgegen, also Frankreich zwischen Rhein, Ozean, Alpen und
Pyrenäen; und beflügelt von seinen ephemeren Siegen verlangte er Mitte März überdies für seinen Stiefsohn Eugen
das Königreich Italien (mit den Ionischen Inseln), für seine
Schwester Elisa Lucca und Piombino, das Fürstentum Neu-
châtel und das Großherzogtum Berg für ihre vormaligen Besitzer sowie manches andere mehr, woraufhin die Alliierten
am 18. März die Verhandlungen durch die französische Seite
für beendet erklärten. Die Forderung nach Wiederherstellung der Grenzen von 1792 war aus französischer Sicht zuge-
gebenermaßen sehr hart und für einen Napoleon im Grunde
unannehmbar. Eher wollte er auf seinen Thron verzichten
und die Bourbonen darauf zurückkehren sehen, als eine sol-

che ihn und die Nation entehrende Bedingung anzunehmen. Allein die Bourbonen könnten die Demütigung »eines von den Kosaken diktierten Friedens« akzeptieren, da sie kein Opfer bringen müssten: Sie fänden das Land so groß wieder vor, wie sie es verlassen hätten.

Unmissverständlicher konnte Napoleon nicht kundtun, dass ein Friede auf der Grundlage des *Status quo ante bellum* mit ihm nicht zu haben sein würde. Damit seine Versuche, die unter sich längst nicht in allen Punkten einigen Alliierten zu spalten, insbesondere Österreich aus der Koalition herauszubrechen, keinen Erfolg hätten, verpflichteten sich diese im Vertrag von Chaumont (8. März) gegenseitig, »nicht getrennt mit dem gemeinsamen Feind zu verhandeln.«[5] Mit seinem Beharren auf einem »ehrenvollen« Frieden, sprich: auf die »natürlichen Grenzen«, brachte Napoleon sich selbst um seinen Thron. Denn ein solcher Friede stand in krassem Widerspruch nicht nur zu den Kriegszielen der Verbündeten, sondern auch zur Friedenssehnsucht der meisten Franzosen. Nachdem die Alliierten am 24. März beschlossen hatten, Napoleon mit seinen nur noch wenigen Truppen einfach in ihrem Rücken zurückzulassen und direkt auf Paris zu marschieren, war die Kapitulation der Hauptstadt in Bälde zu erwarten, da sowohl der Wille als auch die Mittel zur Gegenwehr fehlten. Dem am 30. März gestarteten Angriff auf Paris folgte nach heftigen, verlustreichen Kämpfen in der darauffolgenden Nacht gegen 2 Uhr die Kapitulation, die für die französische Seite von zwei Adjutanten von Marschall Marmont unterzeichnet wurde. Obwohl Marmont damit nur einen längst überfälligen Schritt tat, wurde ihm dieser schon bald von seinem ehemaligen Chef als »Verrat« ausgelegt – womit ein erster Baustein für die Legende des allein durch Verrat besiegten Kaisers gelegt war.

Der – aus kaiserlicher Sicht – andere große Verräter der Stunde war sein ehemaliger Außenminister Talleyrand, der im Gegensatz zu anderen hohen Funktionären in der Absicht in Paris geblieben war, die fällige Ablösung des napoleonischen Regimes durch ein neues selbst in die Hand zu nehmen.

Im Einverständnis mit Zar Alexander (den er dazu bewog, in seinem Hôtel in der Rue Saint-Florentin Quartier zu nehmen) entwarf Talleyrand eine Art Fahrplan, nach dem der Regimewechsel vonstatten gehen sollte. Mit dessen Ablauf wurden die Pariser durch ein von Zar Alexander unterzeichnetes Plakat bekannt gemacht, das mit dem Datum des Vortags am Morgen des 1. April in der Stadt angeschlagen wurde. In der Absicht, den Wünschen der französischen Nation gemäß handeln zu wollen, erklärten die alliierten Souveräne darin: Die Friedensbedingungen müssten härter ausfallen, wenn es erforderlich sei, den Ehrgeiz Bonapartes zu zügeln; sie könnten aber milder sein, wenn Frankreich selbst durch die Rückkehr zu einer gemäßigten und besonnenen Regierung (gouvernement sage) für die Zukunft Ruhe und Ordnung verspreche. Sie erklärten, weder mit Napoleon Bonaparte noch mit einem anderen Mitglied seiner Familie verhandeln zu wollen; die Integrität des alten Frankreich unter seinen legitimen Königen zu respektieren; die Verfassung, welche die französische Nation sich gebe, anzuerkennen und zu garantieren. Daher forderten sie den Senat auf, eine provisorische Regierung einzusetzen, welche die laufenden Geschäfte besorgen und eine dem französischen Volk zuträgliche Verfassung vorbereiten sollte.[6]

Umsichtiger ist wohl selten ein Staatsstreich (denn um nichts anderes handelte es sich) eingefädelt worden. Der von Talleyrand vorgeschobene Zar, von dem nicht wenige Rache befürchteten für das, was Napoleon Moskau angetan hatte, stellte in einem Akt demonstrativer Großmut den Franzosen einen milden Frieden in Aussicht, wenn sie sich für einen »gouvernement sage« entscheiden sollten, den auszugestalten er ihrer freien Entscheidung überließ; allerdings hielt er nicht mit dem ihm gewiss von Talleyrand suggerierten Hinweis hinterm Berg, dass die Alliierten sich den Senat als Protagonisten des Regimewechsels wünschten – also dasjenige Regierungsorgan, das Napoleon selbst am Beginn seiner politischen Karriere mit einer außerordentlichen verfassunggebenden Gewalt ausgestattet und mit der Zeit zum wichtigsten legislativen Instrument seiner de facto-Diktatur umgeformt hatte. Obwohl durch nichts zu einem solchen Schritt rechtlich ermächtigt, berief Talleyrand in seiner Eigenschaft als Vice-grand électeur die seinen Umsturzplänen geneigten Senatoren zu einer außerordentlichen Sitzung am 1. April ein. Er ließ diese eine fünfköpfige provisorische Regierung unter seinem Vorsitz bilden und brachte die Ausarbeitung einer neuen Verfassung auf den Weg.

Auf der Sitzung am folgenden Tag stellte Charles-Joseph-Mathieu Lambrechts den Antrag auf Amtsenthebung Napoleons, dessen Begründung ihm übertragen wurde. Diese legte der Jurist und prinzipielle Gegner einer Alleinherrschaft bereits am nächsten Tag vor und argumentierte juristisch unanfechtbar: Napoleon Bonaparte habe durch eigenmächtige Steuererhebungen, ungerechtfertigte Vertagung des Parlaments, ungesetzliche Kriegserklärungen usw. zu wiederholten Malen die von ihm beschworene Verfassung gebrochen und dadurch sich selbst um den Thron gebracht. Den Antrag samt Begründung übernahm der Senat, entband das französische Volk und die Armee vom Eid auf den Kaiser und veranlasste den Corps législatif und andere Organe, sich seinem Vorgehen anzuschließen.

Lediglich drei weitere Tage später, also am 6. April, verabschiedete der Senat einen Verfassungsentwurf in 29 Artikeln – eine Art Blaupause für die zwei Monate später verkündete Charte, die sich, wie noch zu sehen, in fast allen wesentlichen Punkten an dieser so genannten Senatsverfassung orientierte. Indem Talleyrand all dies durch den von Napoleon selbst mit dem *pouvoir constituant* ausgestatteten Senat ausführen ließ, veranstalteten die Senatoren gewissermaßen eine konstitutionelle Revolution. Auf diese Weise ersparten sie dem Land jedenfalls die mit einem Regimewechsel gewöhnlich verbundenen politischen Erschütterungen.[7]

Nun musste nur noch der für abgesetzt erklärte Kaiser dazu gebracht werden, sich mit seinem Los abzufinden. Dies bewerkstelligten seine bis dahin treuesten Gefolgsleute. Bei einem Kriegsrat in Fontainebleau, wohin er sich mit den Resten seiner Armee zurückgezogen hatte, musste sich Napoleon am 1. April von seinen Marschällen einen Angriff auf Paris ausreden lassen. Als sie ihn drei Tage später dann heftig bedrängten abzudanken und ihm gar den Gehorsam aufkündigten, erklärte er sich bereit, dem Thron zu entsagen und Frankreich zu verlassen – indes nur unter Wahrung der Rechte seines Sohns, der Regentschaft der Kaiserin und des Fortbestands der Gesetze des Empire. Von einer solchen an Bedingungen geknüpften Abdankung wollte Zar Alexander allerdings nichts wissen, und so blieb dem von fast allen einstigen Gefolgsleuten Verlassenen nichts anderes übrig, als am 6. April die bedingungslose Abdankung für sich und seine Erben auszusprechen. Die Gelegenheit, schon damals mit einer Dolchstoßlegende von seiner eigenen Verantwortung für Frankreichs Niederlage abzulenken, bot ihm Marschall Marmont, der, die Sinnlosigkeit weiteren militärischen Widerstands einsehend, am 4. April mit seinem Korps zum

Gegner übergetreten war, wofür er bereits am nächsten Tag in einer Proklamation Napoleons an die Armee der Ehr- und Treulosigkeit bezichtigt wurde.[8]

Der definitiven Abdankung gab man später das Datum des 11. April, auf den auch der so genannte Vertrag von Fontainebleau datiert ist. Diesen unterzeichneten in den Tagen danach für Napoleon sein letzter Außenminister Caulaincourt sowie die Marschälle Ney und Macdonald, außerdem Metternich, Nesselrode und Hardenberg für die kontinentalen Siegermächte Österreich, Russland und Preußen. Dieser Vertrag bekräftigte zwar, wie in der Einleitung schon angedeutet, Napoleons Abdankung, war aber ansonsten von einer ganz ungewöhnlichen, aus der Rückschau betrachtet geradezu fahrlässigen Milde. Als künftiger Aufenthaltsort wurde ihm die Insel Elba als sein vollständiges Eigentum mit allen Souveränitätsrechten zugewiesen. Die der Toskana vorgelagerte Insel bot sich nicht zuletzt deswegen an, weil sie, die im Lauf der Jahrhunderte immer wieder ihren Besitzer gewechselt hatte, 1802 von Frankreich annektiert worden war, so dass die Zuweisung eines souveränen Territoriums an Napoleon auf Kosten Frankreichs ging,[9] das dem entmachteten Kaiser überdies eine jährliche Rente von zwei Millionen Francs zahlen sollte. Um sicher nach Elba zu gelangen, sollten ihn zwölf- bis fünfzehnhundert Mann der kaiserlichen Garde bis nach Saint-Tropez eskortieren und von dort eine (in seinem Besitz verbleibende) Korvette an den Ort seiner Bestimmung bringen, wo ihm eine aus vierhundert Offizieren und Soldaten gebildete Garde zur Verfügung stehen sollte.

Ähnliche Großzügigkeit ließ man gegenüber seiner Familie walten: Gattin, Ex-Frau, Mutter, die zahlreichen Geschwister und Stiefsohn Eugène wurden unter Belassung ihrer Titel verschwenderisch reich dotiert (immer auf Kosten Frankreichs), Kaiserin Marie-Louise überdies mit den Herzogtümern Parma, Piacenza und Guastalla belehnt, die später an ihren Sohn und dessen Nachkommen übergehen sollten. Schließlich garantierten die alliierten Mächte die Ausführung aller (hier nicht vollständig benannten) Artikel und verpflichteten sich, die Zustimmung Frankreichs zu dem Vertrag zu erwirken.

Das war eine bitter notwenige Klausel. Denn Talleyrand, Chef der von ihm gebildeten provisorischen Regierung, hatte Einwände gegen Elba und gegen die aus dem Vertrag resultierenden finanziellen Belastungen Frankreichs, musste aber, da der Zar jede Neuverhandlung des Vertrags ablehnte, diesem schließlich zustimmen. Die stärksten Bedenken gegen die dem italienischen Festland und Frankreich gefährlich nahe gelegene Insel hatte Castlereagh, der seine Unterschrift unter den Vertrag zunächst verweigerte und erst nach Rücksprache mit seiner Regierung der Vereinbarung *avec réserves* beitrat. Bereits bei dieser Gelegenheit wurden als alternative Verbannungsorte Schottland, die Azoren und – Sankt Helena genannt. Der Gedanke, Napoleon die Insel Elba zuzuweisen, ist offenbar zuerst in Gesprächen zwischen Zar Alexander und dem ihm seit seiner Botschafterzeit in Petersburg vertrauten Caulaincourt aufgetaucht. Da Alexander Einwände gegen Sardinien oder Korfu hatte, brachte Caulaincourt Elba ins Spiel, worauf der Zar schließlich, wenn auch widerstrebend, einging. Um sein einmal gegebenes Wort nicht brechen zu müssen, hielt er auch später gegen den Widerstand von Talleyrand, Metternich und Castlereagh an Elba fest.[10]

Am Beginn der Reise nach Süden, auf der den entmachteten Kaiser (neben seinen engsten Vertrauten) vier Kommissare der Alliierten begleiteten, um Anschläge auf seine Würde oder gar auf sein Leben abzuwehren, stand am 20. April im Schlosshof von Fontainebleau ein bewegender, tränenreicher Abschied von den Soldaten der Alten Garde. Indem er ihre vorbildliche Tapferkeit und Treue rühmte, versicherte der geschichtsbewusste Napoleon: »Wenn ich mich bereit erklärt habe, mich selbst zu überleben, dann geschieht das, um noch Eurem Ruhm einen Dienst zu erweisen; ich will von den großen Dingen berichten, die wir gemeinsam vollbracht haben!« Bis er dazu kam, diesen Vorsatz zu verwirklichen, sollte noch ein ereignisreiches Jahr, ausgefüllt mit den in diesem Buch zu schildernden Begebenheiten, vergehen.

Denn um seinen Lebensabend ausschließlich als Chronist seiner eigenen Taten zu verbringen, hätte man ihn nicht so leichtfertig in Versuchung führen dürfen, neue Taten zu begehen. Bis in die Gegend von Orange verlief die Reise ohne Zwischenfälle; doch der weitere Weg durch die royalistische Provence war für Napoleon ein Spießrutenlaufen. Um ihn vor den verbalen, teils tätlichen Angriffen einer aufgebrachten Bevölkerung zu schützen, mussten wiederholt die alliierten Kommissare einschreiten. Um seine Identität zu verbergen, überließen sie ihm gar hin und wieder ihre eigenen Uniformen. Aus dieser demütigenden Erfahrung zog der Rückkehrer Napoleon die für das Gelingen seiner Unternehmung entscheidende Lehre, der feindlichen Provence durch einen mühseligen Umweg durchs Gebirge aus dem Weg zu gehen. Auf der letzten Etappe galt es dem feindlichen Marseille auszuweichen; deshalb ließ der englische Kommissar die Landreise in Fréjus enden, wo Napoleon, da die ihm im Vertrag von Fontainebleau zugesagte Korvette nicht bereitstand, am 28. April die englische Fregatte *Undaunted* bestieg, die ihn in wenigen Tagen zu seinem neuen Inselreich brachte.[11]

KAPITEL 3

Die Erste Restauration:
Friede, Verfassung und Enttäuschungen

Während der entmachtete Napoleon noch immer in Fontainebleau ausharrte, war in Paris die Restauration der Bourbonen bereits in vollem Gang. Im zweiten Artikel seines Entwurfs der künftigen Verfassung Frankreichs vom 6. April hatte der Senat dekretiert: »Das französische Volk beruft in freier Entscheidung Louis-Stanislas-Xavier von Frankreich, Bruder des letzten Königs, auf den französischen Thron« und nach ihm die anderen männlichen Mitglieder des Hauses Bourbon nach der alten Thronfolgeordnung. Der zwischenzeitlich zum Generalstatthalter des Königreichs ernannte Graf von Artois zog sechs Tage später in Paris ein und tat alsbald kund, dass sein zum König bestimmter älterer Bruder die Grundlagen der Senatsverfassung achten werde.

Eine der ersten Amtshandlungen von Artois bestand darin, am 23. April durch Talleyrand eine Konvention mit den Alliierten schließen zu lassen, welche die Einstellung aller Kampfhandlungen vorsah sowie den Abzug der verbündeten Heere aus Frankreich, sobald die französischen Streitkräfte alle noch besetzten Festungen jenseits der alten Grenzen von 1792 geräumt hätten. So war der Weg frei, dass der ältere der beiden Brüder Ludwigs XVI. am 3. Mai seinen feierlichen Einzug in Paris halten konnte, wo er, der sich (bereits seit 1795) Ludwig XVIII. nannte, von den kriegsmüden Parisern mit Jubel empfangen wurde. Napoleon sollte es vorbehalten bleiben, als erster, unmittelbar nach seiner Rückkehr von Elba, in einem Aufruf an die Armee, die Bourbonen als »diese Prinzen, die uns das Ausland aufgezwungen hat,« zu brandmarken.[12] Nichts war unrichtiger als eine solche in verleumderischer Absicht getätigte Behauptung. Denn die Bourbonen waren dem Land ganz und gar nicht vom Ausland aufgezwungen worden, sondern boten sich – sowohl in den Augen der Franzosen als auch in denjenigen der Alliierten – gewissermaßen von selbst als die einzigen an, die einen raschen und dauerhaften Friedensschluss verbürgen und dem krisengeschüttelten Land eine neue stabile Regierung mit unangefochtener Legitimität verleihen konnten. Sie allein waren, nach den Worten von François Guizot, imstande, dem Land nicht nur den Frieden, sondern auch die Freiheit zurückzugeben, von denen man in Frankreich seit fünfundzwanzig Jahren nichts mehr gehört hatte.[13]

Und tatsächlich sollte beides nicht lange auf sich warten lassen. Der bereits am 30. Mai, für die französische Seite wiederum von Talleyrand, unterzeichnete Friede ist insofern für jene Zeit einzigartig, als er in seinen Grundzügen ein ganzes Jahrhundert lang Bestand haben sollte. Dies gelang, weil sich die Friedensstifter von 1814 von zwei Zielen leiten ließen: Wiederherstellung eines Gleichgewichts unter den großen Mächten Europas und Mäßigung gegenüber dem unterlegenen Gegner. Der Logik: alte Dynastie – alte Grenzen folgend, verlor Frankreich zwar fast alle territorialen Eroberungen der Revolution und Napoleons, die Sieger verzichteten aber im Gegenzug auf eine Kriegsentschädigung und begannen bereits im Juni, das Land wieder zu räumen. Außerdem beließen sie, von wenigen Ausnahmen abgesehen, die während der Revolution und unter Napoleon konfiszierten und nach Paris transferierten Kunstwerke im Louvre und anderen

französischen Museen. Im Vergleich zu Napoleons Friedens-
schlüssen mit Preußen und Österreich zeichnete sich der
Erste Pariser Friede durch eine außergewöhnliche Mäßigung
aus, den als Verrat an Frankreich zu geißeln, unverbesserlichen Nostalgikern des Grand Empire vorbehalten bleiben
sollte.[14]

Sein Werk als Verfassungsgeber hat Ludwig XVIII. selbst
dadurch unnötigerweise in Misskredit gebracht, dass er sich
darauf versteifte, nicht die von den Repräsentanten der Nation entworfene Verfassung, wie diese es gewollt hatten, »anzunehmen«, sondern seinen Untertanen die Charte constitutionnelle zu »oktroyieren«. Unter keinen Umständen war
Ludwig davon abzubringen, von der, wie er meinte, ihm allein zustehenden Souveränität auch nur die geringsten Ab-
striche zu machen, somit dem Beispiel des englischen Kö-
nigspaars von 1689 zu folgen und wie dieses auf eine vom
Parlament beschlossene Verfassung zu schwören. Indem er
glaubte, die durch die Französische Revolution erfolgte Er-
schütterung des monarchischen Prinzips einfach ignorieren
zu können, verhielt er sich wie ein uneinsichtiger Reaktionär,
was er in seinem übrigen politischen Denken und Handeln
jedoch ganz und gar nicht war.

Noch bevor er Paris betrat, verkündete er (wie sein Bruder
es bereits drei Wochen zuvor getan hatte) in einer am Tag davor in Saint-Ouen abgegebenen Erklärung, dass er, mit Ausnahme gewisser Artikel, die dem Verfassungsentwurf des Senats vom 6. April zugrunde liegenden Prinzipien billige und
die von ihm erwogene Verfassung folgende Garantien ent-
halten werde: Zustimmung der Volksvertreter zur Steuer; öffentliche und individuelle Freiheit; Presse- und Glaubensfreiheit; Unverletzlichkeit des Eigentums; Unwiderruflichkeit
der Veräußerung der Nationalgüter; Ministerverantwortlich-

keit; Unabsetzbarkeit der Richter; Garantie der Staatsschuld; Beibehaltung der Pensionen, der militärischen Ränge, Ehrentitel und der Ehrenlegion; Zulassung aller Franzosen zu allen zivilen und militärischen Ämtern und Stellungen; sowie – eine für jene Umbruchszeit besonders wichtige Zusage: Niemand dürfe für seine in der Vergangenheit geäußerten Meinungen und Voten belangt werden.

Mit diesen in der Charte voll eingehaltenen Zusagen bewies der König, dass er aus fünfundzwanzig Jahren Revolution und napoleonischer Herrschaft politisch sehr wohl gelernt hatte, wie er es auch in der Präambel zur Charte ausdrücklich bekannte. Auch dort hielt er zwar daran fest, dass in Frankreich alle öffentliche Gewalt auf der Person des Königs beruhe, räumte aber gleichzeitig ein, dass seine Vorgänger nicht gezögert hätten, die *Ausübung* der Souveränität den jeweiligen Zeitumständen anzupassen. Angesichts der fortschreitenden Aufklärung, der durch sie bewirkten neuen gesellschaftlichen Beziehungen, des seit einem halben Jahrhundert herrschenden neuen Geistes und der dadurch hervorgerufenen »tief greifenden Veränderungen«, sprich der Revolution und ihrer Folgen, habe er, Ludwig, den Wunsch seiner Untertanen nach einer Charte constitutionnelle als berechtigt anerkannt, den er nun, zwar nicht durch Akzeptierung der Senatsverfassung, aber doch durch die Gewährung einer eigenen, seiner »höchsten Staatsgewalt« entspringenden Verfassung erfülle. Und indem er alle wesentlichen Bestimmungen der Senatsverfassung in die seinige übernahm, ließ er seinen Worten Taten folgen. Das beinhaltete über die in Saint-Ouen verkündeten Grundsätze hinausgehend noch: Gleichstellung der napoleonischen mit den alten Adelstiteln; Zusammenwirken von König, Senat und Corps législatif bei der Gesetzgebung; Immunität der Abgeordneten; Abschaffung der Wehrpflicht. All dies erwägend hat Guizot bereits 1820 treffend bemerkt: »Indem der König Frankreich die Charte gab, hat er die Revolution angenommen.«[15]

Die Hoffnung der Franzosen, dass die Übertragung der Herrschaft an Ludwig XVIII. ihrem Land Frieden und Freiheit wiederbringen möge, ging also schneller, als manche erwartet haben mochten, in Erfüllung. Dazu trug auch, und zwar in nicht geringem Maße, bei, dass der König vom ersten Tag seiner Herrschaft an bestrebt war, den Frieden im Innern ebenso wiederherzustellen wie mit dem Ausland. Das in Saint-Ouen und in der Charte gegebene Amnestieversprechen wurde voll eingehalten, und die politisch motivierten Säuberungen in der Verwaltung und im Militär fielen äußerst milde aus. So beließ die neue königliche Regierung rund die Hälfte der napoleonischen Präfekten in ihrem Amt und verfuhr ähnlich schonend mit den Unterpräfekten und anderen Bereichen der Verwaltung und Justiz. Ludwig zögerte nicht, die Männer der Revolution (mit Ausnahme der »régicides«, der »Königsmörder«) und des Empire selbst zu den höchsten Würden zu befördern. So ernannte er am 4. Juni nicht weniger als vierundachtzig napoleonische Senatoren zu Pairs, so dass die neugeschaffene Chambre des pairs (einschließlich der zehn gleichfalls zu dieser Würde beförderten Marschälle des Empire und einiger anderer Personen) zu zwei Dritteln aus Männern der Revolution und des Empire bestand. Einen so sanften Regimewechsel wie in den Monaten der Ersten Restauration sollte Frankreich kein anderes Mal – weder früher noch später – erleben.[16]

Und dennoch sollte dieses Frieden, Ruhe und Versöhnung verheißende Regime nach kaum einem Jahr durch die »Invasion eines einzigen Mannes« (Chateaubriand) hinweggefegt werden. Um dieses Paradoxon zu erklären, haben manche

Zeitgenossen und so gut wie alle späteren Historiker gemeint, die Hauptursache in Rechtsbrüchen, unpopulären Maßnahmen, Ungeschicklichkeiten, Torheiten, kurz in »Fehlern« von Ludwigs Regierung zu finden. Einer der ersten, der diese Ansicht vertrat, war der englische Schriftsteller, Whig-Politiker, Reisende, Freund Lord Byrons und glühende Verehrer Napoleons, John Cam Hobhouse (1786–1869), der die Tage nach dessen erster Abdankung und sodann die Hundert Tage in Paris verbracht und darüber im folgenden Jahr eine zwei Bände umfassende Sammlung ausführlicher Briefe veröffentlicht hat. Darin hält Hobhouse der Regierung im sechsten Brief eine lange Serie grober Verletzungen der Verfassung vor: Die von ihr verfügte obligatorische Heiligung von Sonn- und Feiertagen verstoße gegen die in Artikel 5 der Charte garantierte Glaubensfreiheit; die Wiedereinführung der Zensur gegen Art. 8; der Rekrutierungsmodus der königlichen Garde gegen Art. 12; die Reorganisation des Kassationsgerichts sowie die Ausstoßung von fünfzehn Mitgliedern des Institut National gegen Art. 11; die Einführung gewisser (Stempel-)Steuern gegen Art. 84 und manches andere mehr. Einige Zeit später sollte auch Stendhal der Restaurationsregierung wegen dieser und noch anderer Verfassungsverstöße die Leviten lesen.[17]

Derartige Maßnahmen erregten nicht so sehr deswegen Anstoß, weil sie tatsächlich oder vermeintlich gegen die Verfassung verstießen, sondern weil zumindest Teile der Bevölkerung mit der königlichen Politik insgesamt unzufrieden waren. An der Ordonnanz von Polizeipräfekt Beugnot vom 7. Juni 1814 stieß man sich gewiss weniger deshalb, weil sie möglicherweise antikonstitutionell war, sondern weil mit ihr eine Vorschrift aus dem Ancien Régime wiederbelebt wurde, der zufolge Arbeiten an Sonn- und Feiertagen einzustellen,

Werkstätten und Läden sowie Schenken und Cafés *pendant l'office divin* zu schließen, Bälle und Konzerte bis fünf Uhr nachmittags zu unterbleiben und Übertreter dieser Vorschrift mit Geldbußen von 100 bis 500 Francs zu rechnen hätten (die bereits im November, um den allgemeinen Unmut zu besänftigen, wieder herabgesetzt wurden).[18]

Während solche Verbote die Lebens- und Arbeitsgewohnheiten von praktisch jedermann berührten, dürften an anderen Maßnahmen der Regierung vor allem die politisch bewussteren Zeitgenossen Anstoß genommen haben – und vielleicht am meisten laizistisch eingestellte spätere Historiker. Dazu gehören die diversen Sühnefeiern für Opfer der Revolution, derer nicht nur am 14. Mai in der Pariser Kathedrale Notre-Dame, sondern danach im ganzen Land gedacht wurde. Den Höhepunkt derartiger Zeremonien bildete die Exhumierung der Überreste Ludwigs XVI. und Marie-Antoinettes, ihre Überführung nach Saint-Denis und feierliche Beisetzung in der Grabeskirche der französischen Könige am 21. Januar 1815, am zweiundzwanzigsten Jahrestag der Hinrichtung des Monarchen.

Fortan sollte am 21. Januar jeden Jahres in allen Kirchen des Königreichs für den Seelenfrieden des Märtyrerkönigs gebetet werden, der Hof sowie alle zivilen und militärischen Autoritäten Trauer anlegen, Gerichte und Theater geschlossen bleiben. Die selbst von einem Legitimisten wie Chateaubriand geteilte Entrüstung hierüber scheint groß gewesen zu sein und noch mehr darüber, dass auch im Kampf mit der Waffe gegen ihr Vaterland getötete Emigranten sowie Verschwörer gegen das Leben Napoleons, wie Cadoudal und Moreau, als Märtyrer geehrt werden sollten.

Wie eine gezielte Verhöhnung ihres Idols mussten es die damals zweifellos noch zahlreichen Anhänger Napoleons verstehen, wenn an dessen Geburtstag, dem 15. August – während des Empire arbeitsfreier nationaler Feiertag zu Ehren des damals frisch gekürten Saint-Napoléon – erneut Prozessionen veranstaltet wurden, um an das Gelübde Ludwigs XIII. zu erinnern, der aus Dankbarkeit für die Schwangerschaft seiner Gattin Anne d'Autriche (Mutter des künftigen Ludwigs XIV.) Frankreich unter den Schutz der Heiligen Jungfrau gestellt hatte. Die Regierung mit ihren weltlichen und kirchlichen Organen, so mussten es viele empfinden, schien es mit solchen und zahlreichen ähnlichen Maßnahmen geradezu darauf abgesehen zu haben, das Werk der Revolution und Napoleons auslöschen zu wollen. Den Eindruck, dass der König und mehr noch als dieser seine Entourage, das Ancien Régime wiederherzustellen beabsichtigten, verstärkten die diversen Veranstaltungen, den alten Hof samt alten Chargen (wie »pousse-fauteuil«, »porte-malles ordinaire« oder »capitaine de l'équipage des mulets«), die alte Etikette und die alten Zeremonien wiederzubeleben, was der von der Revolution geprägten Generation nicht nur anachronistisch, sondern einfach lächerlich vorkommen musste.[19]

Die neue Regierung kam nicht umhin, sich auch in fiskalischer Hinsicht unbeliebt zu machen. Denn das Empire hatte ihr einen Schuldenberg im Umfang eines Jahresbudgets hinterlassen, was drastische Einsparungen, besonders bei den Militärausgaben, notwendig machte. Überdies konnte die Regierung die im Vorfeld der Restauration gemachte Zusicherung, die »droits réunis«, die beim Volk besonders verhassten Getränkesteuern, abzuschaffen, nicht einhalten. Diese Entscheidung eröffnete, Beugnot zufolge, den »Krieg der Schenkwirte (von denen es damals eine viertel Million gab) gegen die Regierung.« Obwohl Ludwig XVIII. und sein Hof den Staat zwei bis drei Mal weniger kosteten als Napoleon, schützte ihn das nicht vor der, von den Bonapartisten eifrig betriebenen, Wiederbelebung des alten Klischees der höfischen Verschwendung der Bourbonen.[20]

Wohl die größte Beunruhigung im Land weit und breit löste ein im September eingebrachter, Anfang November verabschiedeter Gesetzentwurf aus, die Güter von Emigranten, die sich noch in Staatsbesitz befanden, ihren früheren Eigentümern zurückzuerstatten. Obwohl das Gesetz lediglich auf noch nicht veräußerte Nationalgüter zielte, löste es große Beunruhigung unter den neun bis zehn Millionen Landeigentümern aus, die von der revolutionären Besitzumverteilung profitiert hatten. Die Erregung wurde noch dadurch gesteigert, dass zur gleichen Zeit Entschädigungen für frühere Besitzer erwogen wurden, die royalistische Presse die Rechtmäßigkeit des Nationalgüterverkaufs überhaupt in Frage stellte, Fälle bekannt wurden, dass Priester den Erwerbern von Nationalgütern die Absolution verweigerten. Das genügte, obwohl Artikel 9 der Charte ausdrücklich bekräftigte: »Alles Eigentum, auch das so genannte nationale, ist unverletzlich«, um bei nicht wenigen die Furcht vor einer Rückkehr der *féodalité* aufkommen zu lassen.[21]

Wieviel Missmut, gar Groll auf die neue Regierung die eine und andere derartige Maßnahme oder gar auch ihre Gesamtheit in der einen und anderen Bevölkerungsgruppe oder gar in einem beträchtlichen Teil der Franzosen tatsächlich, in einem irgendwie messbaren Ausmaß hervorgerufen hat, verrät uns keine Quelle. Ob die immer wieder angeführte Weigerung des Pfarrers der Pariser Kirche Saint-Roch, im Januar 1815 die Totenmesse für eine frühere Schauspielerin zu zelebrieren, und der dadurch provozierte Tumult lediglich die Pfarrei und die oppositionelle Presse in Aufruhr versetzt haben oder über die Stadt hinaus für Empörung gesorgt hat, und in welchem Ausmaß und für wie lange, all das ist unklar und erst recht, ob und in welchem Ausmaß selbst eine größere Anzahl derartiger anstößiger, empörender Vorkommnisse zum Zusammenbruch der Bourbonen-Herrschaft im März 1815 beigetragen haben mag.[22] Ähnlich unklar ist auch, wie stark und wie verbreitet die Befürchtungen waren, der Erwerb der Nationalgüter könne tatsächlich rückgängig gemacht und das Feudalregime wiederhergestellt werden. Ehrlicherweise muss man eingestehen, dass es keine auch nur halbwegs sichere Antwort auf die Frage gibt, in welchem Ausmaß das Regime der Ersten Restauration mit all seinen unleugbaren, makroskopischen, nachträglich kaum fassbaren, selbstmörderisch anmutenden Missgriffen und »Fehlern« wirklich sich selbst das Grab geschaufelt hat. Denn ein *post hoc, propter hoc* kann auch in diesem Fall, wie so oft im geschichtlichen Räsonnement, zu einem irreführenden Fehlschluss verleiten.

Die Ebene der Ungewissheiten und Zweifel, woran die frischrestaurierte Monarchie tatsächlich gescheitert ist, lässt man dagegen hinter sich, wenn man zwei andere Aspekte in den Blick nimmt: die über das Land neu hereingebrochene Freiheit sowie das Schicksal der napoleonischen Armee nach dem Verlust ihres Chefs. Durch die von der Charte garantierte, in der Praxis nur unwesentlich eingeschränkte Meinungsfreiheit schuf sich das neue Regime, wie Guizot dargelegt hat, einen gefährlichen Gegner, da »niemand mehr an die Freiheit gewöhnt war und diese niemanden zufrieden stellte.« Sowohl die Anhänger des Ancien Régime als auch die der Revolution waren mit der neuen Situation unzufrieden. »Bei Hof, in den Pariser Salons und erst recht in der tiefsten Provinz ließ jedermann seinen Stimmungen freien Lauf, mittels Zeitungen und Pamphleten, in Unterhaltungen und Vorfällen des täglichen Lebens, sowohl Adlige als auch Bürger, Kleriker und Laien, Emigranten und Käufer von Nationalgütern, sie alle machten aus ihren Rivalitäten, Hoffnungen und Ängsten keinen Hehl. Das war die natürliche und unvermeidliche Folge der völlig neuen Situation, die durch das Inkrafttreten der Charte plötzlich in Frankreich eingetreten war: Während der Revolution bekämpfte man sich; unter dem Empire schwieg man; die Restauration hatte die Freiheit in den Frieden geschleudert. In der allgemeinen Gereiztheit und Unerfahrenheit mit ihr drohte die Freiheit, den Bürgerkrieg erneut beginnen zu lassen.«[23] Artikel 8 der Charte garantierte den Franzosen die Freiheit, ihre Meinung öffentlich kundzutun mit der alleinigen Einschränkung: »unter Beachtung der Gesetze, welche den Missbrauch dieser Freiheit unterbinden.« Da eine Zensur lediglich für Periodika im Umfang von mehr als zwanzig Bogen eingeführt wurde, entbrannte sofort ein hemmungsloser Krieg des gedruckten Wortes, den durch eine strenge Überwachung der Presse ausgetreten zu haben, eine der ersten segensreichen Taten des frischgekürten Ersten Konsuls Napoleon Bonaparte gewesen war. Für einen kurzen Augenblick wurde der gestürzte Kaiser selbst das Ziel vehementer Angriffe, die sich rasch aber auch gegen Ludwig XVIII. richteten; der in jener Zeit von dem bonapartistischen Organ *Le Nain jaune* geprägte Spitzname »Gros Cochon« sollte immer an ihm haften bleiben. Ungestraft konnte man sich über »Cochon XVIII« lustig machen und gleichzeitig Napoleon hochleben lassen, indem man rief: »Vive le roi … de Rome et son papa!«

Am wenigsten fand die Regierung eine Stütze in der royalistischen Presse, welche die Legalität des einstigen Verkaufs der Nationalgüter anzweifelte und damit Millionen in ihrem materiellen Interesse beunruhigte. Großes Aufsehen erregte ein anonymes, in 60.000 Exemplaren verbreitetes *Mémoire au Roi*, in dem sein bald jedermann bekannter Verfasser, Lazare Carnot, einst Mitglied des Wohlfahrtsausschusses und künftiger Minister des zurückgekehrten Napoleon, der Enttäuschung der Patrioten über die Bourbonen Ausdruck gab: Diese hätten sich nicht darauf beschränkt, den kaiserlichen Despotismus durch freiheitliche Institutionen zu ersetzen, im übrigen aber an den Errungenschaften der Revolution festzuhalten. Dieser Stoßseufzer eines patriotischen Altrevolutionärs schadete dem Ansehen und der Glaubwürdigkeit Ludwigs XVIII. und seiner Regierung allerdings nicht entfernt so sehr wie ein Protest gegen die Charte, unterzeichnet von des Königs Bruder und Neffen, Mitgliedern des vorrevolutionären *parlement* und sogar einem amtierenden Minister, den der gemäßigt oppositionelle *Censeur* durch seine Übernahme aus einer englischen Zeitung allgemein publik machte.[24]

Ihren tätigsten Totengräber erschuf sich die Erste Restauration, nicht ohne eigene Mitschuld, durch die Art und Weise, wie sie mit dem Militär, im Empire faktisch der erste Stand, umging. Dass sich das Heer, nachdem der Friede geschlossen war, angesichts seiner enormen Aufblähung und wegen der finanziellen Nöte des Staats eine drastische Reduzierung gefallen lassen musste, war schlechterdings unvermeidlich. Mit ihr begann man bereits wenige Tage nach Rückkehr des Königs, und am Ende wurde mehr als eine viertel Million Soldaten und Offiziere, materiell meist unzureichend versorgt, in den endgültigen Ruhestand versetzt. Im Zuge dieser Maßnahmen wurden überdies rund 15.000 Offiziere auf Halbsold gesetzt, mussten der Armee aber weiterhin zur Verfügung stehen. Vor allem aus den Reihen dieser Demi-Soldes rekrutierten sich die Männer, die dem Rückkehrer Napoleon den Weg in die Tuilerien ebnen sollten.[25] Für die Aufgabe, Napoleons Riesenheer zu demobilisieren, war die Regierung unzureichend gerüstet, was, nicht zuletzt wegen der gebotenen Eile, zu manchen Härten und Verletzungen führte. Besonders hart traf die Demobilisation die altgedienten Soldaten, die zwei Jahrzehnte lang den Fahnen der Revolution und des Kaisers gefolgt waren. Was in ihrem Innern vorgehen mochte, vertraute der seit 1799 unter den Waffen stehende Hauptmann Jean-Roch Coignet seinem Tagebuch an: »Die Regierung schickt uns mit dem geringen Halbsold heim, in unseren Departements Kohl anzupflanzen [...]. Man musste sich fügen. [...] und ich kehrte nach Auxerre zurück [...]. In dieser Stadt vegetierte ich das ganze Jahr 1814« – bis ihn die Rückkehr Napoleons aus diesem Zustand erlöste.[26]

Zu den vermeidbaren Missgriffen der Regierung muss man die Ernennung der beiden Kriegsminister rechnen: zunächst des Generals Dupont, der 1808 in Spanien in eine aus Sicht der Bonapartisten schmachvolle Kapitulation eingewilligt hatte, und, nach dessen Ablösung im Dezember 1814, des Marschalls Soult, Promotor eines Denkmals für die 1795 auf der Halbinsel Quiberon füsilierten 748 royalistischen Emigrantensoldaten, und der, um einer Agitation unter den Offizieren der Hauptstadt ein Ende zu setzen, alle Demi-Soldes aus Paris verbannt hatte.[27] Den Heerscharen abgemusterter Soldaten, Offiziere und Demi-Soldes musste es wie Hohn vorkommen, wenn die an ihnen eingesparten Gelder in großzügiger Weise ausgegeben wurden, um den königlichen Militärhaushalt – und zwar noch prächtiger und aufwendiger als im Ancien Régime – wiedererstehen zu lassen. Die in diverse Regimenter unterteilte Maison militaire du roi machte mit 6.000 Mann zwar nur zwei Prozent der Heeresstärke aus, verschlang mit 20 bis 30 Millionen Francs aber fünf bis sechs Prozent des Militärbudgets. Diese angebliche Eliteeinheit besaß überdies so gut wie keinen militärischen Nutzen, sondern befriedigte vor allem die gesellschaftlichen Statusbedürfnisse von Altadligen und zurückgekehrten Emigranten. Der König kümmerte sich persönlich um das Erscheinungsbild seiner Roten Kompanien, Grauen und Schwarzen Musketiere, Gardegendarmen und ließ ihnen etwa das Tragen eines Schnurrbarts untersagen, weil ein solcher zu sehr an das Empire erinnerte.

Statt dessen hätte er besser daran getan, wie ihm schon damals Marschall Macdonald riet, die kaiserliche Garde unter anderem Namen beizubehalten, da die Koexistenz der alten napoleonischen Einheiten und der privilegierten Garderegimenter der Maison du roi zu Neid und Rivalitäten führen musste. Psychologisch unklug war es auf jeden Fall auch, die drei damals bestehenden Militärschulen zu schließen und statt ihrer die alte königliche Militärschule in Paris mit der Begründung wiederzubeleben, »daß der Adel unseres Königreichs sich der Vorrechte erfreuen möge, die ihm durch das Edikt unseres Großvaters vom Januar 1751 gewährt wurden.«[28]

Für die Armee, die sich ja so gut wie vollständig aus der alten napoleonischen rekrutierte, war es eine neue, bittere Erfahrung, die Soldaten des siegreichen Feindes im eigenen Land stehen zu sehen. Doch statt ihre Präsenz der napoleonischen Kriegführung *à outrance* zuzuschreiben, lastete man sie in ebenso ungerechter wie absurder Weise dem König an, auf den so die Schmach der Niederlage abgewälzt werden konnte. Wenn Ludwig XVIII. und seine Leute sich etwas vorzuwerfen hatten, dann war das ihre völlige Verkennung dessen, was die Soldaten, die unter Napoleon gekämpft, gesiegt und gelitten hatten, in ihrem Innern bewegte: Erbitterung über die eigene Niederlage, verletzter Patriotismus, Stolz auf glorreiche vergangene Tage, Verklärung des Kaisers, Hoffnung auf dessen wundersame Wiederkehr. Alsbald schon geriet in Vergessenheit, was sie unter dem Kaiser zu leiden gehabt hatten: Aushebungen, Tod auf dem Schlachtfeld, Wirtschaftskrise und Arbeitslosigkeit, Teuerung und Verknappung lebenswichtiger Güter und, wie wenigstens einige fühlen mochten, Unfreiheit. Den Frieden, der Frankreich seine Eroberungen von zwanzig Jahren kostete, musste nicht der Verursacher des Kriegs unterzeichnen, sondern die neue königliche Regierung. Folglich richteten sich an erster Stelle gegen diese die Frustrationen des verletzten Nationalstolzes.

Als Ludwig XVIII. am 3. Mai 1814 in Paris einzog, säumte den Weg vom Pont-Neuf bis Notre-Dame ein Regiment der Alten Garde wie eine menschliche Hecke, um ihm den Anblick der fremden Truppen zu ersparen. Der bei dieser Szene anwesende Chateaubriand erinnerte sich ihrer folgendermaßen: »Ich glaube nicht, daß menschliche Gesichter je einen so drohenden und schrecklichen Ausdruck gezeigt haben. Diese narbenbedeckten Grenadiere, diese Besieger Europas, die nach Feuer und Pulver rochen, die so viele tausend Kanonenkugeln über ihre Häupter haben hinsausen sehen, diese ihres Feldherrn beraubten Männer – waren von einer russischen, österreichischen und preußischen Armeeübermacht gezwungen, in der besetzten Hauptstadt Napoleons einen alten, nicht durch den Krieg, sondern durch die Zeit mitgenommenen König zu begrüßen. Die einen runzelten die Stirn, ließen ihre großen Fellmützen über die Augen gleiten, um nicht zu sehen; die anderen senkten die Blicke, zogen die Mundwinkel in rasender Verachtung herunter, wieder andere zeigten wie Tiger ihre Zähne durch ihren Schnurrbart hindurch. Als sie die Waffen präsentierten, taten sie es mit wütendem Ruck, und der Lärm ihrer Gewehre ließ einen erzittern. Man muß zugeben, niemals sind Männer einer derartigen Prüfung unterzogen worden, noch haben sie eine derartige Strafe erdulden müssen.«[29]

Selbst wenn manches an dem Bericht der dichterischen Imagination geschuldet sein dürfte, bringt er doch auf glaubhafte Weise den Gemütszustand der *grognards* zum Ausdruck, die in ihrem Leben nichts als Krieg und keine andere Loyalität als die zum Kaiser kennengelernt hatten. Auf die seelische Disposition dieser Männer, die auch das Rückgrat der bewaffneten Macht der restaurierten Monarchie bildeten, die allein schon aus Eigeninteresse gebotene Rücksicht zu nehmen, waren die neuen Machthaber teils nicht fähig, teils nicht gewillt. Dass sie damit einen fatalen Fehler begingen, bemerkten sie erst, als der Rückkehrer Napoleon bereits bis in die Nähe von Paris vorgerückt war.

KAPITEL 4

S. M. l'Empereur Napoléon, souverain de l'île d'Elbe

Am 3. Mai ging die englische Fregatte *Undaunted* mit dem Kaiser an Bord im Hafen der Inselhauptstadt Portoferraio vor Anker; doch da noch Vorbereitungen für seine unerwartete Ankunft zu treffen waren, erfolgte seine zeremoniöse Ausschiffung erst am Nachmittag des folgenden Tages. Der von den Insulanern neugierig, doch freundlich begrüßte Ankömmling begab sich zunächst in die Kathedrale, um einem *Te Deum* beizuwohnen, und dann zum Rathaus, wo er zunächst Unterkunft fand.[30] Die Tatsache, dass sie S. M. l'Empereur Napoléon auftragsgemäß in Elba an Land und damit in den Besitz der Insel gesetzt hatten, ließen sich die alliierten Kommissare von dessen Beauftragten in einem Protokoll bestätigen.

Für die nächsten zehn Monate musste sich der vormalige Bezwinger Europas damit zufrieden geben, über ein unschwer an einem Tag zu durchwanderndes Eiland mit 12.000 Einwohnern zu herrschen. Der Fläche und Zahl der Einwohner nach war seine Herrschaft eingeschränkt wie noch nie, dafür hatte er aber die Macht gewonnen, sie unumschränkter auszuüben als jemals in der Vergangenheit. Zur Seite standen ihm dabei die treusten seiner Gefolgsleute: der ihm seit Ägypten vertraute Großmarschall Bertrand, auf der Insel Faktotum für alle zivilen Angelegenheiten und später einer seiner Begleiter nach Sankt Helena; für die Sicherheit des

Kaisers war dagegen der zum Gouverneur der Insel ernannte General Drouot zuständig, der später bei Waterloo die Kaiserliche Garde anführen sollte; sein wichtigster Untergebener war General Cambronne, dessen Rolle in der nämlichen Schlacht Victor Hugo ein literarisches Denkmal gesetzt hat.

Wohl noch ohne eine Ahnung, wie lange ihm bestimmt sein würde, auf der Insel zu verweilen, ging Napoleon mit der ihm eigenen Entschlossenheit ans Werk. Obgleich in stark reduziertem Maßstab, war er gewillt, seinen Lebensstil als Kaiser nicht aufzugeben. Er umgab sich mit einer zahlreichen Dienerschaft von sechzig bis siebzig Personen, unter ihnen vier Kammerherren und sogar ein Almosenier. Noch bevor der Monat Mai zu Ende ging, war in der städtischen Villa dei Mulini die Kaiserliche Hauptresidenz eingerichtet, ausgestattet mit Möbeln, die ihm seine Schwestern Élisa und Pauline überließen, mit einer Bibliothek, einem Theater, einem Garten zum Promenieren usw. Auch war bald eine in Stadtnähe gelegene Sommerresidenz in S. Martino gefunden, der ein aus Turin bestellter Maler mit einem Saal in ägyptischem Stil einen herrschaftlichen Anstrich verlieh. Sein erstes Lever veranstaltete der Kaiser am 15. Mai, und auch an allem anderen, was zu einem zünftigen Hof gehört, Empfänge, Bälle, Konzerte, Schauspiele, Jagden, sollte bald nichts fehlen. Sein Geburtstag am 15. August wurde unter großer Anteilnahme der Bevölkerung mit einem feierlichen Hochamt im Dom und einem üppigen Bankett, mit vielen Hochs auf den Kaiser, begangen.

Wie auf sein Wohlbefinden achtete Napoleon mit größter Umsicht auch auf seine Sicherheit. Stets begleitete ihn ein baumlanger Schweizer als Leibwächter, und da jederzeit mit einem Überfall von Barbaresken oder seitens royalistischer Gegner aus Frankreich zu rechnen war, umgab er sich mit einer kleinen Armee von zweitausend Mann, die drei Viertel seines beschränkten Budgets verschlang und die er später wegen Geldknappheit um fünfhundert reduzieren musste. Die ihm von der Regierung überlassene Brigg *Inconstant* und einige andere schwimmende Fahrzeuge bildeten mit hundert Matrosen die kaiserliche Marine, mit deren Hilfe die Elba im Süden vorgelagerte winzige Insel Pianosa in Besitz genommen wurde – wie manche spotteten: »la dernière conquête de Napoléon«. Als vorgelagerter Verteidigungsposten war Pianosa so wichtig, dass man auf ihr vier Geschütze und eine kleine Garnison stationierte. Den Grund zu ihrer späteren Bestimmung als Strafkolonie legte Napoleon, indem er straffällige Soldaten dorthin verbannte.

Da die Soldaten, wenn sie nicht durch Revuen und Paraden, durch Schießübungen und Wachdienste auf Trab gehalten wurden, sich zu langweilen drohten, setzte man sie an die Arbeit: Sie hatten Straßen zu bauen, Lasten zu transportieren, im Weinberg und bei Gartenarbeiten auszuhelfen. Jedem Soldaten der Garde, der solches wünschte, wurde eine Parzelle Land zugewiesen. Überhaupt war es des rastlos wie der alte Faust tätigen Herrschers Bestreben, sein kleines Reich wirtschaftlich und zivilisatorisch zu heben. Das geschah durch Bodenmeliorationen, durch die Anpflanzung von Oliven-, Maulbeer- und Orangenbäumen, durch den Ausbau von Straßen und Hafenanlagen, durch die Förderung von Handel und Bergbau (seit vorgeschichtlichen Zeiten die wichtigste Industrie der Insel), durch Maßnahmen zur Verschönerung der Hauptstadt, für deren größere Reinlichkeit und bessere Versorgung mit Wasser es viel zu tun gab.

Seinem Naturell folgend wollte der Kaiser über alles unterrichtet sein und selbst über kleinste Details entscheiden. Als Drouot bei ihm schriftlich anfragte, ob bei einer Kaserne eine Laterne installiert werden solle, weil die Grenadiere auf dem Weg zur Latrine im Dunkeln stolperten, beschied der Kaiser: »160 Francs bewilligt«. Er war sich nicht zu schade, sich selbst um den Verkauf von Säcken mit Mehl oder um das Salz zur Konservierung von Fleisch zu kümmern. Dem Kuhhirten von S. Martino ließ er durch Bertrand ausrichten, dass jener für alle Schäden, die seine Kühe anrichteten, verantwortlich sei, und fügte dem hinzu: »Cela est de rigueur.« Dem Hauptgärtner, der seinen Etat überschritten hatte, ließ er durch denselben zur Rede stellen, weil er für einen Garten, »groß wie ein Handteller«, drei Gärtner für drei Monate angestellt und elf Grenadiere engagiert habe, um ein paar Wagen mit Erdreich zu beladen.[31]

Derartige Anordnungen lassen unterschiedliche Deutungen zu. Auch als kleiner Inselfürst verhielt sich Napoleon einfach nur so, wie er es schon immer als Erster Konsul und Kaiser gehalten hatte: Alle Macht ging von ihm aus, und das bedeutete Kontrolle über alles, was unter seiner Herrschaft vorging. Das Prinzip echter Arbeitsteilung, die andere als gleichberechtigt Handelnde und für ihr Handeln selbst Verantwortliche anerkennt, verwarf er für sich. Er verschmähte es nicht, sich lieber selbst »um jeden Dreck« zu kümmern, als von seiner Allmacht auch nur einen Zipfel preiszugeben. Dieses Verhalten, das ihm bereits in der Vergangenheit, insbesondere in seiner Rolle als militärischer Führer, zum Verhängnis gereicht hatte, sollte auch zu seinem erneuten Sturz beitragen.

Darüber hinaus hatte Napoleon aber einen triftigen Grund, seinen Untergebenen genau auf die Finger zu schauen in allem, was Ausgaben verursachte oder Einsparungen ermöglichte. Da nämlich die im Vertrag von Fontainebleau vereinbarten jährlichen zwei Millionen aus der französischen

Staatskasse nie eintrafen, war Napoleon, da er Einsparungen auf Kosten seines Komforts und seiner Sicherheit nie ernstlich erwog, ständig in Geldnöten und zum Sparen auch im Kleinen genötigt. Schließlich deutet seine Manie, sich selbst um Lappalien zu kümmern, darauf hin, dass ihn seine Rolle als Duodezfürst nicht im geringsten ausfüllte, dass er sich ähnlich ennuyierte wie seine Soldaten, die er, um solches zu unterbinden, ständig auf Trab hielt. Auch wenn er sich selbst auf Elba in rastlose Tätigkeit stürzte, fand er darin offenbar keinen Ersatz für seine vormalige Rolle als Chef des Grand Empire und der Grande Armée. In Kürze wird zu erwägen sein, ob auch derartige Frustrationen in ihm den Entschluss reifen ließen, sein friedliches Inseldasein aufzugeben, um sich erneut – unter welchen Gefahren auch immer – an die Spitze Frankreichs zu setzen.

Eigentlich hatte Napoleon wenig Grund sich zu langweilen. Denn die wenige Zeit, die ihm seine zahlreichen Verpflichtungen als Regierungschef, oberster Administrator und militärischer Oberbefehlshaber ließen, verkürzten ihm Scharen von Besuchern: teils Fremde, die aus Neugierde auf die Insel kamen, unter ihnen zahlreiche englische Lords, denen er hin und wieder eine Audienz zu gewähren geruhte; teils Verwandte und Bekannte. Die fehlende eigene Familie, das weibliche Element am Hof, ersetzten ihm Madame Mère, die er nahe seiner Hauptresidenz unterbrachte und möglichst täglich besuchte, sowie seine Lieblingsschwester Pauline, welche die Gemächer bezog, die eigentlich seiner in Wien zurückgehaltenen Gattin und seinem Sohn zugedacht waren. Spontan erschien eines Tages auch seine polnische Geliebte Marie Walewska mit dem gemeinsamen Sohn Alexandre, deren kurze Anwesenheit auf der Insel aber tunlichst geheimgehalten wurde, da Napoleon damals noch immer mit dem Kommen seiner Frau Marie-Louise rechnete. Doch deren Vater, Kaiser Franz, und der Wiener Hof taten alles, die Kaisertochter von ihrem kaiserlichen Gemahl getrennt zu halten. Man hinterbrachte ihr, die wohl schon Ende September 1814 die Geliebte des Generals Neipperg geworden war, die lange Liste der Maitressen ihres Mannes auf Elba, seine angeblichen venerischen Erkrankungen, die Existenz von Alexandre Walewski, unterband die Korrespondenz zwischen ihnen und erreichte so schließlich das gewünschte Ziel.

Der Entschluss, Elba zu verlassen, scheint im Dezember 1814 gefallen zu sein, und seine Ausführung wurde von langer Hand vorbereitet und sorgfältig geplant.[32] Am 12. Februar traf ein von seinem ehemaligen Außenminister Maret beauftragter Bote, Fleury de Chaboulon, in Portoferraio ein, der Napoleon über die gegenwärtige politische Lage in Frankreich und die Stimmung in Bevölkerung und Armee unterrichtete. Danach trat man, eine Reise des englischen Kommissars Oberst Campbell nach Florenz ausnützend, in die Endphase der Vorbereitungen ein. Die Soldaten des Bataillons Napoleon, der ehemaligen Garde, erhielten neue Uniformen und pro Mann zwei Paar Stiefel, was auf die Absicht, eine Route durch unwegsames Gelände einzuschlagen, hindeutet. Fehlender Schiffsraum, um das Expeditionskorps nach Frankreich überzusetzen, wurde beschlagnahmt. Am 24. Februar empfing Napoleon noch einmal eine aus Livorno angereiste Gruppe englischer Touristen, doch nach ihnen durfte kein Schiff Elba mehr verlassen, das von den dortigen Expeditionsvorbereitungen hätte Meldung machen können. Am 26., nach der Messe, wurde der Generalmarsch geschlagen und Napoleon schiffte sich abends mit den Generälen Bertrand, Drouot und Cambronne sowie rund tausend Soldaten, vier Geschützen, einem Wagen und ein paar Pferden auf der *Inconstant* und den Begleitschiffen ein; gegen Mitternacht wurden die Segel gesetzt und am dritten Tag erreichte die Flottille die französische Küste bei Cannes.

Angesichts seiner, man darf wohl sagen, weltgeschichtlichen Folgen hat man bereits seit damals darüber räsoniert, was Napoleon zu seinem Entweichen von Elba und zu dem verwegenen Plan veranlasst hat, das Rad der Geschichte um ein Jahr zurückzudrehen, selbst auf die Gefahr hin, erneut gegen den Rest Europas Krieg führen zu müssen. Einen dankbar aufgegriffenen Vorwand lieferte ihm die französische Regierung, die sich unkluger-, wenn auch verständlicherweise sträubte, ihm die im Vertrag von Fontainebleau zugesicherten jährlichen zwei Millionen zu zahlen, worin er einen Bruch des Vertrags sah, durch den auch er sich von demselben entbunden fühlte. Das Ausbleiben von Gattin und Sohn, denen im Vertrag von Fontainebleau ja eine eigene Residenz auf dem italienischen Festland zugesprochen worden war, mochte ihn zwar schmerzlich berühren, aber eine Wiedervereinigung mit ihnen rückte durch sein Entweichen von Elba gewiss nicht näher, sondern in unerreichbare Ferne.

Napoleon hatte dagegen triftige Gründe, sich auf Elba nicht sicher zu fühlen, da Pläne und Gerüchte, ihn auf eine weit entfernte Insel zu verbannen oder ihm gar nach dem Leben zu trachten, nie ganz verstummten und ihm gelegentlich zu Ohren kamen. Das mochte, da auch Talleyrand von Wien aus dem König hierüber berichtete (der Außenminister selbst hielt die Azoren für einen geeigneten Verbannungsort), eine für die fernere Zukunft nicht ganz auszuschließende Gefahr sein. Doch, um einer derart vagen Gefahr präventiv zu begegnen, sich in ein Abenteuer wie das geplante zu stürzen, mit einer winzigen Streitmacht den Krieg gegen die legitime Regierung eines so großen Landes wie Frankreich aufzunehmen und dabei das eigene und fremdes Leben hundert- und tausendfach aufs Spiel zu setzen, das setzt noch andere Beweggründe voraus, als bloß sein eigenes Leben retten zu wollen.

Bereits in seinem ersten Aufruf »An das französische Volk« nach der Landung in Frankreich ließ Napoleon die Franzosen wissen, dass er ihre Klagen gegen die königliche Regierung und ihr Verlangen nach einer »legitimen«, also seiner Regierung vernommen habe, und später, in Sankt Helena, berief er sich gleichfalls auf »les cris du peuple français«, die ihn zu seiner Rückkehr bestimmt hätten. Gewiss war Napoleon, sogar recht detailliert, zuletzt noch durch Fleury de Chaboulon, über die Stimmung oder vielmehr Missstimmung in Frankreich informiert und gewiss auch über die verschiedenen Umsturzpläne unter den Militärs, die aber allesamt nicht weit gediehen, jedenfalls nicht bis zu einer realen Bedrohung für die Bourbonenmonarchie, weil ihnen »ein Name fehlte«.[33]

Unter den Zeitgenossen sind sich die besten Kenner und Kritiker Napoleons, auch solche aus unterschiedlichen politischen Lagern wie Chateaubriand und Guizot, darin seltsam einig, dass weder Klagen des Volkes noch Verschwörungen des Militärs noch irgendein anderer von außen kommender Anstoß in Napoleon den Plan reifen und zur Ausführung kommen ließen, sich erneut des Throns von Frankreich zu bemächtigen. Äußere Umstände haben ihn gewiss beeinflusst und die Durchführung seines Vorhabens begünstigt, aber letztlich, ist Guizot überzeugt, »war es Napoleon ganz allein, der 1815 die Bourbonen gestürzt hat – ce fut Napoléon seul qui renversa en 1815 les Bourbons«, indem er an die »fanatische Ergebenheit der Armee seiner Person gegenüber und an die revolutionären Instinkte der Massen« appellierte – was allerdings beides kein tragfähiges, dauerhaftes Fundament für die Erneuerung seiner Herrschaft bildete. Auch Chateaubriand erkennt in der »nature de son génie«, in der »nécessité de son génie« den letztlich entscheidenden Impuls, der Napoleon zum Handeln antrieb.[34]

Wenn wir also in Napoleons Charakter, in seiner, den Zeitgenossen aus leidvoller Erfahrung wohlbekannten, sprichwörtlichen *ambition* den letztlich ausschlaggebenden Grund für seinen Wiederauftritt auf die geschichtliche Bühne zu sehen haben, erscheint es unbegreiflich, wie seine Besieger ihn auf eine Insel, nahe derjenigen seiner Geburt und im Anblick der Küsten Italiens, verbannen konnten, wo er, jung und kühn wie Alexander der Große, durch staunenerregende Siege das Fundament zu seiner späteren Größe gelegt hatte.

Seine vielen Niederlagen seit dem Russlandfeldzug, die, mochten sie auch noch so schwer sein, ihn nie zum Einlenken bewogen, hätten den Verbündeten eine Warnung sein müssen, dass er sich auch nach ihrem Einmarsch in Paris und seiner erzwungenen Abdankung nicht als endgültig besiegt betrachten würde. Und dennoch bestimmten sie, obgleich zögernd und mit unguten Gefühlen für die Zukunft, zu seinem künftigen Aufenthaltsort die Insel Elba, auf der er jeglicher Überwachung entzogen war. War Napoleon imstande, fragt Chateaubriand, die Souveränität über ein winziges Reich, wie Tiberius auf Capri, zu akzeptieren oder sich, wie der Kaiser Diokletian in Salona, mit einem Gemüsebeet zufrieden zu geben? Offensichtlich nicht, und bereits Anfang Dezember 1814 warnte Polizeipräfekt Beugnot den König: »Ich bin überzeugt, dass Bonaparte eine lange Ruhepause unmöglich ist.«

Auch wenn man ihm das Entweichen leicht gemacht hat,

schmälert das nicht die Kühnheit seiner Tat, für die selbst Madame de Staël, eine seiner schärfsten Kritiker, voller Bewunderung war: »Seine Reise von Cannes nach Paris ist eine der kühnsten Unternehmungen, die in der Geschichte vorgekommen sind.« Und Guizot, der seinen Sturz und dann seine Rückkehr miterlebt hatte, wird geradezu hymnisch in seiner Bewunderung: »Niemals hat sich die persönliche Größe eines Menschen mit gewaltigerem Eklat offenbart; niemals hat eine kühnere und in ihrem Wagemut besser berechnete Tat die Phantasie der Völker in ihren Bann geschlagen.« Am bündigsten hat aber Chateaubriand die Alleintäterschaft Napoleons auf den Begriff gebracht: »die Invasion eines einzigen Mannes – l'invasion d'un seul homme«.[35]

KAPITEL 5

»Der Flug des Adlers«

Am 1. März erreichte Napoleons Flottille den Golfe Juan zwischen Cannes und Antibes, und um elf Uhr, so berichtet ein dort diensthabender Zollbeamter seinem Vorgesetzten, landete ein erstes Boot mit fünfundzwanzig Soldaten und zwei Offizieren an Bord. Nachdem auch noch mehrere andere Boote, ohne auf Widerstand zu stoßen, angelegt hatten, entstieg um drei Uhr nachmittags auch Napoleon dem seinigen, traf Anordnungen zum Entladen von Waffen und Munition und wandte sich, als es ihm nicht gelingen wollte, den Zöllner für sich zu gewinnen, landeinwärts.[36] Auf seiner offensichtlich vorausgeplanten Route legte der Trupp unter baldiger Zurücklassung der mitgeführten Geschütze auf unwegsamen Pfaden durch die Berge in vier Tagen die über 200 Kilometer lange Strecke bis Gap in den Hautes-Alpes zurück. Der Empfang der seltsamen Truppe durch die Bevölkerung war zunächst, wie in Grasse, dem Ort der ersten Etappe, eisig, wandelte sich aber schon bald zu freundlicher Neugier und dann, wie in Gap, zu stürmischem Willkommen. Wer die Fremden waren und was sie im Schilde führten, verbreitete sich nicht nur von Mund zu Mund, sondern auch schriftlich durch einen sorgfältig geplanten Propagandacoup, indem man drei auf den ersten März datierte Proklamationen in Abertausenden Exemplaren unter die ahnungslose Bevölkerung verteilte.

Von den ersten beiden, mit »Napoléon« unterzeichneten,

richtet sich die eine »An das französische Volk«, die andere »An die Armee«, während die dritte Proklamation, von den Napoleon begleitenden Offizieren unterzeichnet, an die Offiziere und Soldaten gerichtet ist, denen man begegnen würde. Später, auf Sankt Helena, äußerte der Ex-Kaiser gegenüber Las Cases, dem getreuen Protokollanten seines unerschöpflichen Wortschwalls, er habe aus Gründen der Geheimhaltung seine Proklamationen nicht auf Elba drucken lassen, sondern sie erst an Bord der *Inconstant* diktiert und alle, die schreiben konnten, Kopien anfertigen lassen, um sie unterwegs zu verbreiten. An anderer Stelle heißt es dagegen, er habe bereits am Tag vor seiner Abreise in Portoferraio in seiner Regierungsdruckerei eine unbekannte Anzahl von Exemplaren drucken und an Bord von schreibkundigen Händen zusätzliche Kopien anfertigen lassen. Offenbar gingen die Texte so reißend schnell weg, dass bereits in Gap »mehrere tausend« Kopien der Proklamationen, »die sich in Blitzesschnelle im ganzen Dauphiné verbreiteten«, zusätzlich gedruckt werden mussten.[37]

Mit diesem Coup trat Napoleon in die Fußstapfen eines Wilhelm von Oranien, wenig später König Wilhelm III. von England, der seine Invasion Englands 1688 auf ähnliche Weise vorbereitet hatte. Auch er rechtfertigte seine geplante Thronräuberei in einer Proklamation, die vorweg in Zehntausenden Exemplaren nach England geschmuggelt worden war und in der Behauptung gipfelt, England von einer despotischen Herrschaft befreien und den Weg für die Wahl eines »freien und rechtmäßigen Parlaments« ebnen zu wollen.[38] Ähnlich wie der Oranier argumentiert Napoleon, dass es seine Absicht sei, eine den Franzosen aufgezwungene Regierung durch eine »legitime«, das heißt: seine Regierung zu ersetzen; doch noch wichtiger war ihm, zunächst seine militärische Niederlage, die ihn den Thron gekostet hatte, durch »Verrat« zu erklären. Alle drei Proklamationen beginnen mit dieser alle Schuld von sich abwälzenden Ausrede, und diejenige an das Volk versteigt sich gar zu der Behauptung, dass Marmont ihn ausgerechnet in dem Augenblick verraten habe, als die feindliche Armee so gut wie vernichtet gewesen sei; daraufhin habe er, Napoleon, sich in das Exil, »auf einen Felsen inmitten der Meere«, begeben und sei am Leben geblieben, da das Volk ihn noch brauchen könne.

Das zweite große Thema seiner Botschaft besteht in der Rechtfertigung seiner Herrschaft, die, weil das Volk ihn auf den Thron gehoben habe, legitim sei; illegitim sei dagegen die Herrschaft der Bourbonen, weil sie Frankreich vom Feind und durch Verrat aufgezwungen worden sei. Seine Herrschaft bedeute, wendet er sich ans Volk, Bewahrung der Errungenschaften der Revolution, diejenige der Bourbonen dagegen Rückkehr zum Ancien Régime, zur *féodalité*, zu den Privilegien. Den Soldaten, die unter ihm »les maîtres des nations« gewesen seien, ruft er in Erinnerung, wie sie von den Bourbonen verhöhnt, entehrt, gedemütigt worden seien. In seinem Exil habe er die Klagen und Wünsche des Volks und der Soldaten vernommen und, da jede Nation das Recht habe, ihr einen von außen aufgezwungenen Fürsten abzuschütteln, sei er zurückgekommen, »um von seinen Rechten, die die Eurigen sind, wieder Besitz zu ergreifen.« An die Soldaten appelliert er, sich unter die Fahnen ihres Chefs einzureihen, und schließt mit den berühmten, seines Erfolgs gewissen Worten: »Der Adler mit den Farben der Nation wird von Kirchturm zu Kirchturm bis zu den Türmen von Notre-Dame fliegen – L'aigle, avec les couleurs nationales, volera de clocher en clocher jusqu'aux tours de Notre-Dame.«

Diese Manifeste komprimieren alle Argumente, die Napoleon in den nächsten Tagen, Wochen und Monaten zur Rechtfertigung seines Handelns vorbringen wird. Noch von Gap aus versicherte er am 6. März die Einwohner der Alpen-Departements, dass seine Rückkehr die Bewahrung der in fünfundzwanzig Jahren erworbenen Rechte, insbesondere Sicherheit ihres Besitzes und Gleichheit der Rechte, bedeute. Am Tag danach harangierte er bei Laffrey die gegen ihn ausgeschickten Soldaten, dass der Thron der Bourbonen illegitim sei, weil nicht von der Nation, sondern gegen ihren Willen aufgerichtet; die Bauern seien von der Rückkehr des Zehnten, der Privilegien, der feudalen Rechte und aller Missstände bedroht, von denen sie sich in der Revolution befreit hätten.[39]

Die in solcher Weise angesprochenen Soldaten ließen sich von Napoleon, der sie aufforderte, auf ihn zu schießen, zum Ungehorsam verleiten, und an diesem Ort, später »Prairie de la Rencontre« getauft und mit seiner unterm Second Empire gegossenen Reiterstatue geschmückt, kam es zur ersten Fraternisierung zwischen napoleonischen und königlichen Soldaten; damit hatte Napoleon, was damals allerdings noch nicht vorauszusehen war, die Partie bereits für sich entschieden. Dessen konnte er sich noch gewisser sein, als sich ihm am Abend desselben Tages die Tore der mit Soldaten und Waffen reichlich versehenen Stadt Grenoble öffneten und Oberst La Bédoyère das von ihm befehligte Regiment, und im Folgenden die ganze Garnison, dazu verleitete, zu Napoleon überzulaufen. Die Bedeutung dieses Ereignisses hat niemand bündiger in Worte gefasst als der Ex-Kaiser selbst auf Sankt Helena: »Von Cannes bis Grenoble war ich ein Abenteurer; in dieser letzten Stadt wurde ich wieder ein Souverän – De Cannes à Grenoble, j'étais un aventurier. Dans cette dernière ville, je redevins un souverain.«[40]

Wieder ganz Souverän, wieder ganz der Alte, war Napoleon spätestens in Lyon, in das er wie ein Triumphator, nunmehr von einer starken, ständig wachsenden Streitmacht umgeben, nur drei Tage später, am 10. März, einziehen konnte; denn die zur Verteidigung der Stadt abkommandierten Soldaten hoben die Barrikade auf dem Pont de La Guillotière, die den Zugang zu ihr versperrte, von sich aus auf und fraternisierten mit Napoleons Avantgarde. Von Lyon aus, wo er bis zum 13. weilte, annullierte Napoleon per Dekret das Restaurationsregime, erklärte Pairskammer und Abgeordnetenkammer für aufgelöst und rief – eine Maßnahme, die ihn später selbst zu Fall bringen sollte – die Wahlmännerkollegien des Empire zu einer *Assemblée extraordinaire du Champ de Mai* nach Paris ein, »um die notwendigen Maßnahmen zu ergreifen, unsere Verfassungen im Interesse und nach den Wünschen der Nation zu berichtigen und zu modifizieren – afin de prendre les mesures convenables pour corriger et modifier nos constitutions, selon l'intérêt et la volonté de la nation.« Wer wollte, konnte darin die Ankündigung einer neuen Verfassunggebenden Nationalversammlung erblicken, in deren Macht es liegen würde, auch die Verfassungen des Empire zu modifizieren und zu berichtigen.[41]

Gleichzeitig überschüttete der nun wieder ganz in seine Rolle als Regierungschef geschlüpfte Napoleon das Land mit einer Kaskade weiterer Dekrete: Allen zivilen und militärischen Amtsträgern, die an dem Umsturz des kaiserlichen Throns mitgewirkt hätten, wurde Amnestie zugesagt; alle seit April 1814 verfügten Amtsenthebungen und Ernennungen sowie Beförderungen in der Ehrenlegion wurden für null und nichtig erklärt; die früheren kaiserlichen Magistrate wieder eingesetzt; die weiße Kokarde, das Lilienwappen und andere Embleme der Bourbonen zugunsten der Trikolore abgeschafft; ebenso der (alte) Adel und feudale Titel; die Güter der Prinzen des Hauses Bourbon konfisziert; alle ohne reguläre Löschung aus den Listen zurückgekehrten Emigranten des Landes verwiesen, ihre Güter beschlagnahmt; der königliche Militärhaushalt aufgelöst und vieles andere mehr.

Von seiner Amnestie wollte Napoleon dreizehn im Dekret namentlich bezeichnete Personen, die es mit dem Feind gehalten hätten, ausnehmen, sie vor Gericht stellen und ihre Güter konfiszieren. Gegen diese Willkürmaßnahme, die, da er der Genannten nicht habhaft werden konnte, die Beschlagnahme ihres Besitzes betraf, richtete den schärfsten Protest sein Großmarschall Bertrand, der sich weigerte, das Dekret gegenzuzeichnen. Ihm hielt Napoleon entgegen, dass er nichts von Politik verstehe; dass Milde nur dann Wirkung zeige, wenn sie mit einer Dosis Strenge verbunden sei – vor allem gegenüber gefährlichen und unversöhnlichen Gegnern. Sechs Wochen später, anlässlich der Beratungen einer neuen Verfassung, entbrannte über die Rechtmäßigkeit der Konfiskation, die in der Charte ausdrücklich untersagt war, ein heftiger Streit zwischen Napoleon und denjenigen, die sie wegen ihres Willkürcharakters abgeschafft wissen wollten.[42]

In den Augen Benjamin Constants schienen die Proklamationen vom Golfe Juan und die Dekrete von Lyon eine militärische Schreckensherrschaft anzukündigen: »Das war die Sprache des Konvents im Munde eines Prätorianers.«[43] Doch sobald, keine zehn Tage später, Napoleon sein Ziel, die Hauptstadt Paris, erreicht hatte, sollte er diese Sprache wieder ablegen, um diejenigen für sich zu gewinnen, für die und durch die er bisher regiert hatte – nämlich die Notabeln.

In Paris erfuhr man von Napoleons Landung am 5. März; in die Öffentlichkeit gelangte die Nachricht zwei Tage später durch den *Moniteur*, als es in Laffrey bereits zur ersten Fraternisierung mit königlichen Soldaten gekommen war. In Unkenntnis dessen, was sich entlang von Napoleons Route abspielte, gab man sich überzeugt, dass die Regierung schnell mit dem Eindringling fertig würde; die Ultras jubelten gar, dass Napoleon sich nun selbst erledigt habe. Aurore Dupin, die sich künftig George Sand nannte, hörte damals in den royalistischen Kreisen ihrer Großmutter: »Freuen wir uns! Dieses Mal wird man ihn fassen und in einen Eisenkäfig sperren.«[44]

Besonnener reagierte Ludwig XVIII., der am 7. März Napoleon in einer Proklamation zum »Verräter und Rebellen« erklärte und gleichzeitig die beiden Kammern zu einer außerordentlichen Sitzung einberief, um sich in dieser durch Verrat heraufbeschworenen Gefahr ihrer Unterstützung zu vergewissern. In dem Vertrauen, dass die meisten Soldaten loyal bleiben würden, wurden am 9. alle zeitlich beurlaubten sofort zu ihren Regimentern einberufen. Einen eindringlichen Aufruf vom 11. März begann Ludwig mit den Worten, dass fünfundzwanzig Jahre Revolution ihren Abschluss in einer Verfassung gefunden hätten, welche die Freiheit aller Untertanen garantiere. Der Feind, der gekommen sei, den Bürgerkrieg zu erneuern, werde zwischen Lyon und Paris abgefangen. Frankreich werde nicht unterliegen »in dem Kampf der Freiheit gegen die Tyrannei, der Treue gegen den Verrat, Ludwigs XVIII. gegen Buonaparte.« Gleichzeitig wurden die Generalräte der Departements zu außerordentlichen Sitzungen in Permanenz einberufen. Indem die Regierung diese von Napoleon geschaffenen Organe beauftragte, alle für das öffentliche Wohl notwendigen Maßnahmen zu ergreifen, wurden zum ersten Mal seit der Revolution zentrale Ordnungsaufgaben wieder an Gremien der Provinz delegiert, der Versuch unternommen, das in der Stunde höchster Gefahr dringend notwendige Bündnis zwischen Thron und Nation mit Leben zu erfüllen.[45]

Nur einen Tag später appellierte der König erneut an die Soldaten, gemeinsam mit ihm die Freiheit und die Charte zu verteidigen, und fand dabei Worte wie Schiller in seinem damals fast noch druckfrischen *Wilhelm Tell*: »verteidigt eure Frauen, eure Väter, eure Kinder, euer Eigentum gegen die Tyrannei, die sie bedroht – defendez vos femmes, vos pères, vos enfans, vos propriétés, contre la tyrannie qui les menace.« Zur Eröffnung der Kammern am 16. März – Napoleon stand bereits in Avallon, nur drei Tagesmärsche vor Paris – hielt Ludwig XVIII. seine beste (von ihm selbst aufgesetzte und frei gehaltene) Rede, in der er den Pairs und Abgeordneten versicherte, nicht für seine Person zu fürchten, sondern für Frankreich, dass die Fackel des Bürgerkriegs die Geißel des auswärtigen Kriegs nach sich ziehe, dass die Charte, »in den Augen der Nachwelt mein schönster Ehrentitel«, in höchster Gefahr sei. »Verbinden wir uns in Einigkeit um sie, die unser heiliges Banner sei!«

Die dem Land drohende Gefahr unterstrich der König noch einmal in einem Aufruf an die Armee, treu zu bleiben, um »Frankreich dreihunderttausend fremde Soldaten zu ersparen, denen ich keine Fesseln werde anlegen können.« Aus Einsicht, dass auch dieser Appell das nationale Unglück, das er ganz realistisch herannahen sah, nicht werde abwenden können, entschloss sich Ludwig XVIII. am folgenden Tag (19. März), um einen Kampf um die Hauptstadt zu vermeiden, Paris zu verlassen und die beiden Kammern zu vertagen.[46] Damit brachte er ein Opfer, für das er für den Rest seines Lebens büßen sollte. Denn die Bonapartisten wussten es so darzustellen, dass Ludwig die fremden Heere ins Land gerufen und allein ihrem bewaffneten Arm seinen Thron verdanke. Im Zeitalter eines virulenten, von Napoleon kräftig geschürten Nationalismus musste die im König verkörperte Partei der Freiheit zum Schaden Frankreichs und des ganzen Kontinents eine epochale Niederlage hinnehmen.

Doch was kümmerte das einen Napoleon, der einzig und allein ein Ziel hatte, erneut »seinen« Thron zu besteigen, den er, wie er glauben machen wollte, nur durch »Verrat« verloren habe. Durch wirklichen Verrat sollte er ihn wieder besteigen dürfen. Mit der Mission, seinem Vorrücken zwischen Lyon und Paris Einhalt zu gebieten, wurde Michel Ney beauftragt, einst einer seiner tüchtigsten und tapfersten Marschälle, aber nunmehr im Dienst des Königs stehend, der ihn auch zum Pair von Frankreich erhoben hatte.[47] In die Hände dieses Marschalls, Gouverneur der Sechsten Militärdivision in Besançon, legte der König sein Schicksal während einer Audienz, die er ihm am 7. März in den Tuilerien gewährte. Was dort genau gesprochen wurde, weiß man nicht. Aber keine vierundzwanzig Stunden später kursierten in ganz Paris die dem Marschall zu Recht oder Unrecht in den Mund gelegten Worte: »Ich werde Bonaparte ergreifen, ich verspreche es Ihnen, und ich werde ihn in einem Eisenkäfig herbeischaffen – Je me saisirai de Bonaparte, je vous le promets, et vous l'amènerai dans une cage de fer.« Noch eine reichliche Generation später finden wir, wie angedeutet, eine Reminiszenz an diesen Eisenkäfig in George Sands Autobiographie (1855).

Verschiedene Einflüsse dürften zusammengewirkt haben, Ney von seinem – im Moment, als es getan wurde, gewiss aufrichtigen – Versprechen abzubringen: die sich überstürzenden Nachrichten von Napoleons erfolgreichem Vorrücken und dem Abfall immer weiterer königlicher Truppen; die an ihn gerichteten Appelle Napoleons; die Einsicht, dass er am Ende so gut wie ohne eigene Soldaten der Übermacht Napoleons gegenüberstehen würde. Offizieren, die ihn an seinen Eid gemahnten, soll er entgegnet haben: »Ich kann die Flut des Meers nicht mit meinen Händen aufhalten.« Von solchen Gedanken erfüllt wandte sich Ney am 14. März, einen Tag nach Napoleons Aufbruch von Lyon, in Lons-le-Saunier mit einem Tagesbefehl an die ihm noch verbliebenen Offiziere und Soldaten: »Die Sache der Bourbonen ist auf immer verloren. Die legitime Dynastie, welche die französische Nation erwählt hat, besteigt erneut den Thron: Dem Kaiser Napoleon, unserem Souverän, gebührt es allein, über dieses schöne Land zu herrschen!«[48] Den in diesem Tenor noch mehrere Absätze lang weitergehenden Tagesbefehl machte Ney in Form eines gedruckten Plakats der Allgemeinheit ebenso bekannt wie eine Woche zuvor La Bédoyère seinen Abfall zu Napoleon. Den Verrat, von dem er drei Tage später, während Ney in Auxerre mit Napoleon zusammentraf, erfuhr, kommentierte Ludwig XVIII. mit den Worten: »Welch ein erbärmlicher Kerl, er hat keine Ehre mehr.« Für den sukzessiven Abfall praktisch der gesamten Armee sollten nach den Hundert Tagen an erster Stelle zwei mit ihrem Leben büßen – Ney und La Bédoyère, denen dafür aber ein Platz im Pantheon der napoleonischen Helden sicher war.

Da er nach Lyon auf kein Hindernis mehr stieß, erreichte Napoleon bereits am Morgen des 20. März Fontainebleau, wo er erfuhr, dass der König in der Nacht davor Paris in Richtung Norden verlassen hatte. Wenn es ihm gelungen war, die nahezu tausend Kilometer vom Golfe Juan bis Paris, ohne einen einzigen Schuss abzugeben, in bloß zwanzig Tagen zurückzulegen (oft, wenn nicht gar meistens im Wagen und gelegentlich im Boot), schrieb er selbst das dem Umstand zu, dass er von den Franzosen sehnsüchtig, wie ein Messias, erwartet wurde. Das von ihm selbst hierfür gewählte Bild eines »Flugs des Adlers« ist insofern eine Mystifikation, als der Rückkehrer zunächst, wenigstens bis Grenoble, auf Schleichwegen vordrang und in kritischen Momenten auf die Unterstützung durch meuternde Soldaten rechnen konnte. Seine eigentlichen Parteigänger waren Leute vom Land, die, abgesehen von der Wehrpflicht, wenig unter Napoleons Regierung zu leiden gehabt hatten, dafür um so mehr einst unter dem Ancien Régime, das sie unter der Restauration erneut heraufziehen wähnten. »Es waren diese Landleute«, hat Benjamin Constant beobachtet, »die Bonaparte umdrängten, ihn im Triumphzug begleiteten, sobald er den Boden Frankreichs betreten hatte.«[49]

Tatsächlich sprechen viele Zeugnisse dafür, dass die von ihm fleißig geschürte Furcht vor einer Rückkehr des Ancien Régime die Bewohner des flachen Landes, und von ihnen angesteckt auch den *menu peuple* der Städte, ihrem angeblichen Wohltäter zujubeln ließ und zwar um so mehr, je näher er Paris kam. Am Ende seines Weges traten nicht nur Militärs, sondern häufiger auch zivile Amtsträger zu ihm über. Doch die Begeisterung über den Rückkehrer kannte sehr wohl ihre Grenzen, die Guizot deutlich markiert hat: »Von einem Gefolge von Leidenschaften umgeben bestieg er erneut den bei seinem Heranrücken im Stich gelassenen Thron. Doch diese glänzende und rauschende Kulisse konnte von Anfang an nicht eine bedrohliche Schwäche verbergen. Der Mann, der Frankreich wie ein Triumphator durchquert hatte, […] betrat Paris bei Nacht, wie Ludwig es verlassen hatte, in der Kutsche von seinem Gefolge umgeben, bloß wenigen freudlosen Menschen begegnend. Der Enthusiasmus, der ihn auf den Wegen durchs Land begleitet hatte, stößt am Ziel auf Ernüchterung, Zweifel, auf das Misstrauen der Liberalen, vorsichtiges Abwarten, auf ein zutiefst beunruhigtes Frankreich und ein unwiderruflich feindliches Europa.« Oft habe man der Ober- und Mittelschicht Gleichgültigkeit, Egoismus und mangelnden Gemeinsinn vorgeworfen. Er, Guizot, sei dagegen der Auffassung, dass die Bereitschaft zum Opfer den *bon sens* und der kühne Mut den Verstand nicht verdunkeln dürfe. Denn es wäre für die Ehrgeizigen und Scharlatane nur allzu bequem, stets blind ergebene Opferwillige zur Verfügung zu haben. Unter allen großen Männern sei Napoleon vielleicht derjenige gewesen, der die zivile und militärische Opferbereitschaft seiner Untertanen auf die härteste Probe gestellt habe. Daher seien die Besorgnisse der Mittelschicht im Jahr 1815 – zumal angesichts der Entschlossenheit der Alliierten zum Krieg gegen den »Feind und Störer der Ruhe der Welt« – legitim und patriotische Pflicht gewesen. Auch der damals nach Paris eilende John Hobhouse hebt nachdrücklich hervor, dass Napoleon allein bei der Armee und in einigen östlichen, das heißt vom Krieg und anschließender Besetzung betroffenen, Departements populär gewesen sei; nirgendwo habe sich ein so großer Teil der Bevölkerung ihm gegenüber ablehnend verhalten wie in Paris, und sein Einzug in die Stadt sei ein trauriges Spektakel gewesen.[50]

Wenn Napoleon ungeachtet fehlender Unterstützung durch die Pariser Bevölkerung, gar trotz ihrer latenten Opposition zu ihm, am Abend des 20. März wie ein Triumphator in die Tuilerien zurückkehren konnte, hatte er dies der Armee zu verdanken. Bereits zu Beginn der Hundert Tage hatte Joseph Fouché, bald erneut sein Polizeiminister, prophezeit, dass der Ausgang der Ereignisse von der »Haltung des ersten Regiments, auf das der Kaiser trifft«, abhängen würde, was sich prompt bei Laffrey bewahrheitete und regelmäßig – in Grenoble, in Lyon, in Lons-le-Saunier usw. – wiederholen sollte.

Als dann auch noch die bei Melun stationierten Kavallerieregimenter, die letzte militärische Barriere vor Paris, zu Napoleon überliefen, entschloss sich Ludwig XVIII., den Kampf auf militärischer Ebene aufzugeben. Dieser aus Rücksicht auf seine Untertanen dringend gebotene Schritt, der ihm von seinen Gegnern als feige Flucht ausgelegt wurde, war gewiss weniger ehrlos als Napoleons zweimalige Abdankung.[51]

Kaum hatte der König sein Schloss verlassen, marschierten mehrere hundert Demi-Soldes von Saint-Denis, wo sie zu seiner Verteidigung zusammengezogen worden waren, nach Paris, um die Tuilerien für ihren Kaiser zu besetzen.[52] Im Wettstreit um die Loyalität der Armee war Ludwig XVIII. seinem Herausforderer hoffnungslos unterlegen. Zwar umwarb die Regierung, sobald sie der ihr drohenden Gefahr innewurde, die Soldaten nicht nur mit moralischen Appellen, sondern auch mit materiellen Anreizen – doch alles vergeblich. Nach den Hundert Tagen hat man gerade einmal rund hundert Offiziere ermittelt, die den Eid auf Napoleon verweigert hatten. Am Ende wog die Loyalität von Offizieren und ihren Mannschaften gegenüber einem Chef, der sie bald zwei Jahrzehnte lang von Sieg zu Sieg geführt und zu Herren über die Nationen erhoben hatte, schwerer als die noch kein ganzes Jahr währende Bindung an einen ruhmlosen König, dem sie statt Beute nur Entbehrungen zu verdanken hatten. Dass der Kaiser am Ende militärisch gescheitert war, wurde mit Verrat erklärt, was ihm zusätzliches Mitgefühl eintrug. Man heftete sich, wie Pasquier gesagt hat, an seine *gloire*, die nationaler Besitz wurde.

Sowohl durch ihr Agieren wie ihr Nichtagieren, lautet das Fazit von Thierry Lentz, habe die Armee die erste Rolle bei Napoleons Rückkehr von Elba gespielt. Ohne ihre entscheidende Mitwirkung hätte er nie und nimmer erneut den französischen Thron besteigen können – eine Tatsache, die er danach füglich zu eskamotieren trachtete. Der 20. März war ein militärischer Staatsstreich, der zwar nicht von der Armee ausging, aber nur dank ihrer tatkräftigen Unterstützung gelingen konnte.[53] Ein Napoleon entlastendes Moment liegt darin, dass er ebensowenig wie bei seinem Staatsstreich vom 18. Brumaire die Absicht hatte, mit Hilfe des Militärs zu regieren. Dieser Vorsatz, an den er sich auch während seiner kurzen zweiten Herrschaft eisern hielt, kann seine Usurpation zwar nicht rechtfertigen, ist aber unbedingt im Auge zu behalten, um sein Verhalten in der Rolle des zivilen Herrschers, in die er ab dem 21. März wieder schlüpfte, zu verstehen.

Das militärische Kräftemessen hatte Napoleon, sogar ohne einen Tropfen Blut zu vergießen, für sich entschieden; doch worauf sollte er seine zivile Herrschaft gründen? Es genügte offensichtlich nicht, konstatierte der liberale Publizist und Gegner einer Militärherrschaft Charles Comte (1782–1837) in seiner Zeitschrift *Le Censeur*, dass jener, der im April 1814 rechtlich bindend abgedankt hatte, sich nun von der Armee und den Bewohnern der Landstriche, durch die er gezogen war, zum Kaiser ausrufen ließ; denn Frankreich gehöre weder den Soldaten noch allein den Franzosen, denen er auf seinem Weg von Cannes nach Paris begegnete.[54] Noch bevor er einem einzigen Soldaten oder Bauern auf dem Kontinent begegnet war, hatte der Rückkehrer seinen Anspruch auf den französischen Thron bereits im Vorhinein in seinen Proklamationen vom Golfe Juan damit begründet, dass er »durch die Wahl des Volkes« auf diesen berufen worden sei. Damit meinte er die Plebiszite, die ihn 1802 als Konsul auf Lebenszeit und 1804 als erblichen Kaiser bestätigt hatten. Doch nachdem sein eigener Senat mit der so genannten Senatsverfassung und, dessen Vorgaben folgend, Ludwig XVIII. mit der Charte die Ausübung von Herrschaft auf eine konstitutionelle Grundlage gestellt hatten, konnte die Berufung auf jene fernen, an besondere Umstände geknüpften und überdies nur von einer Minderheit der Franzosen befürworteten Plebiszite nicht den Anspruch begründen, eine auf Zustimmung der Regierten gegründete Herrschaft auszuüben.[55] Um mit der Legitimität Ludwigs XVIII. zu konkurrieren, musste er sich auf den Boden einer der Charte ebenbürtigen Verfassung stellen – eine Aufgabe, an der er scheitern sollte.

KAPITEL 6

Erneut Regierungschef

Am Ziel, in Paris angekommen, endete der kühne Flug des Adlers und begann der graue Alltag des Regierungschefs. Unterwegs war Napoleon kaum auf Widerstand gestoßen; vielmehr hatten ihm die Fehler der Bourbonen die Armee zugeführt, und die Bauern jubelten ihm zu, weil er sich ihnen als Schutzwall gegen eine Rückkehr des Ancien Régime darstellte. Das hatte ihm geholfen, so rasch sein Ziel zu erreichen; aber dort angekommen, lag es ihm fern, sich weiterhin als »Kaiser des Volks« zu gebärden; nun suchte er erneut den Schulterschluss mit den Notabeln, die ihn jedoch ohne Jubel, eher widerstrebend empfingen. Denn er störte die unter der Restauration begonnene Rückkehr zur Normalität und gefährdete ihre beiden größten Segnungen – die Freiheit und den Frieden. Nun bekam er seine eigenen Fehler zu spüren.

Als er, der lieber auf den Thron verzichtet hatte, als den Ersten Pariser Frieden zu unterzeichnen, nun von sich aus Europa den Frieden anbot, musste er erleben, dass Europa an der Aufrichtigkeit seiner Worte zweifelte. Ähnliches widerfuhr ihm seitens der Nation. Weil ihm ein Regieren ohne und gegen sie unmöglich dünkte, war er bereit, politische Freiheit zu gewähren und Wahlen in Aussicht zu stellen. Doch die Nation zögerte, seinen Worten zu trauen; um ihnen Glaubwürdigkeit zu verleihen, ließ er sich dazu bestimmen, sofortige Wahlen anzuberaumen und die Sitzungsperiode der

Kammern zu eröffnen, noch bevor er gegen Europa ins Feld zog. So bekam er es, weil niemand seinen bloßen Worten Glauben schenken mochte, mit zwei Gegnern gleichzeitig zu tun, mit denen gleichzeitig fertig zu werden, selbst die Kräfte eines Napoleon überstieg.[56]

Seine Glaubwürdigkeit unterminierte Napoleon selbst des weiteren, weil seine Politik eine klare politische Linie vermissen ließ. Denn im Grunde wollte er nur eines: die Herrschaft für sich und seine Dynastie. Um dieses Ziel zu erreichen, machte er Versprechungen nach allen Seiten und erklärte etwa, nachdem ihm der Zulauf der Bauern den Weg nach Paris geebnet hatte, dass es niemals seine Absicht gewesen sei, der Anführer einer Bauernerhebung, »le roi d'une jacquerie«, zu sein.[57] Auch seine Ausfälle gegen Adel und Klerus hatten allein den Zweck, ihm Popularität zu verschaffen. Um nicht hinter Ludwig XVIII. zurückzubleiben, war Napoleon geradezu gezwungen, Freiheit zu gewähren; dass aber er, dem der Ruf vorausging, eher friedliebend als liberal zu sein, dazu überhaupt imstande sein würde, mochte keiner so recht glauben. Um die weit verbreitete Furcht, dass seine Rückkehr an die Macht Krieg mit Europa bedeute, zu zerstreuen, wurde das Gerücht einer geheimen Verständigung mit Österreich in die Welt gesetzt, der von den Alliierten am 13. März von Wien aus gegen ihn verhängte Bann zunächst verheimlicht und die eigene Friedensliebe mit dem Bekenntnis zu dem 1814 geschlossenen Frieden beteuert. Doch weil er selbst am besten wusste, wie wenig davon zu halten war, unterließ er es nicht, sich gleichzeitig auf den Krieg vorzubereiten, indem er bereits am 28. März die beurlaubten Soldaten reaktivieren und vierzehn Tage später die Nationalgarden mobilisieren ließ.

Seinem Unbehagen über die kaiserliche Politik ließ damals,

in den letzten Märztagen, Caulaincourt, sein alter und neuer Außenminister, in einem Gespräch freien Lauf: »Was der Kaiser vorhat, grenzt an Wahnsinn. […] In welche Richtung bewegt er sich? Er weiß es selbst nicht. Er wendet sich den Männern der Revolution zu, die er über alles fürchtet. Er traut nicht mehr den anständigen Männern, mit denen er sich seit einigen Jahren umgeben hatte. Die Richtung, in die er sich bewegt, ist falsch, unbestimmt, unvernünftig. Er hat völlig sein inneres Gleichgewicht verloren. Wieso sieht er nicht, dass er den meisten nur Furcht einflößt und dass diese Furcht sie leicht wieder in die Arme Ludwigs XVIII. zurückführen kann?«[58] Ein solcher Stoßseufzer über die Unzulänglichkeiten und Widersprüche der kaiserlichen Politik belegt jedenfalls, dass Napoleon in den Anfangsjahren seiner Herrschaft einen so stabilen Staatsapparat geschaffen hatte, dass dieser, wie während der Ersten Restauration, sowohl ohne seinen Schöpfer funktionierte als auch, trotz aller seiner Missgriffe, mit ihm.

Das Ende des 20. März mag den Rückkehrer noch mit Genugtuung, mit einem Gefühl des Triumphs erfüllt haben. Bereits am frühen Abend waren die Tuilerien fest in der Hand einiger hundert Halbsold-Offiziere, und wie durch Zauberhand fand sich plötzlich das ganze alte Hofpersonal wieder ein. Bedienstete tummelten sich in kaiserlicher Livree, die am Vortag noch die des Königs getragen hatten. Auf seinem Weg von Fontainebleau nach Paris eilten ihm in großer Zahl die militärischen und zivilen Würdenträger des vormaligen Empire entgegen. Sobald er das Schloss erreicht hatte, wurde er buchstäblich auf Händen in die Gemächer der Beletage hinaufgetragen. Doch mit Ausnahme der Tuilerien und des Palais-Royal blieb Paris an diesem Abend ruhig und verlassen. Die Entpolitisierung unter dem Empire zeigte ebenso Wirkung wie die Furcht vor den Folgen des Umsturzes und vor einem neuen Krieg.[59]

Als eine seiner ersten Amtshandlungen widerrief Napoleon die königliche Ordonnanz vom 11. März, die den Zusammentritt der Generalräte in Permanenz verfügt hatte, und gab somit den Präfekten ihre volle administrative Gewalt zurück. Auf sie konnte er sich verlassen, denn in markantem Gegensatz zu Ludwig XVIII. schritt er sogleich, beginnend mit dem 22. März, zu einer umfassenden Säuberung des Korps der Präfekten, von denen er lediglich acht an der Stelle beließ, wo sie sich zwei Tage vorher befunden hatten, und weitere vier kamen mit einem Wechsel ihrer Präfektur davon. Ähnlich drastische Personalwechsel wurden in den Ministerien, bei der Polizei usw. vorgenommen.[60] Seine erste öffentliche Rede galt nicht, worauf die Notabeln gewartet haben mochten, dem Thema Verfassung und Freiheit, sondern am Mittag des 21. harangierte er die Pariser Truppen mit den sattsam bekannten Worten, dass der Thron der Bourbonen, weil das Werk von Ausländern, illegitim sei und allein der kaiserliche Thron die Rechte des Volkes verbürgen könne »und vor allem, was uns am meisten am Herzen liegt, die Sache unseres Ruhms.« Verrat und unglückliche Umstände hätten die kaiserlichen Adler mit Trauerflor bedeckt, aber dank Euch und dem französischen Volk strahlten sie erneut in ihrer alten *gloire* usw.[61]

Die Bildung eines Kabinetts zog sich über drei Tage hin (21.–23.3.), da mehrere seiner früheren Minister nur zögernd oder gar nicht auf die ihnen zugedachten Posten zurückkehren wollten. Die Ernennung des Altrevolutionärs Lazare Carnot zum Innenminister bildete die wichtigste Konzession an die Erwartungen der Revolutionäre; im übrigen griff er wieder auf die Liberalen zurück, auf deren Fähigkeiten mehr

Verlass war als auf ihre Ergebenheit gegenüber dem Kaiser. Weil er glaubte, auf die Dienste eines Fouché als Polizeiminister nicht verzichten zu können, nahm er auch ihn, dem der Ruf eines Erzverräters vorauseilte, in sein Kabinett auf und placierte ihn damit an eine Stelle, von der aus jener das Eintreten seiner Prophezeiung, dass Napoleon in drei Monaten erledigt sein werde, aktiv befördern konnte. Im Nu waren auch der kaiserliche Haushalt und die kaiserlichen Hofämter wiederhergestellt, David erneut zum Ersten Maler, Fontaine zum Ersten Architekten und Champagny zum Intendanten der kaiserlichen Bauten bestellt, während der aus Rom herbeigeeilte kaiserliche Onkel, der Kardinal Fesch, wieder das Amt des Großalmoseniers versah. Flink stellten sich auch die Brüder des Kaisers bei Hof ein, mussten sich aber im Zuge einer neuen Austeritätspolitik ein jeder mit einer Zivilliste von einer Million begnügen.[62]

Seine erklärte Absicht, in Zukunft nicht mehr diktatorisch regieren zu wollen, fand ihren ersten konkreten Niederschlag in der Abschaffung der Zensur durch ein am 25. März im *Moniteur* publiziertes Dekret. Bereits in den letzten Jahren seiner ersten Herrschaft hatte Napoleon die Nachteile einer lückenlos kontrollierten und gelenkten Presse zu spüren bekommen – nämlich dass niemand ihr und der Regierung Glauben schenken wollte, nicht einmal wenn sie die Wahrheit sagten. Zwar wurde die Generaldirektion des Buch- und Druckwesens aufgehoben, doch Polizeiminister Fouché war vorsichtig genug, in den Tagen davor die Journalisten bei sich zu versammeln und ihnen einzuschärfen, nichts gegen die Absichten der Regierung zu schreiben. Um gegen Übertreter dieses Geheißes vorgehen zu können, hatte jedes Blatt einen verantwortlichen Herausgeber zu benennen, um ihn gegebenenfalls zur Rechenschaft zu ziehen, was aber so gut wie nie geschah. Als Ergebnis der Befreiung der Presse erschienen allein im April über zweihundert Broschüren politischen Inhalts, meistens liberaler Couleur und oft gegen die Regierung gerichtet.[63]

Am Tag nach dieser Demonstration seiner liberalen Absichten, am Sonntag dem 26. März, empfing der Kaiser die Grands Corps d'État in feierlicher Audienz und antwortete in knapper Form auf die Adressen, in denen die Minister, der Staatsrat, das Kassationsgericht, der Rechnungshof, der Pariser Gemeinderat und andere ihre Glückwünsche an den Kaiser und ihre Erwartungen an die künftige Regierung geäußert hatten. Bei dieser Gelegenheit wagten die Männer, mit denen er in der Vergangenheit regiert hatte und nun erneut regieren wollte, Töne anzuschlagen, die man in seiner Gegenwart bisher noch nicht, zumindest nicht aus dem Mund dieser Redner, gehört hatte. Bedächtig wie stets sprach als erster sein alter und neuer Erzkanzler und jetziger Justizminister Cambacérès, der an die inzwischen zum Gemeinplatz gewordene Maxime erinnerte, dass allein der Wille des Volks Legitimität verleihe, und dem Kaiser im übrigen dessen eigene Worte wiederholte, dass man vergessen müsse, »maîtres des nations« gewesen zu sein, und dass es künftig keinen Eroberungskrieg geben werde und im Innern keine Willkürakte. Mit einem Abriss der Geschichte Frankreichs von 1789 bis 1815 eröffnete der Staatsrat Thibaudeau seine Adresse, um daraus einige – explizite und implizite – Verfassungsgrundsätze abzuleiten: Indem der Kaiser den Thron wieder bestiegen habe, habe er folglich das Volk erneut in seine heiligsten Rechte eingesetzt. In seinen Proklamationen an Volk und Armee habe er sich zu den Prinzipien der Freiheit bekannt, zur individuellen Freiheit und Gleichheit der Rechte, der Freiheit der Presse und Abschaffung der Zensur, zur Freiheit des religiösen Bekenntnisses, zur Bewilligung der Steuern durch die Vertreter des Volkes usw., usf.

All dies war im Grunde nicht neu, sehr wohl aber, dass man den Kaiser an sein eigenes in Lyon gegebenes Verfassungsversprechen zu erinnern wagte, nämlich dass »die nationalen Institutionen in einer großen Versammlung der Vertreter des Volks erneut überprüft werden müssen.« Das war, wie bereits schon von Napoleon selbst, so allgemein und vielseitig interpretierbar formuliert, dass Konflikte über die verfassunggebende Gewalt, bei wem sie liege und wie weit sie reiche, geradezu unausweichlich waren. Den Staatsräten gab der Kaiser die mit ihrem Diskurs in keinem erkennbaren Zusammenhang stehende Antwort, dass die Fürsten die ersten Bürger des Staates seien, ihre Autorität aber nur so weit reiche, wie es das Interesse der Nation gebiete; dass er auf die »Ideen des Grand Empire« verzichtet habe und seine Gedanken nunmehr nur noch auf die »Wohlfahrt und Befestigung« des Empire français gerichtet seien.

Ungewöhnlich offene Worte fand auch der Pariser Gemeinderat, der vor einem Jahr einen entscheidenden Anstoß zu seinem Sturz gegeben hatte, und erinnerte ihn gleichfalls an sein beim Betreten Frankreichs gegebenes Verfassungsversprechen; dieses Versprechen verstärke ihre Gefühle ihm gegenüber, denn alle Franzosen wüssten, dass eine von ihm garantierte Verfassung nicht nach ihrer Verkündung gleich wieder umgestoßen würde. Daraufhin dankte er in der Manier französischer Könige aus vorvergangenen Zeiten seiner »bonne ville de Paris« für die ihm bezeugte Gesinnung und versicherte ihr, seinen Marsch unter Zurücklassung seiner Armee aufs Äußerste beschleunigt zu haben, um seine Hauptstadt am vierten Jahrestag der Geburt seines Sohns, des Königs von Rom, betreten zu können. Sein weiterer Dank bestand darin, das Einstellen der »grands travaux« in Versailles anzuordnen, um zunächst die Bauvorhaben in Paris zu Ende zu führen, das sein ständiger Aufenthaltsort und die Hauptstadt des Empire bleiben solle.[64]

Derselbe Napoleon, der 1802 als Erster Konsul die Sklaverei in den Kolonien wiedereingeführt hatte, verfügte nun mit einem Dekret vom 29. März: »der Sklavenhandel ist abgeschafft – la traite des noirs est abolie.« Das geschah nicht aus prinzipieller Ablehnung des Sklavenhandels, sondern aus Rücksicht auf Großbritannien, dem gegenüber Ludwig XVIII. sich in einem Annex zum Ersten Pariser Frieden zur Beendigung dieses Handels innerhalb von fünf Jahren verpflichtet hatte. Mit dem Hauptzweck des Dekrets, sich London, den wichtigsten Financier einer möglichen neuen Koalition gegen ihn, geneigt zu stimmen, hielt man es für vereinbar, denjenigen Reedern, die bereits vor der Publikation des Dekrets eine Expedition zum Sklavenhandel ausgerüstet hatten, zu erlauben, »das Produkt in unseren Kolonien zu verkaufen.«[65]

Um das kaiserliche Regime vollständig zu retablieren, folgte in bunter Mischung ein Dekret auf das andere. Am 8. April wurde der Wortlaut des Treueids auf Verfassung und Kaiser veröffentlicht, den alle Amtsträger zu leisten hatten; und um Zustimmung bei den kleinen Leuten zu gewinnen, wurden am selben Tag die Abgaben auf alkoholische Getränke herabgesetzt, die vollständig aufzuheben sich die Restaurationsregierung wegen der finanziellen Notlage, in der sie sich befand, nicht imstande gesehen hatte. Der gegen Napoleon gewiss voreingenommene Chateaubriand sah in dieser rein populistisch motivierten Maßnahme, die ein ausgeglichenes Budget unmöglich machte, eine »kriminelle Freigebigkeit«.[66]

Nachdem er am 16. April eine Truppenschau der Pariser

Nationalgarde abgehalten hatte, verlegte Napoleon am Tag danach seine Residenz von den Tuilerien in den Élysée-Palast, um dort für alle möglichen Personen zugänglicher zu sein und, durch das Zeremoniell weniger eingeengt, mit geringerem Aufwand regieren und leben zu können. Da er kaum mehr mit der Rückkehr seiner Gattin rechnen konnte, sollte die Rolle der First Lady dort seine Stieftochter und Schwägerin Hortense, Ex-Königin von Holland, übernehmen.

Neben den diplomatischen Bemühungen, einen Krieg gegen sich abzuwenden oder zumindest einen Keil in die Front der Verbündeten zu treiben, und neben den frenetischen Rüstungen für den Fall, dass er doch zu Felde ziehen müsse, war Napoleon in jenen Wochen hauptsächlich mit dem Problem beschäftigt, wie er die am 13. März in Lyon gegebene Zusage einer Verfassungsrevision einlösen könne. Mit der Absicht, nach der liberalen Charte eine Verfassung durchsetzen zu wollen, die sich bruchlos den zehn Jahren kaiserlicher Herrschaft anpasste und seine eigene Macht möglichst wenig beschnitt, mit diesem Vorhaben stieß der Rückkehrer Napoleon an die Grenzen seiner politischen Durchsetzungsfähigkeit – nicht zuletzt deswegen, weil viele oder gar die Mehrheit derjenigen, auf die er politisch angewiesen war, seiner von ihm selbst propagierten Läuterung zum liberalen Konstitutionalisten misstrauten.

Am unverblümtesten äußerte sich bereits am 23. März Fouché gegenüber Napoleons ehemaligem Polizeipräfekten Pasquier: »dieser Mann [sc. Napoleon] hat keinen einzigen seiner Fehler abgelegt und kehrt ebenso despotisch, ebenso eroberungshungrig, ebenso verrückt zurück wie er immer war.« Trotz aller gegenteiligen Beteuerungen werde ganz Europa über ihn herfallen und in weniger als vier Monaten werde er erledigt sein; er wünschte ihm, eine oder zwei

Schlachten zu gewinnen, aber die dritte werde er verlieren, und dann werde er, nämlich Fouché, alles zu einem guten Ende führen.[67]

Jemand, der ihn genau so gut kannte oder noch kennenlernen sollte, war Benjamin Constant. An ihn wandte sich Napoleon Mitte April ungeduldig um Rat, weil die gerade eingeleitete Revision der Verfassung nur schleppend voranging. Über den Eindruck, den seine erste Unterredung mit dem Kaiser und dessen endlose Rodomontaden in ihm hinterlassen hatten, berichtet Constant aus der Rückschau: »Er versucht weder, mich über seine Ansichten noch über die Lage der Dinge zu täuschen. Er zeigt sich ganz und gar nicht durch die Erfahrung der erlittenen Schicksalsschläge geläutert. Er wollte sich ganz und gar nicht das Verdienst zuschreiben, sich aus innerer Neigung zur Freiheit bekehrt zu haben. Kühl, mit einer Unparteilichkeit, die an Indifferenz grenzt, prüft er, was in seinem Interesse liegt, was möglich und was vorzuziehen ist.« Und am Ende des Gesprächs will Constant bemerkt haben, dass Napoleon seinen Schmerz über den Verlust eines »Regimes der Kriege, der Eroberungen und der Vorherrschaft in Europa« nur beiseite geschoben, aber nicht überwunden habe.[68]

Der um ein wohlwollendes Verständnis Napoleons bemühte Constant hat das innere Dilemma, in das sich jener durch seine Rückkehr selbst gebracht hatte, genau erfasst. Denn wenn sich Napoleon, bereits bevor er auch nur einen Fuß auf französischen Boden gesetzt hatte, nämlich in seinen schon auf Elba redigierten Proklamationen vom Golfe Juan, als Liberaler gebärdete, tat er das nicht aus bloßem Opportunismus, sondern weil er durch die Umstände dazu gezwungen war. Ihm, der von Elba aus die Situation in Frankreich genau beobachtet hatte, war völlig klar, dass er nach dem

Bankrott seines politischen Systems und nach den zehn Monaten, während derer die Franzosen die von der Charte gewährten Freiheiten schätzen lernen konnten, sein autoritäres Regime nicht einfach fortführen konnte. Napoleon hat nicht, wie Chateaubriand meint, sich zur Freiheit bekannt, um sie besser unterdrücken zu können, sondern weil ihm gar nichts anderes übrig blieb, als die Partei der Freiheit zu ergreifen.[69] Auch wenn er sich nur gezwungenermaßen zur Freiheit bekannte, muss seine Bekehrung zu ihr ernst genommen werden, so wie er selbst sie ernst genommen hat. Doch dass er bloß deshalb ein Liberaler zu werden beabsichtigte, weil ihn äußere Notwendigkeit dazu zwang, musste sein Denken und Handeln notwendig in Widersprüche verwickeln, an denen er politisch erneut scheiterte.

Napoleons Schwierigkeiten mit der Freiheit springen einem aus seinen eigenen Worten entgegen. Auf der einen Seite versichert er zwar, auf die Idee des Grand Empire verzichten, die Souveränität des Volkes anerkennen, fortan als konstitutioneller Monarch regieren zu wollen usw., sieht sich aber nicht in Widersprüche verstricken, wenn er sich gleichzeitig »von Gottes Gnaden und kraft der Staatsverfassungen Kaiser der Franzosen« nennt, und zwar aufgrund *seiner eigenen* Verfassungen; wenn er zurückkehrt, um sich erneut in den Besitz *seiner* Rechte zu setzen, um sich in *seine* Hauptstadt zu begeben. Der Jurist Thibaudeau, den Napoleon zum Staatsrat und Comte des Empire erhoben hatte und der sich ihm während der Hundert Tage erneut anschloss, beschreibt die Bekümmernis der Patrioten, ihn von *seinen* Rechten, *seinem* Thron usw. sprechen zu hören. Nach zwei Nächten in den Tuilerien sei Napoleon, der sich fast ausschließlich mit Männern umgab, die ihm schon während des Empire gedient hatten, wieder ganz der alte gewesen.[70]

Wie innerlich fremd ihm die Freiheit, die er gern an seine Fahnen geheftet hätte, trotz allen guten Willens, sie zu ergreifen, geblieben ist, zeigt auch sein Wortwechsel mit La Bédoyère, der im Begriff zu ihm überzulaufen, ihn vor den Toren von Grenoble förmlich angefleht hatte: »Sire, künftig fort mit der *ambition*, mit dem Despotismus. Eure Majestät muß dem System der Eroberungen und der unbeschränkten Gewalt abschwören, die Frankreichs und Euer Unglück verschuldet hat.« Das französische Volk sehne sich nach Frieden und Freiheit und wolle in liberalem Sinn regiert werden, worauf der Apostrophierte entgegnete: »Glauben Sie, daß die Bedürfnisse und Wünsche des Volks nicht immer mein oberstes Gesetz gewesen sind? Hätte ich so viele Dinge vollbracht, wenn ich nicht die Unterstützung des Volks gehabt hätte? Wenn es die Freiheit will, *kann ich allein sie ihm geben*, denn ich allein fürchte sie nicht.« Diesen dem Wesen der Freiheit absolut konträren Gedanken, dass er über sie verfügen, sie erteilen, also unter Umständen auch wieder entziehen könne, bekräftige er wenig später gegenüber Constant: »Wenn das Volk wirklich die Freiheit will, gebe ich sie ihm; denn ich habe seine Souveränität anerkannt.«[71]

Später, auf Sankt Helena, wollte Napoleon seine Begleiter glauben machen, dass er mit der Freiheit lediglich gespielt, sich nur aus taktischem Kalkül auf sie eingelassen habe: Die englische Verfassung passe nicht zu Frankreich. »Zurück aus Elba habe ich mich, nur der Mode nachgebend, mit Verfassung befaßt, aber als Sieger hätte ich die Kammern aufgelöst.« Noch gegen Ende seines Lebens platzte es aus ihm heraus: »Die Liberalen, dieses Gesindel«, die er zum Teufel wünschte, »haben mich mit dem Palaver über Verfassung viel Zeit vergeuden lassen.«[72] Wie so vieles, wenn nicht gar das meiste, was der Ex-Kaiser auf seiner Insel von sich gab, muss man ihm auch diese, gewissermaßen als Entschuldigung für sein Techtelmechtel mit Verfassung und Freiheit vorgebrachten, Äußerungen nicht aufs Wort glauben. Wahrscheinlicher ist, dass er sich selbst und anderen nicht eingestehen wollte, gegen die wirklichen Liberalen eine Niederlage erlitten zu haben. Solches einzugestehen fiel ihm ebenso schwer wie das Eingeständnis der militärischen Niederlage, die er lieber auf Verrat als auf eigene Unterlegenheit zurückführte. Die Dauer und Ernsthaftigkeit, die Napoleon während seiner ganzen zweiten Herrschaft dem Problem einer freiheitlichen Verfassung gewidmet hat, sprechen indes dafür, dass es ihm mit einer solchen durchaus ernst war, ihm aber das geistige und politische Rüstzeug fehlte, sich auf diesem Kampfplatz zu bewähren.

* * *

Indem Ludwig XVIII., in der Absicht, seiner Hauptstadt und dem ganzen Land einen Bürgerkrieg zu ersparen, vor dem bereits bedrohlich nahe gerückten Invasor das Feld räumte und am 19. März gegen Mitternacht die Tuilerien verließ, um sich zu den, wie er hoffte, treu gebliebenen Truppen im Norden zu begeben, brachte er, wie es Antoine-Jean Gros in seinem bewegenden Gemälde *Les Adieux de Louis* XVIII *quittant le palais des Tuileries* festgehalten hat, ein Opfer für den Frieden und die Einheit der Nation, das allerdings seinen Zweck gründlich verfehlen sollte.[73] Während nämlich Napoleon, wie im nächsten Abschnitt zu sehen, sich anschickte, in die konstitutionellen Fußstapfen seines Vorgängers zu treten, wurde dieser, flüchtig und schließlich zu einem Exil in der Fremde gezwungen, von seiner nächsten Umgebung in eine politische Richtung gedrängt, die dem versöhnlich-freiheitlichen Geist der Ersten Restauration schroff zuwiderlief.

Dadurch, dass er am 23. März bei Lille die Grenze überschritt und in Gent seine provisorische Residenz aufschlug, begab sich Ludwig – wie unfreiwillig auch immer – in eine Lage, die ihn für Verdächtigungen und Anfeindungen aus allen möglichen Richtungen prädestinierte, nicht bloß seitens der Bonapartisten, sondern aller Patrioten und überhaupt aller Franzosen, denen, wie nicht zuletzt dem König selbst, die freiheitlichen Errungenschaften der gemäßigten Revolution, die im wesentlichen ja Eingang in die Charte gefunden hatten, ein Nolimetangere bildeten. Doch da die Emigration seit ihren ersten Anfängen 1789 im Zeichen einer dezidierten, zum Teil militanten Gegenrevolution gestanden, sich unter diesem Signum mit dem Ausland verbündet und gelegentlich gemeinsam mit diesem *manu militari* gegen Frankreich gekämpft hatte, setzte sich Ludwig durch seinen Grenzübertritt dem Verdacht und dem fleißig gegen ihn gerichteten Vorwurf aus, in das Lager der Reaktion und der Feinde Frankreichs übergegangen zu sein. Damit vereinsamte er politisch noch mehr, insbesondere da einige ihm bis dahin treu ergebene Gefolgsleute, wie die Marschälle Mortier und Macdonald, nicht über die Grenze nachfolgen mochten.

In seinem Genter Exil war Ludwig daher relativ ungeschützt dem Einfluss seines jüngeren Bruders, des Grafen Artois ausgesetzt, des Hauptes der dezidiert reaktionären Partei, der seit damals so genannten Ultras oder Ultraroyalisten. In Artois' Umkreis gediehen die giftigen Blüten eines nackten Revanchismus, der mit der Milde der Ersten Restauration ein für alle Mal Schluss machen wollte und am liebsten auch mit der ganzen Charte. In Gent bildeten sich um den König zwei Parteien: einerseits die der Konstitutionalisten mit Liberalen der ersten Stunde wie Mounier und Lally-Tollendal, auch dem noch jungen Guizot, sowie entschiedenen Gegnern Napoleons wie Chateaubriand und Lainé, und andererseits diejenige der Ultras, die in ihrem blinden Hass auf jede freiheitliche Regung so weit gingen, den König selbst gegen seinen engsten Favoriten, den Grafen von Blacas, aufzubringen, weil dieser für die Bewahrung der Charte eintrat.

Die Ultras mit ihrem antikonstitutionellen Bramarbasieren waren ein gefundenes Fressen für die napoleonische Presse. Am liebsten hätten Artois und seine Parteigänger den König dazu gebracht, gestützt auf Artikel 14 der Charte (»le roi […] fait les règlements et ordonnances nécessaires pour l'exécution des lois et la sûreté de l'Etat«) diktatorisch zu regieren und zu Mitteln zu greifen, durch die sich sein Bruder, ab 1824 sein Nachfolger unter dem Namen Karl X., in der Julirevolution 1830 selbst um den Thron bringen sollte. Alles, was mit der Restauration 1814 konstitutionell gesichert schien, war in Gent wieder in Frage gestellt: An Ludwigs Hof im Exil entbrannte, wie der Augenzeuge Guizot konstatiert, der Kampf zwischen Charte und Ancien Régime erneut.[74] Diese mittel- und langfristig unheilvollste Folge der Rückkehr Napoleons von Elba, die kaum in seiner Absicht gelegen haben kann, interessierte diesen nicht im geringsten; um Gent kümmerte er sich allein insoweit, wie der König und die um ihn gescharten Emigranten seiner Herrschaft gefährlich werden konnten.

KAPITEL 7

Der Verfassungsgeber: der Acte additionnel aux constitutions de l'Empire

Als der Rückkehrer Napoleon am 13. März von Lyon aus die Auflösung der beiden Kammern des Restaurationsparlaments dekretierte und die Wahlmännerkollegien der Departements für den kommenden Mai zu einer außerordentlichen Versammlung nach Paris einberief, »um die notwendigen Maßnahmen zu ergreifen, unsere Verfassungen im Interesse und nach den Wünschen der Nation zu berichtigen und zu modifizieren«, schien er, der damals ständig die Volkssouveränität im Munde führte, die verfassunggebende Gewalt (*pouvoir constituant*) der Volksvertreter anerkennen und ihnen die Aufgabe, die Verfassungen des Empire zu »berichtigen«, zuweisen zu wollen.[75] Selbst wenn das Dekret so gemeint gewesen sein sollte, rückte er bald schon wieder davon ab und betraute mit der Aufgabe einer Revision der Verfassung nicht eine, von manchen erwartete, verfassunggebende Versammlung, sondern eine Kommission, über deren Einberufung und Arbeit wenig bekannt ist, da die auf sie bezüglichen Unterlagen 1871 beim Brand der Tuilerien verloren gegangen sind.

Mit seiner Entscheidung für eine von ihm zu ernennende Verfassungskommission und gegen eine Konstituante hatte Napoleon wohl eine in der damaligen Lage mehr oder minder zwingende Entscheidung getroffen. So sah es zumindest Benjamin Constant, dem Napoleon, da ihm die Arbeit der

Anfang April gebildeten Verfassungskommission nicht zügig genug voranschritt, am 14. des Monats die Redaktion der neuen Verfassung übertrug und der die Akzeptierung dieses Auftrags damit rechtfertigte, dass angesichts der damaligen Umstände, nämlich der Notwendigkeit, die noch bestehende Diktatur Napoleons möglichst rasch zu beenden, gar keine andere Möglichkeit der Verfassungsrevision bestanden habe. Und zu was für einem Ergebnis hätte es geführt, die mehrere zehntausend Wahlmänner der Departements in Paris zu versammeln und ihnen die Sorge für eine neue Verfassung anzuvertrauen! Doch ein großer Teil, auch der Napoleon wohlgesinnten, öffentlichen Meinung sah in dem Verzicht auf eine Konstituante einen Wortbruch des Kaisers, der den Franzosen seine Verfassung ebenso »oktroyieren« wolle, wie es Ludwig XVIII. im Jahr davor getan habe.[76]

Die Enttäuschung der politisch interessierten Öffentlichkeit über die Art und Weise, wie die napoleonische Verfassung bzw. der *Acte additionnel aux constitutions de l'Empire* (wie ihr von Napoleon gewollter Titel lautet) zustande kam und in Kraft gesetzt wurde, war riesig und hat sie, wie noch genauer zu zeigen, von Anfang an in Misskredit gebracht. Doch ehrlicherweise muss man einräumen, dass aus den schon genannten Gründen und weil das Land sich wappnen musste, in dem in Bälde zu erwartenden großen Krieg gegen Europa zu bestehen, die Einberufung einer vielhundertköpfigen Konstituante – zumal nach den katastrophalen Erfahrungen, die man während der Revolution mit solchen Riesenversammlungen gemacht hatte – nicht nur impraktikabel, sondern auch mit unabsehbaren Risiken beladen war. Eine rein theoretische Möglichkeit, wie Napoleon dem Dilemma, eine Konstituante zu versprechen und ein solches Versprechen nicht halten zu können, hätte ausweichen können, deutet Thibaudeau an: Napoleon hätte bei seiner Rückkehr, an der im Vorjahr ausgesprochenen Abdankung festhaltend, sich zum temporären Militärdiktator aufschwingen und nach dem Sieg über das feindliche Ausland der Nation die Sorge für eine neue Verfassung überlassen sollen. Doch Napoleon zog es vor, »eine Verfassung zu versprechen, um an seiner Vergangenheit festzuhalten und Kaiser zu bleiben.« So gerieten die Macht, die der Rückkehrer nicht aus den Händen geben wollte, und die Freiheit der Nation, sich selbst eine Verfassung zu geben, in Konflikt.[77]

Es hat damals und später nicht geringe Verwunderung hervorgerufen, dass Napoleon, um endlich zu der von ihm gewünschten Verfassung zu kommen, sich ausgerechnet an Benjamin Constant wandte, und noch viel mehr, dass dieser auf das Anerbieten des Kaisers einging. Denn noch in den Tagen, als Napoleon bereits Lyon erreicht hatte, und sogar noch als er unmittelbar vor Paris stand, hatte Constant im *Journal de Paris* und im *Journal des Débats* zwei äußerst scharfe Invektiven gegen ihn gerichtet und gleichzeitig die Charte und die Regierung Ludwigs XVIII. in den höchsten Tönen gepriesen: Auf seiner Seite seien »die konstitutionelle Freiheit, die Sicherheit und der Friede«, auf derjenigen »Buonapartes Knechtschaft, Anarchie und Krieg«; und in äußerster polemischer Zuspitzung nennt er ihn gar einen »Attila« und »Gengis-Kan«.[78] Nach des Königs Abreise, mit der alle auf diesen und die Charte gesetzten Hoffnungen zerrannen, und bei Napoleons Ankunft in Paris zog Constant es vor, sich aus der Stadt zu entfernen, kehrte aber, da der Angegriffene offenbar nicht gegen ihn vorzugehen gedachte, bereits am 28. März in die Hauptstadt zurück. Denn ihm war nicht entgangen (wie er zur Rechtfertigung seiner bevorstehenden Annäherung an ihn schreibt), wie der Kaiser bei der feierlichen Audienz am 26. März die an ihn gerichteten Adressen der Grands Corps d'Etat ruhig hinnahm, deren kühne Unverblümtheit er während seiner ersten Herrschaft nie und nimmer geduldet hätte. Constant mochte also, was er nur zehn Tage vorher noch heftig bestritten hatte, wirklich der Meinung sein, einen gewandelten, einen zur konstitutionellen Monarchie bekehrten Napoleon vor sich zu haben.

Als nun die Verfassungskommission, obwohl – oder weil? – in ihr die in Rechtsfragen kundigsten Mitglieder des alten und des neuen Staatsrats vertreten waren,[79] mit ihrer Arbeit nicht zügig vorankam und als sie sich gar zu der in Napoleons Augen absurden Idee verstieg, das Recht der Kriegserklärung einer Nationalversammlung vorzubehalten, war dessen Geduld am Ende, und er wandte sich an Constant. Die beiden trafen am 14. April zu einer ersten ausführlichen Unterredung zusammen, in deren Verlauf Napoleon seine Gedanken über die gegenwärtige politische Lage, über Verfassung und Freiheit preisgab: Nach zwölfjähriger Pause sei einer Minderheit der Franzosen der Geschmack auf lange Verfassungsdiskussionen wiedergekommen, doch das Volk wolle nur ihn. Er sei nicht bloß, wie man gesagt habe, der Kaiser der Soldaten, sondern auch der Bauern und des einfachen Volks, mit dem er, der selbst aus ihm hervorgegangen sei, sich eng verbunden fühle. Das Volk sehe in ihm seinen Verteidiger, seinen Beschützer vor den Adligen; er brauche nur ein Zeichen zu geben oder seine Augen abzuwenden, und in allen Provinzen würden die Adligen massakriert. Doch wolle er nicht der König einer Jacquerie sein. Wenn es Mittel und Wege gäbe, mit einer Verfassung zu regieren, wohlan denn! Einst habe er die Herrschaft über die Welt angestrebt und dazu einer unbegrenzten Gewalt bedurft; doch um Frankreich allein zu regieren, könne eine Verfassung vorteilhafter sein. Constant solle ihm also seine Gedanken unterbreiten, ob er freie Wahlen, öffentliche Diskussionen, Ministerverantwortlichkeit, Freiheit, Pressefreiheit für möglich und opportun halte; er, Napoleon, jedenfalls wolle dies alles: »Ich bin ein Mann des Volks; wenn das Volk wirklich die Freiheit will, gebe ich sie ihm; denn ich habe seine Souveränität anerkannt.« Gegen Ende seiner Tirade sah er einen langen und schweren Krieg voraus, den zu bestehen er die Unterstützung der Nation brauche; »doch als Entschädigung wird sie Freiheit fordern, die sie haben soll.« Constant, der in den nächsten Tagen noch zwei weitere Unterredungen mit Napoleon hatte, entledigte sich in frenetischer Eile seines Auftrags, so dass sein Entwurf bereits am 20. April von der Kommission dem Staatsrat überwiesen, am folgenden Tag in Gegenwart des Kaisers einer endgültigen Redaktion unterzogen, am 22. unterzeichnet und am 23. im *Moniteur* publiziert werden konnte.[80]

Constant entwarf – mit einigen Einschränkungen, die er nicht selbst zu verantworten hatte – eine Verfassung, die es in ihrer Liberalität durchaus mit der Charte aufnehmen konnte, wie selbst Chateaubriand, einer der entschiedensten Gegner Napoleons, in seinem *Rapport au roi* vom 9. Mai einräumte: Die neue Verfassung sei eine Huldigung an die Weisheit Ludwigs XVIII., sie komme der Charte in vielen Punkten gleich und übertreffe sie in einigen sogar. Wenn sie befolgt werde, prophezeite er, gereiche sie dem, der sie gewollt habe, zum Verhängnis; denn sie enthalte in sich genug Freiheit, um den Tyrann zu stürzen.[81] Auch moderne Verfassungshistoriker sind der Auffassung, dass mehrere Artikel des Acte additionnel gegenüber der Charte einen Fortschritt in freiheitlich-demokratischem Sinn darstellen; dass es, meint de Waresquiel, zwischen Paris und Gent, zwischen beiden Verfassungen, einen Wettstreit gegeben habe um die Siegespalme für konstitutionellen Liberalismus.[82]

Dass es Napoleons Ziel war, sich mit dieser Verfassung von seiner Vergangenheit abzusetzen, spricht in aller Deutlichkeit die von ihm redigierte Präambel aus: Die (gegenwärtig viel kritisierten autoritären) Verfassungen des Empire seien auf sein damals angestrebtes »grand système fédératif européen« berechnet gewesen; aber nun, da es darauf ankomme, vor allem die Wohlfahrt Frankreichs zu befördern, müsse man die Institutionen zum Schutz der Freiheit der Bürger stärken. Doch dann verfängt sich die Präambel bereits in einer Argumentation, derentwegen die ganze Verfassung bereits mit dem Tag ihrer Publizierung auf lautstarke Kritik und gar völlige Ablehnung stieß. In der Absicht, »von der Vergangenheit zu bewahren, was an ihr gut und brauchbar ist«, die Verfassungen des Empire andererseits aber »den Wünschen und Bedürfnissen der Nation entsprechend zu gestalten«, habe er, Napoleon, sich entschlossen, dem Volk eine Reihe von Vorkehrungen zu unterbreiten, um die bestehenden Verfassungen zu vervollkommnen. Das entspricht genau dem, was Napoleon in seinem Lyoner Dekret vom 13. März angekündigt hatte, aber von dem überwiegenden Teil der öffentlichen Meinung bewusst anders verstanden wurde – nämlich als Ankündigung einer ganz neuen Verfassung, die das Werk einer verfassunggebenden Versammlung sein würde.

Solches war gewiss nicht aus dem Wortlaut des Lyoner Dekrets herauszulesen; aber wer laufend die Volkssouveränität beschwor, durfte sich nicht wundern, wenn er Hoffnungen weckte, dass die künftige Verfassung das Werk des Volks sein müsse. Und eine Nation, die fast ein Jahr lang die freiheitliche Luft der Charte geatmet hatte, war gewiss nicht gewillt, unter die wie auch immer »modifizierten« Verfassungen des

Kaiserreichs zurückzukehren. Dass aber gerade dies geschehen sollte, verkündete bereits der fatale Titel der neuen Verfassung und ihr erster Artikel, nämlich dass – verständlich gesprochen – die Konsulatsverfassung vom 13. Dezember 1799 sowie die Senatskonsulte von 1802 und 1804, die das lebenslange Konsulat und das erbliche Kaisertum begründet hatten, mit all ihren Bestimmungen in Kraft bleiben sollten, sofern die neue Verfassung nichts anderes verfüge.

Die Kritik an einzelnen Bestimmungen des Acte additionnel hielt sich durchaus in Grenzen. Die einen monierten etwa, dass die Chambre des représentants nach Artikel 7 zwar »vom Volk« gewählt werden sollte, aber das äußerst restriktive Wahlrecht des Empire weiterhin in Geltung blieb; andere stießen sich daran, dass nach Artikel 21 der Kaiser die Kammer ohne Angabe von Gründen auflösen könne, Neuwahlen aber erst nach spätestens sechs Monaten zu erfolgen hätten. Als Mangel wurde etwa auch das Fehlen von Vorschriften über die Ausübung der Exekutive empfunden, die folglich weiterhin, wie aus Artikel 1 zu schließen war, wie unterm Empire gehandhabt würde. Auf Kritik und Spott stieß der im letzten Augenblick wohl auf Initiative Napoleons hinzugefügte letzte Artikel 67, welcher der Regierung und den Kammern untersagt, die Bourbonen, den alten Adel, die feudalen und grundherrlichen Rechte wiedereinzusetzen und die Unwiderruflichkeit des Verkaufs der Nationalgüter in Frage zu stellen. Dies wurde von den einen als Einschränkung der Volkssouveränität empfunden; von Chateaubriand als ein »Übermaß an Vorsicht«, das ein »Übermaß an Furcht« verrate, und von Constant, zumal der Artikel keine Sanktionen gegen Übertreter vorsah, für unnütz, absurd und lächerlich; gegen ihn zu opponieren mache keinen Sinn.[83]

Neben der Modalität seiner Entstehung und Inkraftsetzung war ein Hauptvorwurf gegen den Acte additionnel, dass er die Strafe der Güterkonfiskation nicht (wie Artikel 66 der Charte) ausdrücklich ausschloss. Gegen die Verhängung dieser Strafe hatte im Vormonat in Lyon bereits Großmarschall Bertrand heftig opponiert; doch so wenig wie von ihm ließ sich Napoleon von der geballten Opposition von Verfassungskommission und Staatsrat davon abbringen, die Möglichkeit einer solchen Strafe beizubehalten, da er seine voraussehbar zahlreichen Gegner in der Emigration nur auf diese Weise empfindlich treffen könne. Gegen das Argument, dass die auch die Nachkommen eines Rechtsbrechers tangierende Konfiskation gegen rechtliche Billigkeit verstoße, wandte er ein: »Das höchste Gesetz ist die Notwendigkeit; die höchste Gerechtigkeit ist die allgemeine Wohlfahrt – La première loi, c'est la nécessité; la première justice, c'est le salut public.«[84]

Alle bisher genannten Mängel, selbst nicht die rechtlich bedenkliche Beibehaltung der Konfiskation, vermögen zu erklären, weshalb das breite Publikum tief enttäuscht bis ablehnend reagierte, als es am 23. März durch ihre Publikation im *Moniteur* erstmals von der neuen Verfassung erfuhr. Sie stieß, wie Constant schreibt, auf eine »nahezu allgemeine Mißbilligung. Niemals war ein Tadel bitterer, niemals ein Urteil einhelliger«; mit diesem Urteil stimmen die meisten überein, die damals in Paris weilten. Geraume Zeit später fasste Thiers die Reaktionen zusammen: »Niemals wurde Frankreich eine vollständigere Freiheit gewährt als mit dem Acte additionnel, und gleichwohl wurde sie niemals übler entgegengenommen.« Wenn die napoleonische Verfassung, nach Chateaubriand in mancher Hinsicht gar eine verbesserte Charte, kaum jemand zufriedenstellte, waren dafür nach Thiers folgende die Hauptgründe: Sie war nicht das Werk einer Konstituante; sie war lediglich ein Anhängsel der alten kaiserlichen Verfassungen, die so viel Leid über das Land gebracht hatten; sie brach nicht radikal mit der Vergangenheit und ähnelte allzu sehr den die faktische Diktatur verbrämenden Senatskonsulten; sie wurde allein schon durch ihre wie aus heiterem Himmel erfolgte Publikation im *Moniteur* wie eine *Charte octroyée* empfunden und erweckte insgesamt den Eindruck, dass Napoleon sich nicht gewandelt habe, sondern, seinen alten Praktiken treu geblieben, »daß er aus dem Despotismus seiner Person das Trugbild einer Verfassung hervorzauberte.«[85]

In den Augen der politischen Nation bestand der gravierendste Defekt des *Acte additionnel aux constitutions de l'Empire* eben darin, was der von Napoleon unbedingt gewollte Titel zum Ausdruck bringen sollte – die Kontinuität mit dem Empire zu wahren. Gegen Constant, der aus der neuen, ihm zur Redaktion übertragenen Verfassung alle an die kaiserlichen Verfassungen und die organischen Senatskonsulte erinnernden Spuren löschen wollte, wandte der Kaiser ein: »Ihr wollt mich um meine Vergangenheit bringen, die ich bewahren will. Was macht Ihr mit den elf Jahren meiner Herrschaft! Europa weiß, dass ich Rechte habe. Die neue Verfassung muss an die alte anknüpfen; so wird sie die Sanktion mehrerer Jahre des Ruhmes und der Erfolge haben.« Constant mochte noch so entschieden widersprechen, Napoleon zeigte sich in diesem Punkt unnachgiebig.[86] Von seinem Standpunkt aus hatte er mit dem Beharren auf seiner Vergangenheit durchaus recht, da er allein aus ihr seine materielle Legitimität bezog; aber dieses Beschwören der Vergangenheit war kontraproduktiv, da sich die Nation gerade von ihr abwenden wollte. Denn die Folgen von elf Jahren Kaiserreich und manchen Jahren des Ruhmes und militärischer Erfolge hatten die Franzosen in Form millionenfacher Aushebungen, hunderttausendfacher Gefallener und Verwundeter, Niederlage und militärischer Besetzung zu spüren bekommen, und sie waren nicht bereit, nach bloß einem Jahr erneut solche Opfer zu bringen.

An der massenhaften Ablehnung des Acte additionnel, der ja von Napoleon als eine Fortführung des Empire in »modifizierter« Gestalt gedacht war, wird das Grundproblem, die ganze Fragwürdigkeit seiner Unternehmung offenbar: In der Meinung oder Hoffnung, er brauche sich den Franzosen nur als ein durch die Niederlage Geläuterter, als ein durch Misserfolge vom Despotismus Geheilter darzustellen, und schon sei alles, was er ihnen angetan habe, vergessen und vergeben; er brauche das Rad der Geschichte lediglich um ein Jahr zurückzudrehen, lediglich die Scharte seiner 1814 erlittenen Niederlage auszuwetzen, um dann, so seine eigenen Worte, einfach an elf Jahre des Ruhmes und militärischer Erfolge anknüpfen zu können. Doch war es gerade das, was die Franzosen am wenigsten wollten. In der Apostelgeschichte mochte aus einem Saulus ein Paulus werden; doch dass sich solches in der eigenen Gegenwart wiederholen könne, das mochte niemand so recht glauben. Auch wenn er damit von Napoleon Unmögliches verlangte, hatte Thibaudeau darin recht, dass allein in dem Festhalten an seinem Thronverzicht, also in der entschiedenen *Distanzierung* von elf Jahren Kaiserreich, eine Chance bestanden hätte, sich erneut zum Herrscher über Frankreich aufzuschwingen; aber indem er das nicht über sich brachte, hatte Napoleon – bereits zwei Monate vor Waterloo – die mit der Rückkehr von Elba gewagte Partie verloren. Wenn er wirklich hoffte, dass sein von ihm oft beschworener Stern ihm eine zweite Chance gewähren würde, Fehler und Niederlagen wettzumachen, dann hätte er seinem Fatum doch etwas mehr durch die Bezeugung wirklich guten Willens unter die Arme greifen müssen.

Als er einige Tage nach der Promulgation des Acte additionnel auf Constant traf, meinte Napoleon: »Nun! Die neue Verfassung ist kein Erfolg«, woraufhin sich folgender Dialog zwischen den beiden entspann: »Das liegt daran, daß man nicht so recht an sie glaubt; um das zu erreichen, muß man sie anwenden!« – »Ohne daß sie angenommen wurde! Es wird heißen, daß ich mich über das Volk mokiere.« – »Wenn das Volk sieht, daß es frei ist, daß es gewählte Vertreter hat, daß Ihr die Diktatur niederlegt, wird es sehr wohl einsehen, daß man es nicht zum besten hat.«[87] Das war ein zwiespältiger Ratschlag, die Verfassung ohne weitere Umstände einfach anzuwenden. Denn in dem Lyoner Dekret vom 13. März war die Revision der Verfassung einer im Mai einzuberufenden außerordentlichen Versammlung der Wahlmänner der Departements vorbehalten, und die Präambel zum Acte additionnel schloss mit dem Satz, dass die folgenden Artikel der »freien und förmlichen Annahme durch alle Bürger« unterbreitet werden sollten. In dieser Absicht ergingen am selben Tag (22. April) zwei Dekrete, um die organisatorischen Vorbereitungen für die Durchführung des Plebiszits zu treffen und die damals noch für den 26. Mai geplante große Wahlmännerversammlung, den »Champ-de-Mai«, vorzubereiten.[88] Doch angesichts des allgemeinen Misstrauens gegen den Acte additionnel und seine Person ließ sich Napoleon, nicht zuletzt durch das Drängen von La Fayette, den er für seine neue Verfassung gewinnen wollte, dazu bewegen, bereits am 30. April die baldigen Wahlen zur Chambre des représentants anzusetzen.

Dass er sich mit der Ansetzung von Wahlen, bevor die Annahme der Verfassung durch die Bürger erfolgt war, in eine verfassungsrechtlich bedenkliche Lage brachte, sprach Napoleon selbst in der Präambel zu dem Wahldekret vom 30. April deutlich aus: Doch da man sich angesichts der feindlichen Haltung des Auslands auf den Krieg vorbereiten müsse, stehe man vor der Alternative, »die Diktatur, die uns durch die Umstände und das Vertrauen des Volks übertragen wurde, zu verlängern«, oder sich über die im Acte additionnel für dessen Inkraftsetzung vorgesehenen Prozeduren hinwegzusetzen. Obwohl er am liebsten das Votum des Volks über die Verfassung abgewartet hätte, habe er sich, durch die Umstände gezwungen, im höchsten Interesse des Staates entschlossen, sofort den (komplizierten, mehrstufigen) Wahlvorgang einzuleiten, womit er sich prompt dem Vorwurf aussetzte, die Annahme der Verfassung durch das Volk illusorisch zu machen.[89] Zwar gab ihm erst die »kaiserliche Sitzung« am 7. Juni Gelegenheit, vor beiden Kammern zu verkünden: »Heute beginne ich mit der konstitutionellen Monarchie«; faktisch aber praktizierte er sie bereits mit der sechs Wochen zuvor erfolgten Niederlegung der Diktatur, mit der seine kurze Karriere als konstitutioneller Monarch begann.

KAPITEL 8

Der konstitutionelle Monarch

Mit der Niederlegung der Diktatur änderte sich zunächst nichts erkennbar an Napoleons Regierungsweise – abgesehen davon, dass mit dem Näherrücken des Krieges und wegen der ungewohnten Widerstände, auf die er allenthalben stieß, immer mehr Probleme auf ihn einstürmten. Am selben Tag wie die Wahlen zur Abgeordnetenkammer wurden durch ein weiteres Dekret Bürgermeisterwahlen in den »Gemeinden, deren Beamte von den Präfekten ernannt werden«, anberaumt, das heißt in den Gemeinden mit weniger als 5.000 Einwohnern.

Der scheinbare Widersinn dieser Anordnung, Bürgermeister und deren Stellvertreter in Gemeinden wählen zu lassen, in denen diese gewöhnlich vom Präfekten ernannt werden, wird in der Präambel des Dekrets erklärt: nämlich dass die außerordentlichen Kommissare und die erst jüngst ernannten Präfekten noch keine genaue Kenntnis der Gemeindebürger hätten, die für eine Ernennung in Betracht kämen. Diese aus Verlegenheit geborene Maßnahme, von der man sich einen Austausch royalistischer Bürgermeister und ihrer Stellvertreter durch kaisertreue versprach, hatte zur Folge, dass »fast überall […] die alten oder doch mit der Restauration ausgesöhnten Bürgermeister gewählt« wurden. »In einigen Gemeinden wurden sogar die Bürgermeister wiedergewählt, die eben erst aus besonderem Anlaß vom zuständigen

Präfekten abgesetzt worden waren. Das Ergebnis war eine empfindliche Schlappe für Napoleon. An vielen Orten mußte die Regierung die Wahlen annullieren und neue Leute einsetzen.«[90]

Das Ergebnis dieser Wahlen ist ein Indiz, dass dem Kaiser die, einst mit eiserner Faust ausgeübte, Kontrolle über die Administration sowie über das ganze Land zu entgleiten begann. Häufig sah er sich genötigt, Beamte auszuwechseln, Stellen unbesetzt zu lassen, weil er keine geeigneten Leute fand.[91] Der Versuch, ein so großes Land – zumal unter der Drohung eines großen Krieges, eines zwar latenten, doch endemischen Widerstandes großer Teile der Bevölkerung, überdies angesichts leerer öffentlicher Kassen und eines neuen Bürgerkriegs im Westen – ein zweites Mal dem Willen eines einzigen unterzuordnen, war wohl von vornherein zum Scheitern verurteilt. Als sich Mitte Mai die Vendée erneut gegen die Zentralregierung erhob, mussten Zehntausende Soldaten und Nationalgardisten zu ihrer Befriedung eingesetzt werden, die vollständig erst gelang, als derjenige, gegen den sich der Aufstand richtete, schon seit Tagen nicht mehr Kaiser war. Zur Niederschlagung der Unruhen im Westen hatte man von der regulären Armee, die gegen den äußeren Feind in Flandern kämpfen sollte, mehr als 10.000 Mann abgezogen, die bei Waterloo dann bitter fehlten.[92]

Eine an 1792 erinnernde Basisbewegung mit patriotischer, antifeudaler, antiklerikaler, antiaristokratischer Stoßrichtung, gewillt Napoleon zu Hilfe zu eilen und gegen die Bourbonen ins Feld zu ziehen, regte sich ab Ende April mehr oder minder spontan in vielen Gegenden Frankreichs und griff bald auch auf die Hauptstadt über. Hier beeilte sich die Regierung, die Bewegung für sich zu nutzen und gleichzeitig zu kanalisieren.

Als am 14. Mai, einem Sonntag, zwischen zwölf- und fünf-
zehntausend Arbeiter aus den Faubourgs Saint-Antoine und
Saint-Marceau von der Bastille zu den Tuilerien marschierten, empfing Napoleon die »Föderierten« (wie sie in Anlehnung an die Revolution genannt wurden) im Schlosshof,
mischte sich gar unter sie, ließ sich mit dem Ruf »Vive
l'Empereur!« huldigen, wollte aber nicht die anderen Hochs
auf die Nation und die Freiheit sowie das »Nieder mit den
Pfaffen!« (»A bas la calotte!«) hören. Nach der Truppenschau
vom 14. Mai wurden die Pariser Föderierten in vierundzwanzig Schützenbataillonen der Nationalgarde organisiert, dieser
aber nicht inkorporiert, und die ihnen versprochenen Gewehre hielt man im Magazin verschlossen. Die einzigen bewaffneten Streitkräfte sollten neben der regulären Armee die
überwiegend bürgerlichen Nationalgarden bleiben.[93]

Auf seinem eiligen Weg nach Paris hatte Napoleon sich,
um dringendste Staatsgeschäfte zu erledigen, eine einzige
längere Rast in Lyon gegönnt und, neben vielen anderen De-
kreten, von dort aus verkündet, für den Mai eine Versammlung der Wahlmännerkollegien des Empire zu einer außerordentlichen Versammlung des Champ-de-Mai nach Paris
einberufen zu wollen, »um die notwendigen Maßnahmen zu
ergreifen, unsere Verfassungen im Interesse und nach den
Wünschen der Nation zu berichtigen und zu modifizieren«.
Sobald er in Paris angekommen war, wurde als Tag für den
Zusammentritt dieser Versammlung der 26. Mai bestimmt.
Doch um den auf eine liberale Verfassung drängenden
Erwartungen der politischen Nation ohne Verzug zu entsprechen, hatte er die Verfassungsrevision kurzerhand einer
Kommission und schließlich einer einzelnen Person übertra-
gen und deren Produkt, den berühmt-berüchtigten Acte ad-
ditionnel, mit der Ansetzung eines Wahltermins faktisch in

Kraft gesetzt, ohne das mit der Publikation der neuen Verfassung am 22. April gleichzeitig angesetzte Plebiszit über dieselbe abzuwarten.[94]

So hatte sich der ursprüngliche Hauptzweck der Maifeld-Versammlung, als populäre Konstituante zu fungieren, bereits frühzeitig erledigt und ebenso der Plan, die Vertreter der Nation an diesem Tag an der Krönung der Kaiserin, »notre très-chère et bien-aimée épouse«, teilnehmen zu lassen, weil diese es vorzog, samt Sohn in der Obhut ihres Vaters in Wien zu bleiben. Um die als »Assemblée extraordinaire du Champ-de-Mai« angekündigte Veranstaltung (deren pompöser, fränkisch-karolingische Vergangenheit evozierender Titel den allermeisten rätselhaft geblieben sein dürfte) nicht einfach ganz absagen zu müssen, sollte sie nun dazu dienen, in aufwendiger Form die Ergebnisse des Plebiszits zu verkünden sowie die Fahnen und Adler an die für den Krieg bereiten Regimenter zu verteilen. Da sich die Auszählung der Stimmen hinzog, konnte »das Maifeld« erst am 1. Juni stattfinden.

Als Ort der Veranstaltung hatte man – wie schon 1790 für das Föderationsfest und 1804 für die im Anschluss an die Kaiserkrönung stattfindende, durch Davids Pinsel verewigte »Verteilung der Adler« – das Marsfeld vor der École Militaire gewählt, wo unter Leitung des kaiserlichen Architekten Fontaine Tribünen, die Abertausenden Personen Platz boten, und andere ephemere Aufbauten entstanden waren. Dorthin begaben sich am Morgen des 1. Juni unter andauernden Salutschüssen der über die ganze Stadt verteilten Batterien die vier- bis fünftausend Abgesandten der Wahlmännerkollegien, die von diesen Körperschaften gewählten über sechshundert Abgeordneten der Zweiten Kammer sowie mehrere zehntausend Angehörige der Armee und Nationalgardisten. Gegen elf Uhr stieß der Kaiser im Krönungsornat mit großem Gefolge und größtmöglichem Pomp zu der Menge, so dass der Erzbischof von Tours mit der Zelebrierung der Messe beginnen konnte (wofür er nach Rückkehr der Bourbonen mit seinem Rücktritt büßen musste). Daraufhin begab sich eine Delegation von fünfhundert Wahlmännern zum kaiserlichen Thron, in deren Namen der in dem Departement Maine-et-Loire gewählte Abgeordnete Jean-Jacques Dubois d'Angers eine Rede hielt. Der mit Napoleon fast gleichaltrige Jurist vertrat sein Departement zum ersten Mal für die zwei Monate dauernde Session des Hundert-Tage-Parlaments und erneut erst wieder, weil er der Linken bzw. der liberalen Opposition zugerechnet wurde, nach 1830 unter der Julimonarchie.

Von seiner möglicherweise oppositionellen Einstellung zum wiederauferstandenen Empire war in seiner Rede nichts zu spüren, da sie nicht sein Werk, sondern von den beiden Ministern Cambacérès und Chaptal redigiert war. Auf Dubois als Redner war die Wahl wegen seiner Stimme gefallen, »die so kräftig war, dass man sie in weitem Umkreis vernehmen konnte.« In seiner ganz und gar patriotisch gestimmten Rede beschwor Dubois in immer neuen Wendungen die Einheit der Nation mit dem Kaiser, da es als vordringlichste Aufgabe die Unabhängigkeit Frankreichs gegen den äußeren Feind zu verteidigen gelte. Dass die Abgeordneten und die Pairs außer der Landesverteidigung noch eine zweite Verpflichtung hätten, sprach Dubois gegen Ende seiner Rede an: nämlich »die Sorge, unser Verfassungssystem und die Institutionen, die es schützen, einvernehmlich, ohne Übereilung, mit reiflicher Überlegung zu revidieren, zu befestigen und zu vervollkommnen.« Woher dieser offenbar von höchster Stelle gutgeheißene Vorschlag stammt, in Zukunft in aller Ruhe und mit größtmöglicher Umsicht die gerade revidierte Verfassung erneut einer Revision zu unterziehen, ist unklar. Dass auch

Napoleon die Verfassungsgebung mit dem Acte additionnel nicht für abgeschlossen betrachtete, deutete er in seiner Erwiderung mit den Worten an, dass, sobald die ungerechte Aggression zurückgeschlagen sei, »ein nach den Vorgaben des Acte additionnel zustande gekommenes feierliches Gesetz die verschiedenen Dispositionen unserer jetzt noch zerstreuten Verfassungen zusammenfassen wird.«[95]

Woher auch immer dieser Gedanke stammte, die frisch gewählten Abgeordneten machten ihn sich umgehend zu eigen und verfolgten ihn mit solcher Hartnäckigkeit, dass sie lieber den Sturz des Kaisers in Kauf nahmen, als von der Idee, dass Frankreich an erster Stelle eine neue Verfassung not tue, Abstand zu nehmen. Doch zu dieser extremen Zuspitzung der politischen Situation sollte es erst kommen, nachdem Napoleon zur Armee aufgebrochen war und die in Paris versammelten Abgeordneten sich selbst überlassen blieben.

Zunächst nahm die Maifeld-Versammlung ihren geplanten Verlauf: In seiner Eigenschaft als Erzkanzler des Reiches gab Cambacérès bekannt, dass der Acte additionnel bei bloß 4.206 Neinstimmen »nahezu einmütig« angenommen worden sei, verschwieg aber laut der in die *Archives Parlementaires* aufgenommenen *Relation officielle de la fête du Champ de Mai*, dass nur knapp 1,5 von 7,5 Millionen stimmberechtigten Bürgern sich an dem Plebiszit beteiligt hatten; gegenüber den Plebisziten von 1802 und 1804, auf die Napoleon seine Einsetzung durch das Volk gründete, war das ein Rückgang der Ja-Stimmen um fast zwei Drittel. Ungeachtet dieses gewaltigen Vertrauensverlustes ließ der Großzeremonienmeister ungerührt die Annahme des Acte additionnel durch das französische Volk verkünden, woraufhin der Kaiser seine Unterschrift unter denselben setzte und dann zu seiner gerade erwähnten Entgegnung auf Dubois ansetzte. Dem folgte sein Eid, die Verfassungen des Empire zu achten und für ihre Beachtung Sorge zu tragen; dann der Verfassungs- und Treueid gegenüber dem Kaiser seitens der hohen Würdenträger und – im Chor – seitens der zahlreichen anderen Anwesenden. Nach dem *Te Deum* war es dann bereits so spät geworden, dass die Verteilung der Adler für diesen Tag auf drei Empfänger, die Nationalgarde des Departements Seine sowie auf das erste Regiment der Armee und das erste Marinekorps, beschränkt blieb.

Da das Volk von Paris von der Zeremonie weitgehend ausgeschlossen geblieben war und seinen Unmut darüber nicht verhehlt hatte, beeilten sich die Behörden, am darauffolgenden Sonntag, dem 4. Juli, als die Verteilung der Adler ihre Fortsetzung in der Großen Galerie des Louvre finden sollte, eines jener beim Volk beliebten Feste zu geben, bei denen es zugleich Akteur wie Zuschauer ist. Veranstaltet wurde es auf den Champs-Élysées mit all den üblichen Vergnügungen wie Kletterstangen mit Belohnungen (»mâts de cocagne«), Musikkapellen, Schauspielen, Illuminationen, Marktständen, Feuerwerk. Die Verteilung von Wein und Essen wurde von manchen allerdings als eine erniedrigende Abspeisung empfunden. Am Abend, nach Beendigung der langwierigen Verteilung der Adler, kehrte die unzählige Menge von den Champs-Élysées, wo sie den Tag über sich den öffentlichen Lustbarkeiten hingegeben hatte, zu den prächtig illuminierten Tuilerien zurück, um dem am Mittelpavillon gegebenen Konzert zu lauschen. Um neun Uhr erschien der Kaiser in Begleitung seiner Brüder auf dem Balkon, wo er von wiederholten Hochrufen empfangen wurde. Nachdem sich diese beruhigt hatten, konnte das Konzert beginnen und, oft unter geräuschvoller Einstimmung der Zuhörer, seinen Lauf nehmen.[96]

Ob die in das Spektakel vom 1. Juni gesetzte Hoffnung, ähnlich wie das Föderationsfest vor einem Vierteljahrhundert zu einer großen Manifestation nationaler Einigkeit, überdies der Verbundenheit der Franzosen mit ihrer Armee und dem Kaiser zu werden, sich erfüllt hat, erschien schon manchen Zeitgenossen zweifelhaft, die darin, wie Guizot, eine »kindische Schwäche für die Prachtentfaltung des Hofes« oder, wie der Engländer Hobhouse, eine »kaiserliche Scharlatanerie und ein kindisches Fest« erblickten; auch die heutigen Historiker urteilen über den Champ-de-Mai nicht milder.[97] Zurück in die harte innenpolitische Wirklichkeit versetzte den Kaiser die am 1. Juni für den übernächsten Tag anberaumte Eröffnung der Kammern.

Als Napoleon trotz rechtlicher und politischer Bedenken – die Verfassung war noch nicht durch das Plebiszit sanktioniert und der Sieg über das Ausland, von dem er sich eine Festigung seiner Stellung erwartete, noch nicht errungen – sich von La Fayette und Constant bestimmen ließ, sofortige Wahlen zur Zweiten Kammer anzuberaumen, um so mehr Zustimmung für den Acte additionnel zu gewinnen, mochte ihn der Gedanke trösten, dass diejenigen, in deren Händen die Entscheidung über die Zusammensetzung der neu zu wählenden Kammer lag, samt und sonders Männer aus der Zeit seiner ersten Herrschaft waren, nämlich die rund 70.000 auf Lebenszeit gewählten Wahlmänner (*électeurs*) des Jahres 1802, die am reinsten die Notabilität des Empire verkörperten. Kaum dürfte er es für möglich gehalten haben, dass ihre große Mehrheit seinem Versuch, das Empire, auch unter Inkaufnahme eines großen Krieges, wiederzuerrichten, so ablehnend gegenüberstand, dass weit über die Hälfte von ihnen die Wahlen am 14. Mai boykottierte und die Wahl eines Abgeordneten im Durchschnitt durch bloß fünfzig Wahlmänner erfolgte. In den Städten des Midi machten 90 bis 95 Prozent der Wahlmänner keinen Gebrauch von ihrem Stimmrecht. Ihrem Status und ihrer Profession nach entsprachen die reichlich sechshundert Gewählten den seit einem Vierteljahrhundert vertrauten Resultaten: An erster Stelle rangierten die Juristen, ihnen folgten die Beamten, dann die Militärpersonen und, weit abgeschlagen, Vertreter von Handel und Wirtschaft.

Ihrer politischen Orientierung nach waren rund fünfhundert der Gewählten den »Liberalen« zuzurechnen, dreißig den »Jakobinern« und weniger als achtzig den »Bonapartisten«. Zu dem Zustandekommen dieses Ergebnisses hatte die Wahlenthaltung der Royalisten und nicht zuletzt die Tatsache beigetragen, dass sich Innenminister Carnot, was eigentlich seines Amtes gewesen wäre, so gut wie gar nicht um die Wahlen kümmerte und diese Sorge seinem Kollegen, Polizeiminister Fouché überließ, der gezielt seine mehr der Revolution als Napoleon ergebenen Kandidaten lancierte.

In ihrer Mehrheit waren die Gewählten den Bourbonen feindlich gesinnt, fürchteten aber gleichzeitig Napoleon, und viele fragten sich, ohne wirkliche Republikaner zu sein, ob Frankreich überhaupt von einer dieser beiden Dynastien regiert werden müsse. Am meisten lag ihnen politische Freiheit am Herzen. Rund jeder zehnte Gewählte hatte bereits einer revolutionären Versammlung angehört – sei es als Liberaler der ersten Stunde wie La Fayette oder als *régicide* wie der »Anakreon der Guillotine« Barère –, etwa ein Fünftel den Versammlungen des Konsulats und Empire, so dass etwa siebzig Prozent als *homines novi* zu gelten hatten, deren politischer Stern erst in der Restauration und unter der Julimonarchie aufgehen sollte, die im Augenblick aber politisch nur schwer einzuschätzen waren.[98]

Wie vorgesehen traten die Abgeordneten am Morgen des

3. Juni im Palais-Bourbon zu ihrer ersten Sitzung zusammen, wählten ihr ältestes Mitglied zum Alterspräsidenten, die beiden jüngsten zu ihren Sekretären und schritten dann zur Verifizierung der Mandate. Eine Störung dieses routinemäßigen Vorgangs gab es beim Departement Isère, in dem Napoleon seinen Bruder Lucien zu kandidieren gedrängt hatte, um ihn zum Präsidenten der Zweiten Kammer wählen zu lassen.

Doch in der naheliegenden Annahme, dass Lucien als kaiserlicher Prinz einen Sitz in der Pairskammer einnehmen würde, vertagten die Abgeordneten seine Zulassung zur Zweiten Kammer ebenso wie die des Nächstplacierten, um erst nach Bekanntwerden der Liste der Pairs ihre endgültige Entscheidung zu treffen. Die Mehrheit sträubte sich gegen die Wahl Luciens, um nicht als hörig gegenüber dem Kaiser zu erscheinen. Doch genau aus diesem Grund wollte Napoleon – auch in Erinnerung der guten Dienste, die ihm Lucien eben in dieser Funktion als Präsident des Rats der Fünfhundert am zweiten Tag des Staatsstreichs vom Brumaire 1799 geleistet hatte – den Abgeordneten seinen Bruder als Präsidenten aufnötigen und hielt deswegen die bereits am Vortag von ihm gebilligte Liste der Pairs zurück. Hinter vorgehaltener Hand wurde seine Drohung kolportiert, die Kammer aufzulösen, wenn einer seiner erklärten Gegner zu ihrem Präsidenten gewählt würde.

Als in der Sitzung des folgenden Tages dem amtierenden Alterspräsidenten durch ein Schreiben von Innenminister Carnot wahrheitswidrig mitgeteilt wurde, dass die Liste der Pairs erst nach Eröffnung der Sitzungsperiode erstellt und bekanntgegeben würde, ließen sich die Abgeordneten hiervon nicht einschüchtern, sondern schritten stracks zur Wahl ihres endgültigen Präsidenten. Die meisten Stimmen fielen auf die beiden Napoleon notorisch feindlichen Kandidaten Lanjuinais und La Fayette; da aber keiner von ihnen die notwendige absolute Mehrheit erreichte, war ein zweiter Wahlgang erforderlich, in dem Lanjuinais mit 277 (von 472) Stimmen seine Mitbewerber weit hinter sich ließ. Noch am selben Abend begab sich Lanjuinais zum Kaiser, und nach einer Aussprache zwischen den beiden bestätigte dieser die Wahl der Kammer. Lanjuinais dankte in der Sitzung vom 6. seinen Wählern und versicherte ihnen, dass er seinen Überzeugungen treu bleiben, fest zum Kaiser stehen und sich ganz dem Vaterland, der Gerechtigkeit, der Freiheit, dem Wohlergehen und der Unabhängigkeit Frankreichs widmen werde. Zu Vizepräsidenten wählten die Abgeordneten, um ihre Unabhängigkeit von Napoleon erneut zu demonstrieren, lauter Männer, die für ihre Distanz zum Kaiser bekannt waren.[99]

Der nächste Konflikt zwischen Kammer und Kaiser ließ nicht lange auf sich warten. Ein kaiserliches Dekret vom 26. Mai, das den Ablauf der für den 7. Juni vorgesehenen feierlichen Eröffnung der Parlamentssession durch den Kaiser (»session impériale«) regelte, enthielt auch die Bestimmung, dass Pairs und Abgeordnete einen Eid des Gehorsams gegenüber den Verfassungen des Kaiserreichs und der Treue gegenüber dem Kaiser zu leisten hätten. Dagegen erhob in der Kammersitzung vom 6. Juni ein Abgeordneter, der Anwalt Dupin, Einspruch mit dem Argument, dass ein solcher Eid nicht auf der Grundlage eines Dekrets, sondern allein eines Gesetzes geleistet werden dürfe, und entfachte damit, weil eine Berücksichtigung seines Einspruchs eine Verschiebung der kaiserlichen Sitzung bedeutet hätte, eine lange, kontroverse Debatte. Mit dem Argument, dass der Eid auf die Verfassung nicht eine künftige Modifizierung des Acte additionnel ausschließe und dass der Treueid auf den Kaiser einen solchen gegenüber der Nation in sich begreife, erklärte sich schließlich die Mehrheit der Abgeordneten bereit, den Eid zu leisten, wie es dann auch in der Sitzung des folgenden Tags geschah. Diese Episode belegt ein weiteres Mal, dass eine in ihrer Größe noch unbekannte Gruppe von Abgeordneten nicht davor zurückschreckte, dem Kaiser durch Widerspruch und künstlich geschürte Konflikte vor Augen zu führen, dass er dem Acte additionnel zufolge nur noch ein konstitutioneller Monarch war. Vor Widerspruch gegen den Kaiser scheuten selbst seine eigenen Brüder nicht zurück, die ihm, der mit jeder Faser seines Wesens tief in der Vorbereitung des unmittelbar bevorstehenden Feldzugs steckte, mit ihrem läppischen Protest in den Ohren lagen, dass er sie nicht zu Pairs zu ernennen habe, da sie ja als kaiserliche Prinzen einen Anspruch auf diese Würde hätten.[100]

In einer von solchen und weiteren Spannungen aufgeladenen Atmosphäre (etwa der Zweifel, ob auch die weiblichen Mitglieder des Kaiserhauses berechtigt seien, an der Eröffnung der Parlamentssession teilzunehmen), begab sich der Kaiser mit großem Gefolge am Nachmittag des 7. Juni in das Palais-Bourbon, um die Sitzungsperiode der Kammern zu eröffnen. Nachdem die Pairs und Repräsentanten (kollektiv) ihren Eid geleistet hatten, eröffnete Napoleon seine Rede mit den denkwürdigen Worten: »Seit drei Monaten haben mich die Umstände und das Vertrauen des Volks mit einer unbegrenzten Gewalt betraut. Heute geht mein heftigster Herzenswunsch in Erfüllung: ich beginne mit der konstitutionellen Monarchie – je viens commencer la monarchie constitutionnelle.« Aus der Prämisse, dass es nicht in der Macht der Menschen liege, sich der Zukunft zu vergewissern, sondern allein Institutionen das Schicksal der Nationen bestimmen, folgert er, dass die Monarchie in Frankreich notwendig sei, um die

Freiheit, die Unabhängigkeit und die Rechte des Volkes zu gewährleisten. Die damit gemeinte konstitutionelle Monarchie war in Frankreich, wie offenbar auch er meinte, verfassungsmäßig noch nicht optimal verankert. Denn, so fuhr er fort, »unsere Verfassungen bilden keine Einheit; eine unserer wichtigsten Aufgaben besteht darin, sie in einem einzigen, von *einem* Geist beseelten Korpus zusammenzuführen. Dieses Werk zu vollbringen, gibt unsere Zeit den kommenden Generationen auf.« Diesen Gedanken hatte er bereits in seiner Entgegnung auf die Rede von Dubois eine Woche vorher auf der Maifeld-Versammlung geäußert. Doch in schroffem Gegensatz zu Napoleon, der die Überführung der »zerstreuten« Verfassungen in ein einheitliches Korpus künftigen Generationen überlassen wollte, versteiften sich die Abgeordneten darauf, eine Revision der Verfassung als eine ihrer vordringlichsten Aufgaben anzusehen.[101]

Als die Abgeordneten am nächsten Tag wieder unter sich waren und ein dem Kaiser loyal gesinnter, die es in der Kammer auch noch gab, beantragte, ihm den Titel des »Retters des Vaterlands« anzutragen, platzte es aus dem durch seine Opposition gegen den Treueid bekannten Dupin heraus: »Das Volk hat uns nicht beauftragt, dem Kaiser zu schmeicheln, sondern ihm mit unserem Rat und der vom Gesetz gewollten Mitwirkung beizustehen.« Wenn sie den Ereignissen so vorauseilten, welcher Dank bliebe ihnen dann noch, wenn das Vaterland gerettet sei! Napoleon, dem man hinterbrachte, was sich in der Kammer abspielte, bemerkte, dass die Abgeordneten sich keine Gelegenheit entgehen ließen, Streit mit ihm zu suchen, sich aber täuschen würden, mit ihm so wie mit Ludwig XVI. umspringen zu können. Und Barante, einst kaiserlicher Präfekt, während der Hundert Tage aber Organisator des Widerstands gegen ihn im Westen, äußerte in einem Brief, dass die Abgeordnetenkammer der Regierung völlig entglitten sei und es keine Regierung mehr gebe, wenn der Souverän auf solche Weise behandelt werde.

Da die Abgeordneten, wie manche meinten, unschicklich lange Zeit brauchten, ihre Antwort auf die Rede des Kaisers bei der Parlamentseröffnung zu formulieren, konnten die Delegationen beider Kammern erst am 11. Juni in den Tuilerien vor dem Kaiser erscheinen. Selbst die von ihm ernannten Pairs glaubten bei dieser Gelegenheit, nicht auf die an seine Adresse gerichtete Mahnung verzichten zu können, dass die Institutionen des Landes – also sie selbst und ihre Kollegen der Zweiten Kammer – gegenüber Europa eine Garantie seien, dass sich die französische Regierung durch einen Sieg zu keiner Unbesonnenheit – sprich: unmäßigen Forderungen – hinreißen lassen würde. Nach dem Besuch der Messe setzte der Kaiser, wiederum von seinem Gefolge umgeben, den Empfang fort und ließ sich die Delegation der Abgeordneten vorstellen. Die Rede ihres Sprechers Lanjuinais, dessen Wahl zum Präsidenten der Zweiten Kammer gegen den Willen Napoleons erfolgt war, kreiste um die Prioritäten von Landesverteidigung und Verfassungsrevision.

An patriotischen Bekenntnissen ließ auch er es nicht fehlen, pries Napoleon an erster Stelle aber dafür, mit der konstitutionellen Monarchie, dem schützenden Bollwerk der Freiheit, der Gleichheit und der Wohlfahrt des Volkes, den Anfang gemacht zu haben und, in engster Anlehnung an des Kaisers eigene Worte, wollte er dessen Ankündigung, die zerstreuten Verfassungen des Reiches in einem Korpus zusammenzufassen, nicht künftigen Generationen überlassen, sondern sah sie als eine der dringlichsten Aufgaben der gegenwärtigen gesetzgebenden Versammlung an. Um dem Willen der Öffentlichkeit wie auch den Wünschen des Kaisers zu entsprechen, wollten die Gesetzgeber so schnell wie möglich berichtigen, was wegen der gegenwärtigen Zeitnot an Fehlerhaftem oder Unvollkommenem in den Verfassungen geblieben sei. »Aber zur selben Zeit« (man achte auf die Reihenfolge der Argumente) würde es die Kammer an keiner Anstrengung zur Landesverteidigung fehlen lassen. Doch sogleich wurde der Kaiser wieder in seine Schranken verwiesen: Auch als Sieger werde es ihm nicht gelingen, die Nation über die Grenzen ihrer eigenen Verteidigung hinauszuführen. Mit einem Resümee der zeitlichen und inhaltlichen Arbeitsteilung zwischen Kaiser und Kammer schließt die Rede: Während jener mit den tapferen Armeen der Nation und der Kraft seines Genies der ungerechtesten Aggression die Stirn biete und im Sieg allein den Weg, um zum Frieden zu gelangen, suche, werde die Kammer der Repräsentanten demselben Ziel zustreben, indem sie unermüdlich an der Vervollkommnung der Verfassungen arbeite, um so das Bündnis zwischen Volk und Thron weiter zu befestigen und in den Augen Europas zu stärken.

Man kann bezweifeln, dass Napoleon diese Worte so verstand, wie sie gemeint waren, nämlich dass die gegen ihn ins Feld ziehenden Alliierten ihn nur dann weiterhin auf dem Thron dulden würden, wenn sie gewiss sein könnten, dass seine Macht, die sie bislang stets als eine selbstherrliche kennengelernt hatten, durch eine Verfassung ebenso glaubhaft wie drastisch beschnitten würde. Deswegen gebührte in Lanjuinais ' Augen einer Verfassungsrevision mit dieser Stoßrichtung der gleiche Rang wie der militärischen Landesverteidigung, wenn nicht gar der Vorrang vor derselben. Trotz aller wortreichen Beteuerungen Napoleons zur Verbesserungsfähigkeit der Konstitutionen des Empire dürfte sich Lanjuinais nicht nur in seiner Prioritätensetzung, sondern erst recht durch den Nachdruck, den er auf die Verfassungsfrage, das heißt die wirksame Machtbeschränkung Napoleons legte, grundlegend von dessen Einschätzung der politischen, genauer: der miteinander eng verquickten verfassungsrechtlich-militärischen Situation unterschieden haben. Wenn die Abgeordneten und, mit gewissen Einschränkungen, selbst die Napoleon mehr geneigten Pairs diesen so nachdrücklich zu einer »Verbesserung« der Verfassung drängten, die allein sein politisches Überleben hätte ermöglichen können, taten das viele, wenn nicht gar die meisten, kaum aus Anhänglichkeit an seine Person, sondern aus einer Aufwallung von Patriotismus, weil sie allein ihm die Fähigkeit zutrauten, Frankreich vor einem so übermächtigen Gegner wie den zu einer Siebten Koalition vereinigten Verbündeten zu schützen.

Napoleon verabschiedete die Abgeordneten mit Worten des Danks für die ihm bezeugte Gesinnung, verbarg indes nicht, dass in dieser schweren Stunde seine Gedanken ganz auf den bevorstehenden Krieg gerichtet seien, von dessen Ausgang die Unabhängigkeit und Ehre Frankreichs abhingen. Er bräche kommende Nacht auf, um sich an die Spitze *seiner* Armeen zu setzen; denn die Bewegungen der feindlichen Verbände machten seine Anwesenheit dort unumgänglich. Eine von beiden Kammern zu bildende Kommission möge sich derweilen Gedanken über die Verfassung machen, die in den gegenwärtigen Wirren unser Polarstern und Kompass sein soll; dem fügte er die Warnung hinzu, sich nicht wie die Byzantiner zum Gespött der Nachwelt zu machen, die, obgleich von allen Seiten von den Barbaren bedroht, sich auch dann noch mit abstrakten Diskussionen beschäftigt hätten, als die Stadttore bereits unter dem Anprall des feindlichen Sturmbocks barsten. Schon bald wird man sehen, wie berechtigt diese Warnung war. Nicht weniger berechtigter Kritik setzte Napoleon sich selbst aus, wenn er auch auf dem schwersten aller seiner Waffengänge nichts von seiner Regierungsgewalt aus den Händen geben wollte, sich auch im Feld die Korrespondenz mit seinen Ministern vorbehielt sowie die letzte Entscheidung in allen die Autorität eines Ministers übersteigenden Angelegenheiten. Deshalb sollte Kriegsminister Davout ein Stafettensystem einrichten, das eine rasche Kommunikation mit ihm ermöglichte. Am 12. Juni, um vier Uhr in der Frühe, brach Napoleon zur Armee auf.[102]

KAPITEL 9

Und wieder Krieg

Am Anfang seiner politischen Karriere hatte sich der Erste Konsul Bonaparte ein großes Verdienst erworben, indem er durch die Friedensschlüsse von Lunéville (9. Februar 1801) und Amiens (25. März 1802) maßgeblich dazu beitrug, die Kriege der Französischen Revolution nach gut zehnjähriger Dauer zu beenden. Indes sollte nur ein reichliches Jahr vergehen, bis Frankreich mit Großbritannien erneut im Krieg lag und binnen kurzer Zeit auch mit den meisten anderen europäischen Staaten. Auch wenn Napoleon nicht als alleiniger Verursacher des im Mai 1803 wiederaufgeflammten Krieges anzusehen ist, tragen die Kriege der folgenden Jahre insofern zu Recht seinen Namen, als es offenbar unmöglich war, sie wieder beizulegen, solang er als unumschränkter Herrscher – seit 1804 mit dem Titel eines Empereur des Français – die Geschicke Frankreichs lenkte. Weder die Vernichtung seiner Armee in Russland, noch die im Jahr darauf erlittene gewaltige Niederlage bei Leipzig, noch der Rückzug seiner Armeen aus Spanien, nicht einmal die Besetzung von Paris machten ihn wirklich friedensbereit. Einen Abschluss fand der Krieg erst, nachdem ihr Namengeber *politisch* entmachtet und die Regierung Frankreichs an einen Nachfolger, den Bourbonen Ludwig XVIII., übergegangen war. Dieser hatte gerade einen Monat von seiner Hauptstadt Besitz ergriffen, als auch schon der Erste Pariser Friede unterzeichnet war (30. Mai 1814), der, wie der Leser sich erinnert, in Artikel 32 die Einberufung eines allgemeinen Kongresses binnen zweier Monate nach Wien vorsah, um die durch den gegenwärtigen Vertrag offengelassenen Fragen zu regeln.[103]

Der Wiener Kongress, dem es aufgegeben war, das von Napoleon durcheinander gewirbelte Europa unter Wahrung der Prinzipien von Legitimität und Gleichgewicht neu zu ordnen,[104] steuerte um die Jahreswende 1814/15 auf eine seine Fortdauer bedrohende Krise zu. Denn die vier Großmächte, auf der einen Seite Russland und Preußen, auf der anderen Großbritannien und Österreich, hatten sich wegen der von Russland geforderten Annexion Polens und der von Preußen erhofften Einverleibung Sachsens, untereinander derartig entzweit, dass von Russland und Preußen gar mit dem Gedanken eines neuen Kriegs gespielt wurde. Das war die Stunde Talleyrands, des Vertreters Frankreichs auf dem Kongress, seinem aus dem Kreis der Großmächte ausgeschlossenen Land wieder zu einer mit diesen ebenbürtigen Stellung im Konzert der europäischen Mächte zu verhelfen. Dieses Bravourstück gelang ihm, indem er für sein Land mit Großbritannien und Österreich am 3. Januar 1815 einen geheim gehaltenen Vertrag aushandelte, durch den sich die drei Mächte für den Fall einer Aggression des gegenseitigen Beistands versicherten.

Am Tag nach der Unterzeichnung brüstete sich Talleyrand in einem Brief an Ludwig XVIII.: Der Geist der Koalition und die (gegen Frankreich gerichtete) Koalition selbst hätten den Pariser Friedensvertrag überdauert und, wenn die Pläne, die er bei seiner Ankunft in Wien vorgefunden habe, verwirklicht worden wären, wäre Frankreich ein halbes Jahrhundert lang isoliert geblieben. »Nun aber, Sire, ist die Koalition aufgelöst – und zwar für immer. Nicht nur ist Frankreich nicht länger isoliert in Europa, sondern […] es bewegt sich im Einklang mit zwei der größten Mächte.« Auch wenn Talleyrand seine Leistung nicht wenig übertrieb, konnten er und im Grunde alle Kongressteilnehmer zufrieden sein. Denn was von dem Vertrag durchsickerte, genügte, den befürchteten Krieg zu vermeiden und die Sachsenfrage durch einen Kompromiss, durch Abtretung von zwei Fünfteln seines Territoriums an Preußen, beizulegen. Wer dem Kompromiss auf Kosten des sächsischen Königs, einst Napoleons treuster Verbündeter auf deutschem Boden, Dauer verlieh, war eben Napoleon selbst, der durch seine Rückkehr einerseits eine Neuverhandlung der sächsischen Frage verhinderte und andererseits die Koalition der antinapoleonischen Mächte, die Talleyrand ein für alle Mal überwunden gewähnt hatte, erneut, wenn auch nur für begrenzte Zeit, zusammenschmiedete.[105]

Die Kunde von Napoleons Entweichen von Elba gelangte am frühen Morgen des 7. März durch eine Depesche des österreichischen Konsuls in Livorno nach Wien, also zu einem Zeitpunkt, als der Kongress noch nicht auseinandergegangen war und folglich die Signatarmächte des Pariser Vertrags unverzüglich reagieren konnten – worin Napoleon, als es zu spät war, einen großen Fehler von seiner Seite erkannte. Keine ganze Woche benötigten die Verbündeten, um sich unter Talleyrands Federführung bis zum 13. März auf die schnell in alle Welt verbreitete Deklaration zu einigen, dass sie gewillt seien, dem Pariser Vertrag vom 30. Mai 1814 unter allen Umständen Geltung zu verschaffen: »Buonaparte hat durch den Bruch des Vertrags, welcher ihn nach Elba versetzte, den einzigen Rechtstitel zerstört, worauf sein Dasein sich noch stützt. Indem er in Frankreich mit Planen der Friedensstörung und des Umsturzes wieder erscheint, hat er sich selbst des Schutzes der Gesetze beraubt, und vor dem Angesichte der Welt es offenbar gemacht, daß es mit ihm keinen Frieden, keinen Waffenstillstand gebe. [...] Infolgedessen erklären die Mächte, daß Napoleon Buonaparte sich außerhalb der bürgerlichen und gesellschaftlichen Beziehungen gestellt hat und sich selbst als Feind und Störer der Ruhe der Welt der öffentlichen Rache ausgeliefert hat.«[106]

Den Rückkehrer Napoleon ohne das geringste Zögern auf diese Weise zu ächten, praktisch für vogelfrei zu erklären, zeigt zur Genüge, dass niemand in Wien auch nur für einen Augenblick die Möglichkeit erwog, jener könne sich seit seiner erzwungenen Abdankung gewandelt haben, genügsamer, friedlicher, weniger eroberungs- und herrschsüchtig geworden sein. Was sich in dieser Hinsicht in Wien abgespielt bzw. eben nicht abgespielt hat, fasst der Geschichtsschreiber Adolphe Thiers, zugleich sein großer Bewunderer wie schonungsloser Kritiker, in den Worten zusammen: »Man fragt erst gar nicht danach, ob Napoleon als ein durch sein Unglück Geläuterter zurückkommt, sondern man beschließt einmütig einen Zerstörungskrieg gegen ihn.«[107] Seinen oft wiederholten diesbezüglichen Beteuerungen mochte nach den vielen für das Gegenteil sprechenden Erfahrungen, die man mit ihm gemacht hatte, keiner mehr Glauben schenken. Vom Ausland her begegnete man ihm mit noch größerem Misstrauen als die Notabeln im eigenen Land, welche die Aufgabe, sich seiner wieder zu entledigen, getrost den verbündeten Mächten überlassen konnten.

Um der Achterklärung vom 13. März Nachdruck zu verleihen, beriet vom 17. des Monats an eine aus Vertretern Österreichs, Großbritanniens, Russlands und Preußens gebildete Kommission über die militärischen Maßnahmen, die zu ergreifen seien, wenn und sobald Napoleon sich in Paris der Regierung bemächtigt hätte. Bereits am nächsten Tag meldete der britische Verhandlungsführer Wellington Außenminister Castlereagh, dass die Verbündeten den Vertrag von Chaumont zu erneuern beabsichtigten, durch den diese sich Anfang März 1814 gegenseitig verpflichtet hatten, nicht getrennt mit Napoleon zu verhandeln, und England überdies beabsichtige, den Feldzug mit Subsidien im Umfang von fünf Millionen Pfund zu unterstützen. Sobald man in Wien von Napoleons Einzug in Paris erfuhr, kam es am 25. März zu einer Neuauflage der Quadrupelallianz: Um die durch den Pariser Vertrag vom Vorjahr errichtete Ordnung aufrechtzuerhalten, verpflichteten sich die vier Mächte, entsprechend ihrer Deklaration vom 13. März, gemeinsam alle notwendigen Schritte zu unternehmen, um Napoleon und seine Anhänger »außerstand zu setzen, künftig die Ruhe Europas und den allgemeinen Frieden zu stören.« Zu diesem Zweck sollte jede Macht 150.000 Soldaten aufstellen und die Waffen in gemeinsamem Benehmen erst dann niederlegen, wenn das Ziel des Vertrags erreicht sei.

Dass solche Rüstungen beträchtliche Subsidien erfordern würden, wusste niemand besser als die Briten, und bereits am 24. März (also noch ohne Kenntnis der am folgenden Tag in Wien im selben Sinn geschlossenen Vereinbarung) sagte Castlereagh den kontinentalen Verbündeten eine Summe von fünf Millionen und ein Kontingent von 150.000 Mann zu, das teilweise aus Soldaten der kleineren Mächte in britischem Sold bestehen würde. London löste seine Subsidienzusage an Österreich, Russland und Preußen Ende April ein und ließ sich, einschließlich der Subsidien an die kleineren Mächte, seinen letzten Feldzug gegen Napoleon, der nur hundert Tage dauerte, nahezu sieben Millionen Pfund kosten. Die Entschlossenheit der britischen Regierung, mit dem Unruhestifter Napoleon ein für alle Mal Schluss zu machen, ist nicht nur an dieser gewaltigen Summe ablesbar, sondern auch an der Tatsache, dass Castlereagh in einer Depesche an Wellington bereits einen Tag vor der Wiener Deklaration vom 13. März den dort versammelten Souveränen genau eine derartige nahelegte, durch die sie sich verpflichten sollten, für die Einhaltung des Pariser Vertrags Sorge zu tragen und den rechtmäßigen Souverän Frankreichs gegen »Buonaparte« zu unterstützen.

Um als Oberbefehlshaber der alliierten Streitkräfte in Belgien den Feldzug vorzubereiten, traf Wellington bereits am 4. April in Brüssel ein. Im Einvernehmen mit Gneisenau, Stellvertreter Blüchers während dessen Abwesenheit, bestimmte er, um Napoleon nicht den Eklat einer auch nur vorübergehenden Besetzung Brüssels durch französische Truppen zu gönnen, das Gebiet südlich der belgischen Hauptstadt entlang der französischen Grenze zum Ort, wo sich die britisch-niederländischen und die preußischen Truppen in Stellung bringen sollten – eine Entscheidung, welche die Alliierten zu Beginn der Kampfhandlungen in nicht geringe Schwierigkeiten brachte.[108]

Was tat nun Napoleon angesichts der festen Entschlossenheit, mit der die Verbündeten auf sein Wiedererscheinen reagierten? Zunächst beeilte er sich, seine Friedensliebe zu beteuern, also den Franzosen die Angst vor dem zu nehmen, was sie am meisten fürchteten – neuen Krieg. Deswegen bemühte sich die Regierung, das Bekanntwerden der Wiener Deklaration vom 13. März in Frankreich zu unterbinden und, als dies nicht länger möglich war, dieselbe im *Moniteur* als rechtliches Monstrum zu denunzieren. Auch von der am 25. März in Wien beschlossenen Erneuerung des Vertrags von Chaumont erfuhren die Franzosen erst mit erheblicher

Verspätung Anfang Mai durch einen mit langen Erläuterungen versehenen Artikel im *Moniteur*.

Napoleons Beteuerungen seiner Friedensliebe in der Erklärung vor dem Staatsrat (»J'ai renoncé aux idées du Grand Empire«) und in der Präambel zum Acte additionnel (Verzicht auf das einst angestrebte »grand système fédératif européen«) dürften mehr an die eigenen Untertanen als an das Ausland gerichtet gewesen sein. Sich bei diesem Gehör zu verschaffen, war schwierig, da die ausländischen Mächte nach Napoleons Erscheinen in Paris ihre dortigen Botschafter abberiefen, alle Kontakte mit Frankreich durch Sperrung der Grenzen unterbanden, das ganze Land gewissermaßen unter Quarantäne stellten. Mitte April publizierte der *Moniteur* eine Stellungnahme des Staatsrats in der Absicht, die Rückkehr Napoleons als eine Angelegenheit darzustellen, die für das Ausland nicht nur keine Bedrohung darstelle, sondern dieses überhaupt nichts angehe: »Die Frage ist folgende: Eine große, starke und tapfere Nation hat ihr Oberhaupt ausgewechselt; derjenige, den sie sich erwählt hat, verspricht ihr, so zu regieren, wie sie es wünscht. Sie glaubt seinen Versprechungen. Das Ausland hat nichts dazu zu sagen. Wir respektieren seine Unabhängigkeit, möge es die unsrige respektieren. Es hat nicht das Recht, dem Abbruch zu tun, und die Erfahrung lehrt, daß es dazu, wenn wir einig sind, auch gar nicht die Macht hat.«[109]

Nicht nur an dem letzten Satz ist abzulesen, dass Verlautbarungen wie diese in erster Linie der Beruhigung der eigenen Bevölkerung dienten und nicht dem Ausland eine Lektion erteilen wollten, dass es kein Recht habe, sich in die inneren Angelegenheiten Frankreichs einzumischen. Doch genau dieses Recht beanspruchten die Verbündeten. Der Kern des Konflikts zwischen ihnen und Napoleon war derart, dass keine noch so wortreiche Friedensbeteuerung von seiner Seite den Krieg abzuwenden vermochte. An allem, was die Verbündeten seit dem, was sie als einen Bruch des Pariser Vertrags vom 30. Mai 1814 betrachteten, unternommen hatten, war ihre Entschlossenheit zu erkennen, dem nationalen Selbstbestimmungsrecht Grenzen zu setzen, wo dessen Respektierung – wie eben im Fall des in ihren Augen unverbesserlichen Napoleon – die Ordnung der internationalen Gemeinschaft gefährdete. Damit betraten sie völkerrechtliches Neuland und antizipierten eine Doktrin, die noch in unserer Zeit Mühe hat, sich allgemeine Anerkennung zu verschaffen.[110]

Nachdem er seit zwei Wochen in Paris wieder Fuß gefasst hatte, wandte sich Napoleon am 4. April mit einer Zirkularnote an die verbündeten Souveräne, um sie über die »wahre Natur« der jüngsten Ereignisse aufzuklären, die nämlich »das Werk einer unwiderstehlichen Gewalt, das Werk des einstimmigen Willens eines großen Volks« gewesen seien. Die ihm mit Gewalt wiederaufgedrängte Dynastie der Bourbonen habe sich nicht mit dem Charakter des französischen Volkes vertragen, das nach einem »Befreier« verlangt habe. Die Wiederherstellung des kaiserlichen Throns sei nicht nur für das Glück der Franzosen notwendig, sondern auch der Befestigung des Friedens in Europa förderlich. Nachdem diese der Welt das »Schauspiel großer Kämpfe« geboten hätten, wollten sie »fortan keine andere Nebenbuhlerschaft als diejenige der Vorteile des Friedens, keinen anderen Kampf als den heiligen Wettkampf für das Glück der Völker« kennen.

Ein paar Tage früher hatte er sich mit einem Schreiben an Kaiser Franz, »mon Frère et très-cher Beau-Père«, gewandt, um ihm seinen Wunsch, Gattin und Sohn wiederzusehen, auszudrücken. All sein Wollen sei auf die Befestigung des Throns, den ihm die Liebe seiner Völker zurückgegeben habe, gerichtet, um diesen eines Tages dem Kind, das Seine Majestät mit väterlicher Güte behüte, zu hinterlassen. Um diesen heiligen Zweck zu erreichen, sei die Erhaltung des Friedens mit allen Mächten, die ihm mehr als jede andere Sache am Herzen liege, unabdingbar.[111] Da solche Demarchen allein ihm nicht erfolgversprechend erschienen, wurde Außenminister Caulaincourt angewiesen, Bayern und andere deutsche Mittelstaaten durch territoriale Versprechungen aus der antinapoleonischen Front herauszusprengen. Das wäre beinahe geglückt mit Russland, das über die Bekanntgabe des aus der Korrespondenz Talleyrands mit Ludwig XVIII. ersichtlichen Geheimvertrags vom 3. Januar, der implizit gegen diese Macht und Preußen gerichtet war, in helle, nur mühsam zu beschwichtigende Empörung geriet.

Durch geheime, teils auf abenteuerlichen Wegen zustande gekommene Kontakte mit Wien und seiner Gattin erlangte Napoleon Mitte April Gewissheit, dass diese nicht zu ihm zurückwollte, womit eine Abdankung zugunsten seines Sohnes illusorisch und durch sein Verbleiben auf dem französischen Thron die Gefahr eines neuen Krieges immer realer wurde. Die vom Wiener Kongress beschlossene Neuordnung Europas war unter der Voraussetzung eines saturierten, friedlichen Frankreichs erfolgt, für das Ludwig XVIII. bürgte; dagegen bot ein Regierungschef Napoleon keine Garantie, dass Frankreich sich an die Wiener Abmachungen gebunden fühlte. Wenn Napoleon glaubte, sich der befürchteten Deportation auf eine ferne Insel, etwa nach Sankt Helena, nur durch das Entweichen von dem relativ ungeschützten Elba und die Rückgewinnung seiner früheren Machtstellung entziehen zu können, machte er seine Deportation, die vor seinem Verlassen Elbas allenfalls eine vage Möglichkeit, vielleicht gar nur ein Gedankenspiel in den Köpfen einiger

125

seiner Gegner gewesen war, für Großbritannien und dessen Verbündete zu einer Maßnahme, an der kein Weg vorbeiführte. Denn um Europa einen dauerhaften Frieden zu bewahren, musste der als »Feind und Störer der Ruhe der Welt« gebrandmarkte Napoleon nicht nur von seinem Thron gestoßen, sondern auch dauerhaft unschädlich gemacht werden. Das bedeutete Krieg und eine Verbannung ohne Rückkehr. Dass sich die Entwicklung unausweichlich auf einen Krieg zuspitzte, legte Außenminister Caulaincourt Anfang Juni seinem Herrn in einem Memorandum noch einmal dar: »An die Möglichkeit zu glauben, dass der Frieden erhalten werden könnte, wäre heute ein gefährlicher Selbstbetrug. Wenn diese Hoffnung, die man ganz aufgeben muß [...], Ihre Majestät in seiner Hauptstadt hat zurückhalten können, so ist dieser Grund für einen Aufschub [der Abreise] hinfällig geworden. Krieg umgibt uns von allen Seiten; es bleibt nur das Schlachtfeld, auf dem Frankreich den Frieden erobern kann.«[112]

Es bedurfte nicht erst dieser eindringlichen Worte, um Napoleon die Unausweichlichkeit des Kriegs vor Augen zu führen. Dass die Alliierten ihn notfalls mit Waffengewalt wieder von seinem Thron stoßen würden, wusste er spätestens seit seiner Ankunft in Paris. Die Verlautbarungen aus Wien mochte er für eine Weile vor seinen Landsleuten zu verheimlichen versuchen; ihm selbst musste klar sein, dass die Verbündeten nicht blufften. Gegen eine solche Annahme sprachen auch die starken Truppenbewegungen an Frankreichs Nordgrenze, von denen er durch Spione Kenntnis erhielt.

Ludwig XVIII. hatte ein stark verkleinertes Heer von knapp 200.000 Mann hinterlassen, das in Friedenszeiten völlig ausreichte, aber nicht für den zu erwartenden Krieg. Noch im März begann die Mobilisierung zusätzlicher Kräfte; mittels eines Dekrets vom 28. wurden die Demi-Soldes sowie alle beurlaubten Offiziere, Soldaten und Seeleute, insgesamt gut 120.000 Mann, einberufen. Im April begann man mit der Reorganisation der Nationalgarde und der Bildung zusätzlicher Regimenter, indem ausgemusterte Soldaten, Deserteure, Farbige und auch Ausländer als Freiwillige angeworben wurden. Da das alles unzureichend blieb, Napoleon aber Bedenken trug, die durch die Charte abgeschaffte Wehrpflicht wieder einzuführen, bediente er sich eines Tricks, um an die dringend benötigten Soldaten zu kommen: Die durch zwei Senatskonsulte von Ende 1813 aufgerufenen Wehrpflichtigen des Jahrgangs 1815 wurden als beurlaubte Soldaten betrachtet, die folglich nach dem Dekret vom 28. März einberufen werden konnten. Nach einem weiteren Dekret vom 10. April hatte jeder Franzose zwischen zwanzig und sechzig Jahren der Nationalgarde zur Verfügung zu stehen und sich auf eigene Kosten mit einem Gewehr, einer Patronentasche und einem Bajonett auszurüsten. Auf dem Papier hätte das 720 Bataillone mit mehr als zwei Millionen Mann zur Verteidigung des französischen Territoriums ergeben, aber in drei Vierteln der Departements verlief die Mobilisierung mehr oder minder mangelhaft, und es fehlten genügend Gendarmen, um auf die Unzahl von Verweigerern und Deserteuren Jagd zu machen. So standen zu Beginn der Kampagne Mitte Juni statt der erhofften 200 bis 250.000 nur 60.000 zusätzliche Soldaten für die Feldarmee bereit.

Es fehlte, wie unschwer vorstellbar, nicht nur an Soldaten, sondern überdies an allem, was ihre Ausrüstung anging. Bereits am dritten Tag seiner Ankunft in Paris beschäftigte Napoleon der Mangel an Gewehren, deren Herstellung und Reparatur, weil die Waffenfabriken mit den Anforderungen nicht Schritt hielten, auch in Heimarbeit erfolgte. Der Mangel erstreckte sich auch auf Munition, Reit- und Zugpferde, Geld (für Sold) und Einkleidung. Für die rund 125.000 Mann der (kriegsentscheidenden) Nordarmee gab es gerade 10.000 Paar Ersatzstiefel und viele noch nicht fertig genähte Hosen.[113]

Den Soldaten mochte es an Zahl und Ausrüstung fehlen, aber nicht an Kampfgeist. In ihren Augen war Napoleon unbesiegbar; wenn er denn doch einmal besiegt worden war wie 1812, lag die Schuld am Schnee, und seine letzte Niederlage 1814 war das Werk von Verrat. Die einfachen Soldaten mochten sich über die wirkliche Lage, in der sich ihr Land damals befand, täuschen oder getäuscht werden; das traf aber nicht auf die besser informierten Offiziere zu, denen die prekäre Lage, in die Napoleon ihr Land gestürzt hatte, nicht verborgen bleiben konnte. Die Spaltung der ganzen Nation in abwartend-skeptische Notabeln und dem Kaiser zujubelndes Volk wiederholte sich in dem Verhältnis zwischen Offizieren und Truppe.

Die größten Probleme traten unter den höheren und höchsten Offizieren zutage. Bei der Säuberung der unter der Restauration ernannten Offiziere und bei den Ernennungen und Beförderungen neuer Offiziere kam es zu manchen Pannen und Ungereimtheiten. Manche, die das sehr wohl verdient hätten, wurden für den anstehenden Feldzug nicht herangezogen oder auf untergeordneten Posten belassen, andere sträubten sich, unter Vorgesetzten zu dienen, deren Rang sie für niedriger hielten als den eigenen. Über die Stimmung im Offizierskorps berichtete Ende April ein Oberst an Kriegsminister Davout: »Im Allgemeinen sind die höheren Offiziere verbraucht und ohne Energie; sie wünschen sich nur Frieden und einen ehrenvollen Abschied, um das, was sie im Dienst erworben haben, in Ruhe zu genießen.«[114] Auf der höchsten

Befehlsebene bestanden derartige Verwerfungen, dass Napoleon auf Sankt Helena, um sich selbst zu exkulpieren, die Hauptschuld an der Katastrophe von Waterloo auf zwei Marschälle abwälzen konnte, ohne die Frage aufzuwerfen, wem diese beiden, Ney und Grouchy, und andere des Versagens bezichtigte Offiziere ihre Ernennung verdankten.

Wenn, um das in Kürze eintretende Desaster zu erklären, gern die vielen Unzulänglichkeiten der Rekrutierung und Ausrüstung hervorgehoben werden, so darf man doch auf der anderen Seite nicht die gewaltige organisatorische Leistung verkennen, die Napoleon und sein als Organisationstalent berühmter Kriegsminister damit vollbrachten, nach so vielen leidvollen Kriegsjahren in knapp drei Monaten eine Feldarmee von rund 210.000 Mann – und zusätzlich 100.000 weiteren in den Festungen und Sammelplätzen für Rekruten – aus dem Boden zu stampfen, die Aufstellung eines Ersatzheeres in die Wege zu leiten, die Festungen instand zu setzen usw. Mitte Juni zählte die Nordarmee um die 125.000 Mann; die Einheiten an den zunächst weniger gefährdeten Grenzen an Mittel- und Oberrhein sowie an den Alpen, ferner verschiedene Observierungskorps an den anderen Grenzen und in Westfrankreich summierten sich auf weitere 90.000 Mann.[115]

Auch wenn noch Vieles, sogar sehr Vieles zu tun und zu verbessern blieb, durfte Napoleon, angesichts der von Tag zu Tag fortschreitenden Konzentration feindlicher Streitkräfte in Flandern, nicht länger zögern, selbst die Kampfhandlungen zu eröffnen. Denn die wichtigste Prämisse für das Gelingen seines Feldzugplans bestand darin, die Gegner im Norden, also die Briten und Niederländer unter Wellington sowie die Preußen unter Blücher, bevor diese sich zu einer einzigen, der seinigen numerisch weit überlegenen Armee vereinigten, einzeln zu schlagen, um sich anschließend gegen die später zu erwartenden Russen und Österreicher nach Osten und Südosten zu wenden. Deswegen drängte es ihn, seiner Hauptstadt, ungeachtet einer sich dort anbahnenden politischen Fronde, den Rücken zu kehren und am 12. Juni zur Nordarmee aufzubrechen.

Die Notwendigkeit, möglichst rasch zu handeln, wurde durch das unzeitige Losschlagen seines Schwagers Murat, des Königs von Neapel, noch verstärkt. Sobald dieser von Napoleons Landung in Frankreich Kunde erlangt hatte, hielt er den Augenblick für gekommen, sich einen alten Traum zu erfüllen – einen italienischen Königsthron zu besteigen. Murat rückte rasch nach Norden vor, bis er Anfang Mai bei Tolentino in den Marken von den Österreichern vernichtend geschlagen wurde. Dadurch verlor Napoleon einen Verbündeten, der durch ruhiges, drohendes Abwarten starke österreichische Streitkräfte in Italien hätte binden können, die durch seine Niederlage indes für den Kampf gegen Napoleon verfügbar wurden.[116]

* * *

Wenn Napoleon seit seiner Ankunft in Paris darauf hingearbeitet hatte, seinen Thron gegen die geballte Macht der ihm feindlichen europäischen Mächte *manu militari* verteidigen zu wollen, ließ er sich auf ein Vabanquespiel ein, aus dem er – bei realistischer Abwägung der gegebenen Kräfteverhältnisse – so gut wie keine Chance hatte, als Sieger hervorzugehen. Doch seiner Spielernatur gehorchend setzte er, wie schon in den Feldzügen von 1812 und 1813, alles auf eine Karte und hoffte, den einzigen Moment der Schwäche seiner Gegner, die noch nicht vollzogene Vereinigung der britisch-niederländischen und der preußischen Armeen, in einen etappenweise zu erringenden Sieg zu verwandeln. Sollte ihm das nicht gelingen, würde ihm immer noch, so mochte er sich trösten, die Möglichkeit bleiben, den Feind in einer neuerlichen *levée en masse* wie 1793/94 vom französischen Territorium fernzuhalten. Wie brüchig dieses Kalkül war, sollten die Tage nach Waterloo erweisen.

So überschritt Napoleon denn am Morgen des 15. Juni mit seiner Armee in drei Marschsäulen die Grenze zum (damals auch Belgien umfassenden) Königreich der Niederlande und machte einen ersten Halt in Charleroi, knapp vor den preußischen Stellungen. Sein Feldzugsplan, an der Nahtstelle von Briten und Preußen einen Keil zwischen dieselben zu treiben, ging von einer Reihe von Voraussetzungen und erhofften günstigen Umständen aus.[117] Er musste den Gegner überraschen, was ihm zunächst weitgehend gelang. Nicht in seiner Macht lag es, ob sich die geschlagenen Gegner, wie er überzeugt war, in Richtung ihrer Ausgangsbasen zurückziehen und dadurch voneinander entfernen würden – also die Preußen in Richtung Namur und Lüttich, die Briten Richtung Oostende. Um die Preußen als erste um so sicherer zu schlagen, mussten die Briten durch ein Ablenkungsmanöver davon abgehalten werden, ihnen zu Hilfe zu eilen. Zu diesem Zweck wurde Marschall Ney mit zwei Armeekorps nach Quatre-Bras, in Richtung der englischen Stellungen, entsandt und Marschall Grouchy dazu bestimmt, die Verfolgung der geschlagenen Preußen zu übernehmen. Der fein gesponnene Plan scheiterte an erster Stelle daran, dass Wellington und Blücher, Lehren aus Missgeschicken des Feldzugs von 1814 ziehend, sich mehrfach gegenseitig versichert hatten, nicht voneinander zu weichen, sondern bei einem Rückzug sich auf den Partner möglichst zuzubewegen.

So wenig wie von dieser Abmachung konnte Napoleon wissen, dass er nicht, wie er meinte, auf die Nachhut der auf dem Rückzug begriffenen Preußen gestoßen war, sondern auf Blüchers Hauptmacht. Folglich entwickelte sich seit dem frühen Nachmittag des 16. Juni bei dem Dorf Ligny eine heftige Schlacht, die Napoleon notgedrungen annehmen musste, um eine Vereinigung der Preußen mit den Engländern zu verhindern. Angesichts der Stärke des Gegners ließ er nach Beginn der Schlacht den kurz zuvor gegen Wellington abkommandierten Ney auffordern, sich auf der Stelle gegen die rechte Flanke der Preußen zu wenden und sie im Rücken zu fassen: »die [preußische] Armee ist verloren, wenn Ihr entschlossen handelt; das Schicksal Frankreichs liegt in Euren Händen.« Noch auf Sankt Helena gab sich der Ex-Kaiser überzeugt, dass »der Krieg vielleicht in drei Stunden beendet sein [würde], wenn Ney meine Befehle ordentlich ausführt.«[118]

Doch eine solche Unterstützung traf so wenig ein wie die von Blücher erhoffte englische. So kämpften die beiden Heere, das französische rund 70.000, das preußische 85.000 Mann stark, mit ungewöhnlicher Erbitterung bis zum Einfall der Nacht. Am Ende dieses Gemetzels hatten die das Schlachtfeld behauptenden Franzosen zwischen sieben- und zehntausend Gefallene und Verwundete zu beklagen, die unterlegenen Preußen etwa doppelt so viele. Bei Ligny trug Napoleon zweifellos den Sieg davon, aber ihm war es nicht gelungen, den Gegner zu vernichten. Auch sein wichtigstes Ziel, einen Keil zwischen die Armeen Wellingtons und Blüchers zu treiben, hatte er verfehlt.

Der vorübergehend an die Stelle des auf dem Schlachtfeld vermissten Blücher getretene Generalstabschef Gneisenau lenkte, eingedenk des Abkommens mit Wellington, den Rückzug der Preußen nach Norden, nach Wavre, um den Kontakt zu den Engländern nicht zu verlieren. Napoleon, der noch über frische Kräfte und Reiterei verfügte, unterließ es unbegreiflicherweise, sofort die Verfolgung der geschlagenen Preußen aufzunehmen. Das verschaffte diesen einen uneinholbaren Vorsprung, der sie später vor der Verfolgung durch Grouchy schützte.

Insofern als es weder Napoleon gelang, die Preußen bei Ligny vernichtend zu schlagen, noch Ney die Engländer bei Quatre-Bras, war der 16. Juni »ein schwarzer Tag für den Kaiser«. Dem nach Quatre-Bras entsandten Ney war es nämlich misslungen, in der Frühe des 16. Juni die Engländer zu überrumpeln. Als sich der Kampf mit ihnen entspann, befanden sich die Franzosen in der Minderheit, da Ney dem Hilfsgesuch Napoleons aus dem rund zehn Kilometer entfernten Ligny Folge geleistet und ihm die Hälfte seiner Leute zur Verstärkung geschickt hatte. Diese erreichten nicht rechtzeitig den Ort ihrer Bestimmung, so dass die durch Teilung geschwächten rund 40.000 Soldaten unter Neys Kommando an beiden Kampfplätzen keine durchschlagende Wirkung zeigten.

Welche und wieviel Schuld an diesem Missgeschick den seiner Aufgabe nur unzureichend gewachsenen Marschall trifft und ob daran auch, oder sogar in erster Linie, nicht bzw. unklar übermittelte Befehle, manche sagen auch widersprüchliche, des Kaisers schuld waren, ist eine seit damals *ad nauseam* erörterte Streitfrage, deren Beantwortung in die eine oder andere Richtung nichts an dem Fazit ändert: So wie sich die Ereignisse am 16. Juni abgespielt haben, gereichten sie der englischen und der preußischen Armee zur Rettung und, am übernächsten Tag, der französischen zum Verderben.

KAPITEL 10

Waterloo

Kaum eine andere Schlacht der neueren Geschichte ist so dicht von Legenden umrankt wie der Tag von Waterloo. Er soll, besagt eine verbreitete Meinung, über das Schicksal Napoleons und Frankreichs entschieden haben. Der Ausgang der Schlacht sei, wie seit dem Ereignis selbst immer wieder behauptet wird, von manchen unvorhergesehenen Zufälligkeiten sowie dem Versagen einiger Offiziere bedingt gewesen, bis zum letzten Augenblick in der Schwebe geblieben und letztlich durch einen Wettlauf gegnerischer Hilfstruppen entschieden worden, von denen die einen, die Preußen, gerade noch zeitig eintrafen, während die anderen, unter Marschall Grouchy, viel zu spät erfuhren, dass sie als Retter in höchster Not herbeigesehnt wurden.

Napoleons Niederlage bei Waterloo als Grund für seine vier Tage später erzwungene Abdankung anzusehen, ist allzu kurzschlüssig gedacht. Denn Waterloo stand lediglich am Ende einer langen Reihe von Selbsttäuschungen und krassen Fehlentscheidungen, die er sich spätestens seit seinem Russlandfeldzug immer wieder und, je mehr es mit ihm bergab ging, in desto massiverer Weise hatte zuschulden kommen lassen. Waterloo war gewiss ein Auslöser, ein mitbedingender Umstand seiner Absetzung. Dass eine, selbst schwere, Niederlage nicht automatisch seine Entmachtung nach sich ziehen musste, zeigen die Jahre 1812 und 1813. Erst weil er aus

Russland und Leipzig keine Lehren gezogen und ganz Europa in einer einzigen Koalition gegen sich vereinigt hatte, musste er 1814 der Macht entsagen. Wie konnte Napoleon sich einbilden, dass die Alliierten 1815 anders reagieren würden als ein Jahr zuvor? Selbst wenn er in Waterloo mit einem blauen Auge davon gekommen wäre, hätte ihn sein Schicksal einige Wochen oder Monate später, sobald die vielen hunderttausend österreichischen, russischen sowie zusätzliche preußische und britische Soldaten zur Stelle gewesen wären, unweigerlich ereilt.[119]

Ein Kunststück, im negativen Sinn, hatte Napoleon damit zustande gebracht, alle europäischen Mächte in einer einzigen großen Koalition zusammenzuführen, was nicht einmal, mit anderer Stoßrichtung, Karl V., Ludwig XIV. und Friedrich II. von Preußen gelungen war. Die Brüchigkeit einer solchen großen Koalition erwies sich zwar bereits auf dem Wiener Kongress, in dessen Verlauf es Napoleons Ex-Außenminister Talleyrand gelang, die Koalition aufzusprengen und ein Bündnis zwischen Frankreich und seinen ältesten Kriegsgegnern, Österreich und England, zustande zu bringen. Die brüchige Koalition im Nu wieder zu flicken, war nur einer imstande – Napoleon, der sich folglich selbst in die Lage manövriert hat, dass über sein Verbleiben auf dem Thron auf dem Schlachtfeld entschieden wurde. Insofern hat er seine Absetzung nicht Wellington und Blücher zu verdanken, sondern an erster Stelle sich selbst.

Nach wenigen Seiten wird zu sehen sein, dass der militärisch Besiegte erst noch politisch besiegt werden musste, um seiner Herrschaft ein Ende zu setzen. Zwischen dem 18. Juni und seiner Thronentsagung am 22. spielten sich in Paris heftige politische Kämpfe ab, in denen über Napoleons Schicksal entschieden wurde. Dieses hing letztlich nicht, wie seine

Anhänger gern vorgeben, von den Machinationen eines Joseph Fouché ab, sondern von dem Freiheitsverlangen der seiner Diktatur überdrüssigen Notabeln. Manche halten, wie man des weiteren erfahren wird, mit gewichtigen Gründen dafür, dass der Kampf zwischen Frankreich und Europa mit Waterloo längst nicht endgültig entschieden gewesen sei, sondern eine Landesverteidigung, ein Freiheitskampf nach dem Vorbild der Spanier nicht nur möglich, sondern durchaus aussichtsreich gewesen wäre – was allerdings Napoleons freiwilligen Thronverzicht zur Voraussetzung gehabt hätte.

Die Legende, dass ihm bei Waterloo der in der Nacht zuvor gefallene sintflutartige Regen zum Verhängnis geworden sei, hat Napoleon selbst auf Sankt Helena in die Welt gesetzt und durch Victor Hugo eine kanonische Weihe erlangt. Dieser eröffnet in den *Misérables* seine Beschreibung der Schlacht mit den Worten: »Wenn es in der Nacht vom 17. zum 18. Juni 1815 nicht geregnet hätte, wäre die Zukunft Europas anders verlaufen.«[120] Dann hätte nämlich, impliziert die Feststellung, die Schlacht durch Bereitstellung der Artillerie und Aufmarsch der Truppen am frühen Morgen zeitig eröffnet und ein Sieg über die Engländer errungen werden können, bevor die Preußen zu ihrer Unterstützung eintreffen konnten. Abgesehen davon, dass die zögerliche Bereitmachung der Franzosen für die Schlacht mehr Napoleons Nonchalance als dem vom Regen aufgeweichten Gelände geschuldet war, hätte dieser als vorausblickender Feldherr in sein Kalkül einbeziehen müssen, dass in dieser Gegend gerade im Sommer starke Regenfälle vorkommen und eine Behinderung militärischer Aktionen darstellen konnten. Am ersten Jahrestag von Waterloo brach es auf Sankt Helena aus dem Ex-Kaiser heraus: »Ein Zusammentreffen seltener unglücklicher Umstände! … Grouchy! … Ney! … d'Erlon! … Eine einzige traurige Fügung des Schicksals!«[121] Auch über diese neben dem schlechten Wetter angeblichen Hauptverursacher der Niederlage wird an entsprechender Stelle manches Berichtigende hinzuzufügen sein.

Auch wenn man alle Legenden, die sich um Waterloo gewoben haben, beiseite schiebt, bleibt die Schlacht noch merkwürdig genug. Eine Paradoxie, die ihresgleichen sucht, ist darin zu erblicken, dass Napoleons vollständigste militärische Niederlage, die seine definitive politische Entmachtung nach sich zog, sich binnen kurzer Zeit zu seinem dauerhaftesten Triumph verwandelte – zum Sieger über die geschichtliche Erinnerung. Diesen Sieg errang er auf zweierlei Weise: einmal durch die Fabrikation seiner eigenen Legende, zu deren Ausspinnen auf Sankt Helena ihm, wie im vorletzten Kapitel darzustellen ist, nach Waterloo noch sechs volle Jahre verblieben, und zum anderen durch das Unheil, durch das schreiende Unrecht, das er mit seiner Rückkehr Ludwig XVIII. und seinem eigenen Land insgesamt zugefügt hat. Waterloo, das Ludwig XVIII. die Rückkehr nach Paris ermöglichte, war nämlich für diesen in jeder Hinsicht ein Pyrrhussieg. Der König kehrte in eine Hauptstadt zurück, in der feindliche Soldaten hausten und es sich gütlich taten, in ein Land, das zu zwei Dritteln vom Feind besetzt war und ausgesogen wurde; und unter dem Friedensvertrag, der diesen neuen napoleonischen Krieg beendete, stand die Unterschrift von Ludwigs neuem Regierungschef Richelieu (einem Urgroßneffen des Kardinals und Enkel des gleichnamigen Marschalls). Was war da nicht einfacher, als alle Drangsale infolge des neuen Kriegs und alle Härten des Zweiten Pariser Friedensvertrags dem Bourbonenkönig und seiner Partei anzulasten – gemäß einem Mechanismus psychologischer Verdrängung, der uns auch aus späterer Zeit nur allzu vertraut ist!

Die restaurierte Monarchie bot sich um so mehr als Sündenbock an, als unter der Zweiten Restauration die reaktionären, dezidiert antirevolutionären Kräfte im politischen Leben Frankreichs Oberwasser gewannen, deren Wirken das gerade noch verwünschte Empire mit seiner Koda der Hundert Tage in ein mild-verklärendes Licht erträglicher Herrschaft tauchte. Vor diesem Hintergrund konnte Napoleon auf Zustimmung und Beifall rechnen, wenn er durch seine ihn nach Sankt Helena begleitenden »Evangelisten« sich selbst der staunenden Welt als Bollwerk der revolutionären Errungenschaften und seine expansive Außenpolitik gewissermaßen als einen Vorläufer der europäischen Einigung stilisierte. Tatsächlich aber gab Napoleons Rückkehr und die durch sie neuerlich geschürte Revolutionsfurcht nicht nur in Frankreich, sondern allenthalben in Europa den reaktionären Kräften und den Nostalgikern des Ancien Régime mächtigen Auftrieb, so dass damals die für jene Jahre geläufige Epochenbezeichnung als »Restauration« eine Plausibilität gewann, die ihr unter der Ersten Restauration noch abging.

Doch kehren wir zu dem Punkt der Ereignisse zurück, an dem wir sie am Ende des vorigen Kapitels verlassen haben, und fragen, welche Konsequenzen Napoleon aus seinem Sieg über die Preußen bei Ligny am 16. Juni gezogen und wie er sich auf die Auseinandersetzung mit den Engländern vorbereitet hat. Im Folgenden wird eine kräftige Dosis Entmythologisierung vonnöten sein, um die Ereignisse von der ihnen zäh anhaftenden napoleonischen Legendenbildung zu entkleiden.

* * *

Der naturgemäß stets *post festum* urteilende Historiker kann sich kaum dem Schluss entziehen, dass Napoleon durch seine Unentschlossenheit nach dem Sieg von Ligny und am folgenden Tag seine damals möglicherweise noch bestehenden Siegeschancen vertan hat. Am Morgen des 17. herrschte er Grouchy, der gegen acht Uhr auf Befehle zur Verfolgung Blüchers drängte, mit den Worten an: »Ich werde sie Euch erteilen, wann ich es für richtig halte.« Stunden später hielt er diesen Zeitpunkt endlich für gekommen und betraute ihn mit einer Mission, die kaum Erfolg versprach: Der Marschall solle sich zur Verfolgung der Preußen aufmachen, sobald er auf sie gestoßen sei, angreifen und ihnen den Rest geben; nie dürfe er sie aus den Augen verlieren, während er, Napoleon, sich in die Richtung von Marschall Ney wende, um den Engländern eine Schlacht zu liefern. Dem ließ er die in die Irre führende Weisung folgen: Aller Wahrscheinlichkeit nach ziehe sich Blücher an die Maas nach Lüttich zurück: »lenkt Eure Schritte also nach dieser Seite.« Das tat Blücher, wie der Leser aus dem vorigen Kapitel weiß, gerade nicht, so dass Grouchy seinen Auftrag nicht nur nicht ausführen konnte, sondern sich überdies von dem Ort, an dem er am nächsten Tag so dringend gebraucht wurde, weiter entfernte. Dringlichst gebraucht wurde er am Tag von Waterloo, weil ihm zu seiner Pirsch nach Blücher 33.000 Soldaten, nahezu ein Drittel der ganzen französischen Armee, mitgegeben wurden – zu viele, um den Gesuchten zu observieren, doch zu wenige um ihn anzugreifen.

Am Vorabend der Schlacht war Napoleons größte Sorge, dass Wellington ihm entwischen und ihn so um den für sicher gehaltenen Sieg bringen könne. Generalstabschef Soult, der Wellington in Spanien als hartnäckigen und beherzten Krieger kennen und fürchten gelernt hatte, riet zu mehr Vorsicht und dazu, ein Korps der Grouchy anvertrauten Truppen zurückzurufen, da zur Verfolgung des, wie Napoleon ja glaube, vollständig geschlagenen Blücher 33.000 Soldaten unnötig viele seien. Bei einer Besprechung am nächsten Morgen in seinem Hauptquartier gab sich Napoleon erneut siegessicher und bezichtigte Soult der Kleinmütigkeit: »Weil Ihr Euch einmal von Wellington habt besiegen lassen, haltet Ihr ihn für einen großen General. Ich aber sage Euch, dass er ein schlechter General ist, dass die Engländer schlechte Truppen haben und es ein Leichtes sein wird, mit ihnen fertig zu werden.« Als dann auch noch Bruder Jérôme von einem in der Herberge von Genappe (wo Wellington die Nacht zum 17. verbracht hatte) aufgeschnappten Gespräch berichtete, dass Engländer und Preußen ihr Rendezvous auf dem Plateau von Mont-Saint-Jean planten, konnte Napoleon nicht länger an sich halten: »Dummes Zeug! Die preußische Armee ist vollständig geschlagen; sie kann sich nicht in zwei Tagen wieder sammeln. Ich werde die englische Armee angreifen und schlagen. Die britische Oligarchie wird gestürzt. Frankreich wird sich ruhmreicher, mächtiger und größer als jemals zuvor erheben.«

Nachdem der Kaiser nach längerer Erörterung der Frage, wann die Schlacht zu eröffnen sei, sich für einen späten Termin, für zwei Uhr entschieden hatte, schloss er die Sitzung mit den Worten. »Messieurs, wenn meine Befehle richtig ausgeführt werden, werden wir heute in Brüssel nächtigen.« Beim Auseinandergehen äußerte Reille, Kommandeur des 2. Korps, zu Drouet d'Erlon, seinem Kollegen vom 1. Korps, der dem Kaiser seine Bedenken vortragen wollte: »Wozu soll das führen; er wird nicht auf uns hören!«[122] In Äußerungen wie diesen liegt der tiefste Grund für die Niederlage, der Napoleon noch an diesem Tag entgegenging, und für die unbegreifliche Vielzahl von Fehlentscheidungen, die ihm just an diesem Tag unterliefen. Aus ihnen spricht derselbe Hochmut, dieselbe überhebliche Geringschätzung sowohl seiner eigenen Untergebenen als auch des Gegners, die ihm bereits in Russland und in Spanien zum Verhängnis geworden war. Bis 1805 und 1806, bis Austerlitz und Jena, mochte er sich mit einem gewissen Recht für unbesiegbar gehalten haben. Zwar errang er auch danach noch den einen und anderen Sieg, manche – wie bei Eylau, Wagram und in Spanien – allerdings nur unter großen Mühen und beträchtlichen eigenen Verlusten. Ohne die völlige Unterschätzung des Gegners, mit dem er und Marschall Ney es bereits am 16. bei Ligny und Quatre-Bras zu tun bekommen hatten und der ihm heute, möglicherweise vereinigt, erneut gegenüberstehen würde, und ohne die irritierende Blindheit für die Grenzen der eigenen Kräfte in Rechnung zu stellen, ist kaum begreiflich, wie er sich überhaupt auf diese Schlacht einlassen konnte und überdies zu einem so späten Zeitpunkt, der von der Voraussetzung auszugehen schien, dass Wellington, der Held des iberischen Kriegs, sich gewissermaßen im Handumdrehen besiegen ließ.

Im Juni 1815 wiederholte sich im Grunde, was die Niederlagen von 1812, 1813 und 1814 verursacht hatte: Ein Staatschef, der in den Anfängen seiner Regierung zweifellos Überragendes geleistet hatte – um es mit einem Wort zu sagen: Frankreich aus dem Chaos der Revolution herauszuführen und ihm eine Vormachtstellung auf dem Kontinent zu erobern – und den deswegen eine dankbare Nation mit unbegrenzter Macht ausgestattet hatte, begann sich für allmächtig zu halten, wie ein Diktator zu regieren und seinem Land maßlose Opfer an Gut und Blut abzuverlangen. Solange er seinem Land Siege, Beute und Mehrung des Einflusses gewann, blieb seine Stellung unangefochten. Erst in dem Triennium seiner großen Niederlagen erwuchs ihm allmählich eine Opposition, die aber alleine nicht stark genug war, ihm die Macht zu entreißen. Dazu bedurfte es im April 1814 der Präsenz feindlicher Bajonette in Paris, unter deren Schirm sich Frankreich eine konstitutonelle Regierung unter Ludwig XVIII. gab. Dieser Geburtsfehler der bourbonischen Restauration, nämlich durch die militärische Niederlage Frankreichs und die Besetzung weiter Landesteile und seiner Hauptstadt ermöglicht worden zu sein, lieferte dem Ex-Kaiser, sobald er am 1. März 1815 den Fuß wieder auf heimischen Boden gesetzt hatte, den Vorwand zu einer hemmungslosen Agitation gegen die Bourbonen und all diejenigen, die er für seine militärische und politische Niederlage verantwortlich machte.

Alle, die nicht für ihn waren, bezichtigte er des Verrats an Frankreich und seiner Sache; keine Verdrehung der Tatsachen war ihm zu plump, um die patriotischen, ja nationalistischen Gefühle seiner (einstigen) Soldaten, Offiziere und des einfachen Volks in Wallung zu bringen, und darin war er so erfolgreich, dass ihn eine Woge populärer Zustimmung in zwanzig Tagen von Cannes nach Paris trug. Diese aufgepeitschte nationalistisch-xenophobische, pseudorevolutionär-antibourbonische Stimmung machte sich Napoleon zunutze, erneut hundert- bis zweihunderttausend Soldaten hinter sich zu scharen, die bereit waren in dem Glauben, Frankreichs Ehre und Unabhängigkeit zu verteidigen, ihr Leben für ihn zu lassen.

Auf dem relativ kleinen, kaum drei Quadratmeilen großen Schlachtfeld von Waterloo standen seit dem Morgen des 18. Juni den gut 70.000 französischen Soldaten ungefähr gleich viele unter dem Kommando Wellingtons gegenüber, unter ihnen allerdings nur 24.000 britische.[123] Der Plan Wellingtons bestand darin, seine Position um Mont-Saint-Jean um jeden Preis zu halten, bis die am frühen Morgen noch einmal ausdrücklich bestätigte Unterstützung durch preußische Truppen eintreffen würde. Es lag also an Napoleon, die ganz und gar auf Defensive eingestellten englischen Stellungen anzugreifen, um möglichst rasch eine Entscheidung herbeizuführen. Um den Gegner abzulenken, startete das 2. Korps noch vor Mittag einen Angriff auf den rechten Flügel der Engländer, der sich infolge von Jérômes ungestümem Vorpreschen zu einem von Napoleon nicht beabsichtigten größeren Gefecht ausweitete und ungewollt viele eigene Truppen dort band.

Noch bevor gegen zwei Uhr die eigentliche Schlacht mit einem massiven Angriff auf den linken Flügel der Engländer begann, wurden zu dieser Seite hin in weiter Ferne die ersten anrückenden Preußen gesichtet. Dem Schweizer Offizier und Militärschriftsteller Antoine-Henri Jomini zufolge, der jahrelang sowohl in den napoleonischen wie in den gegnerischen Armeen gedient hatte, hätte Napoleon mit dem Kommen der Preußen rechnen und sich darauf einstellen müssen. Als sich ihr Kommen bewahrheitete, hätte er, um nicht mit einem übermächtigen Gegner konfrontiert zu werden, sich zurückziehen oder die Engländer besiegen müssen, bevor diese durch die Preußen wirksame Unterstützung erhielten. Wahrscheinlich bestimmten ihn die Sorge vor den politischen Folgen eines strategischen Rückzugs, der zu dem Zeitpunkt noch durchaus möglich gewesen wäre, und die Geringschätzung der militärischen Fähigkeiten Wellingtons dazu, das Risiko einer Schlacht mit zwei Fronten einzugehen. Ein Rückzug, der seinem Ansehen als Feldherr und Staatschef hätte schaden können, kam für ihn jedoch nicht in Betracht. Vielmehr beeilte er sich nun, als es dafür objektiv bereits zu spät war, Grouchy mittels Boten zu bedrängen, eiligst zu ihm zu stoßen und den mit 30.000 Mann anrückenden Bülow auszuschalten.[124] So nahm die Schlacht, oder vielmehr die Tragödie, ihren durch Napoleons Entscheidung, den Kampf notfalls mit zwei Gegnern gleichzeitig aufzunehmen, vorgezeichneten Lauf.

Mit dem Angriff des 1. Korps auf den linken Flügel der Engländer wurde in zwei Stunden, außer fünftausend eigenen Verlusten, so gut wie nichts erreicht. Beide Seiten kämpften mit äußerster Entschlossenheit, die Frontlinie wankte geringfügig mal zur einen, mal zur anderen Seite hin, hielt aber stand. Da die Zeit gegen ihn arbeitete, entschloss sich Napoleon, um endlich eine Bresche in die englische Front zu schlagen, zu einem unkonventionellen Mittel. Wenn er nicht selbst den Befehl dazu gab, ließ er es doch zumindest geschehen, dass fünftausend Kürassiere auf engstem Raum eine frontale Attacke gegen die englische Infanterie ritten, die sich zur Abwehr zu Karrees formierte. Selbst mit dieser, wegen ihrer kolossalen Ausmaße in der Kriegsgeschichte nahezu singulären, Reiterattacke gelang es nicht, das englische Zentrum zu durchbrechen, da ihr die zu einem solchen Erfolg notwendige Unterstützung durch Artillerie und Infanterie fehlte.

Ein unvergängliches literarisches Denkmal hat diesem militärisch sinnlosen Opfer der stolzesten Einheiten der französischen Armee Victor Hugo in den auf dem Schlachtfeld selbst geschriebenen Waterloo-Kapiteln seiner *Misérables* gesetzt. Dort würzt er das ohnehin schon grausige Geschehen durch die von ihm erdachte Zutat, dass sich die auf eine Anhöhe zusprengenden Kürassiere, ein Glied das andere mit sich fortreißend und fortstoßend, in die bis zum letzten Moment ihren Augen entzogene Schlucht des Hohlwegs von Ohaim stürzten, darin mit ihren Pferden versanken und umkamen. »Erst als die Grube mit lebenden Menschen vollgestopft war, schritt man über sie hinweg, und der Rest kam hinüber. In diesem Schacht versank fast ein Drittel der Brigade Dubois.« Dem lässt der Dichter, von der Fiktion in die Realität zurückkehrend, den Satz folgen: »Hier begann der Verlust der Schlacht.«

Die von ihm an dieser Stelle eingefügte Frage: »Konnte Napoleon diese Schlacht gewinnen?«, beantwortet Hugo mit einem Nein – und zwar nicht wegen Wellington, nicht wegen Blücher, sondern »wegen Gott«. Auf diese – dem mit der geschichtlich-philosophischen Gedankenwelt Hugos nicht vertrauten Leser gewiss befremdliche – Antwort lässt der Dichter die Erklärung folgen: »Bonaparte als Sieger von Waterloo entsprach nicht mehr dem Gesetz des 19. Jahrhunderts. Eine andere Reihe von Ereignissen bahnte sich an, und für Napoleon war darin kein Platz mehr. [...] Der übermäßige Einfluß dieses Mannes auf das Geschick der Menschheit störte das Gleichgewicht, [...] wurde auf die Dauer eine tödliche Gefahr für die Zivilisation.« Napoleons Sturz wurde beschlossen, denn – »Er störte Gott.«[125] Wenn man diesen Gedanken in die Prosa herkömmlicher Geschichtsschreibung übersetzt, heißt das: In dem von Gleichheit, Demokratie, technischem Fortschritt und Arbeitsteilung geprägten 19. Jahrhundert war für ein großes Individuum wie Napoleon, für »diese Überfülle an menschlicher, in einem einzigen Kopf angesammelter Lebenskraft«, kein Platz mehr – weder als ziviler Herrscher noch als militärischer Führer. Napoleons militärisches »Genie« mochte, wie damals und noch heute nicht wenige überzeugt sind, unerreicht sein. Doch gegenüber seinem Antagonisten Wellington war er allein schon dadurch in einem entscheidenden Nachteil, dass er nicht bloß Feldherr war, sondern allmächtiger Diktator. In seinen militärischen Entscheidungen war er nicht frei, allein nach militärischen Erfordernissen zu entscheiden, sondern hatte zu berücksichtigen, was für ihn politisch opportun war. Nie konnte er, der sich ganz Europa zum Feind gemacht hatte, darauf rechnen, dass ihm ein Blücher zu Hilfe eilen würde. Ein Nelson konnte in der Seeschlacht fallen, ohne den Sturz seiner Regierung nach sich zu ziehen. Eine neuerliche Niederlage, so musste Napoleon zu Recht befürchten, würde er in einem Land, das er selbst mit dem Acte additionnel auf den Geschmack politischer Teilhabe gebracht hatte, politisch nicht überleben.

Da die ersten fünftausend Reiter die englische Abwehr nicht zu überrennen vermocht hatten, ließ Napoleon dieser Attacke weitere, nicht weniger massive folgen. Bis gegen sechs Uhr abends gelang es so dem »brave des braves«, dem an diesem Tag an Tapferkeit und Tollkühnheit sich selbst übertreffenden Marschall Ney, mit La Haie-Sainte die eine und General Durutte mit Papelotte die andere Schlüsselstellung im Zentrum der englischen Linien zu erobern.[126] Zu dieser Zeit soll Wellington der (wohl apokryphe) Stoßseufzer entfahren sein: »Wolle Gott, es wäre Nacht oder die Preußen kämen.« Hätte Napoleon jetzt, ist David Chandler überzeugt, die Garde, oder bloß die halbe, in den Kampf eingreifen lassen, hätte er die Schlacht so gut wie sicher gewonnen. Aber noch zögerte er, seine letzten Reserven in die Schlacht zu werfen. Das tat er erst gegen Abend, als Bülow mit seinem Korps, gefolgt von denjenigen Zietens und Pirchs, sich dem Kampfplatz näherte, und nun die englische Front um jeden Preis durchbrochen werden musste, bevor die Preußen sich vollständig zu einer neuen formiert haben würden. Nun beging Napoleon den letzten schweren Fehler dieses Tages: Er warf seine letzten Reserven, neun Bataillone der kaiserlichen

Garde mit Ney zu Fuß an der Spitze, in die Schlacht, konnte damit aber nicht verhindern, dass die eigenen Reihen ins Wanken gerieten, Panik sich ihrer bemächtigte und die französische Armee, oder vielmehr was von ihr noch übrig geblieben war, sich unter Rufen wie »sauve qui peut« und »nous sommes trahis« einer ungeordneten, wilden Flucht überließ. Nun fehlten intakte Einheiten, welche die preußische Reiterei, die den Flüchtenden nachsetzte, hätten aufhalten und den Rückzug in geordnete Bahnen lenken können. So besiegelte ihr Chef den Ruin der französischen Armee.

Wie bei allen derartigen Schlachten jener Zeit gab es Hekatomben von Opfern zu beklagen. Allein am Tag von Waterloo fielen auf beiden Seiten zusammen mehr als zehntausend Soldaten und zählte man mehr als dreimal so viele Verwundete. In den wenigen Tagen des ganzen Feldzugs mussten an die 25.000 Soldaten ihr Leben lassen; ihre Zahl wurde nur von den Toten der viele Monate dauernden Feldzüge von 1812 in Russland und 1813 in Sachsen übertroffen. Von den in mancher Hinsicht bedauernswertesten Opfern damaliger Kriege, den Verwundeten, wurden im Juni 1815 über 65.000 gezählt. Zu der Aufgabe, das Schlachtfeld zu entsorgen, zog man die örtliche Bevölkerung heran, die sich der Leichenberge nicht anders zu entledigen wusste, als sie in Massengräbern zu verscharren und auf Scheiterhaufen zu verbrennen.[127]

Um eine Bilanz des Viertagefeldzugs von 1815 zu ziehen, ist der Laie in der Militärwissenschaft am besten beraten, dem Urteil der Kundigsten auf diesem Gebiet zu folgen. Im Fall der Schlacht von Waterloo ist ein solcher gewiss der britische Militärhistoriker David G. Chandler, der 1966, im Jahr nach der einhundertfünfzigsten Wiederkehr des Ereignisses, der militärischen Karriere und Feldherrnkunst Napoleons ein frühes *opus magnum* gewidmet hat, das Bewunderung und manchmal selbst Sympathie für den großen Krieger nicht verhehlt, aber auch mit Kritik nicht spart, wo sie angezeigt ist. So möge diesem Autor das abschließende Urteil über Napoleon und Waterloo überlassen sein: Im Juni 1815 hat Napoleon sich eigensinnig, arrogant und allzu selbstgewiss betragen. Er berief zweitrangige Personen auf Schlüsselpositionen, obwohl es dafür bessere gab. Er neigte dazu, Mut und Standfestigkeit seiner Gegner zu unterschätzen; er ignorierte Blüchers Sinn für Loyalität und hielt wenig von Wellingtons Fähigkeiten als General. Aufgrund solcher Schwächen und Irrtümer eröffnete er die Schlacht am 18. erst mit großer Verspätung; verweigerte er Ney in einem kritischen Augenblick die erforderlichen Verstärkungen; ließ er es während der ganzen Schlacht an der gebotenen Kontrolle der Untergebenen fehlen; ließ er ein Ablenkungsmanöver Jérômes sich zu einer größeren Affäre ausweiten; griff er nicht ein, als Drouet d'Erlon einen Angriff in unpassender Formation startete und Ney die Kavallerie sinnlos aufopferte; und nie hätte er Grouchy sich so weit entfernen lassen dürfen, dass er nicht rechtzeitig zurückgerufen werden konnte. »Napoleon hätte nie zulassen dürfen, daß diese Fehler begangen wurden. Auf einem so überschaubaren Schlachtfeld wie dem von Waterloo war ein hohes Maß persönlicher Kontrolle möglich, aber es gibt kaum Anhaltspunkte, daß Napoleon, als die Schlacht einmal in Gang gekommen war, anderes als einen negativen Einfluß auf den Lauf der Dinge ausgeübt hat. Der Kaiser mag es mit dem Wetter der vorangegangenen zwölf Stunden unglücklich getroffen haben; aber dieser Umstand ändert kein Jota an seiner Verantwortung für die Lethargie, Trägheit und Geistesabwesenheit, die er zu verschiedenen kritischen Augenblicken des Tages zur Schau trug.«

Bei aller Kritik an Napoleon komme man nicht umhin, der Art und Weise, wie seine Gegner sich in der Schlacht verhalten hatten, gebührende Anerkennung zu zollen. Wellington wählte eine exzellente Verteidigungsstellung, die er entschlossen und umsichtig hielt. Ehre gebühre schließlich auch Blücher und den preußischen Soldaten, ohne die Wellington am Ende kaum den Sieg errungen hätte. Wenn Bülow, Pirch und Zieten gerade noch rechtzeitig eintrafen, sei das ganz und gar dem Drängen und der Entschlossenheit eines alten, kranken Mannes, ihrem Oberbefehlshaber Blücher, zu verdanken.[128]

Die Legendenbildung um Waterloo setzte unmittelbar nach dem Ende der Schlacht ein, und zwar mit dem von Napoleon selbst redigierten, auf den 20. Juni datierten, am Nachmittag des folgenden Tags als Supplement zum *Moniteur* herausgegebenen Bulletin über ihren Verlauf. Wichtigstes Anliegen dieser offiziellen Verlautbarung ist zu erklären, wie die Schlacht, trotz der Gegenwart des Kaisers, verlorengehen konnte. Nachdem dieser umsichtig seine Reserven gegen die anrückende preußische Division in Stellung gebracht hatte, war seine Absicht, mit einem Angriff auf das englische Zentrum einen »entscheidenden Erfolg« zu erringen. Doch durch das vorschnelle Losschlagen der Kavallerie (unter dem Befehl des nicht mit Namen genannten, aber eindeutig gemeinten Marschalls Ney) missriet das Manöver, das, zur rechten Zeit und mit Unterstützung der Reserven ausgeführt, die Entscheidung hätte bringen müssen. Doch der Feind wurde (auf eine dem Leser des Berichts etwas rätselhafte Weise) trotzdem zurückgeschlagen, und da seine Kräfte erschöpft waren und von ihm keine Gefahr mehr ausging, war der Augenblick für einen (weiteren) Angriff auf das Zentrum des Feindes gekommen. Im Folgenden wird der Bericht widersprüchlich bis zur Unverständlichkeit. Um die Kürassiere gegen das englische Kartätschenfeuer zu schützen, erhielten sie Unterstützung durch vier Bataillone der Mittleren Garde; und dann wurden noch zwei Bataillone ins Gefecht geworfen, um das Plateau von Mont-Saint-Jean zu behaupten. »Bei diesem Stand der Dinge wäre die Schlacht gewonnen gewesen; wir behaupteten alle Stellungen, die der Feind zu Beginn der Aktion innegehabt hatte; da unsere Kavallerie verfrüht und fehlerhaft eingesetzt worden war, konnten wir nicht mehr auf einen entscheidenden Sieg hoffen. Marschall Grouchy, der die Marschrichtung der Preußen erkundet hatte, folgte ihrem letzten Korps auf den Fersen, was uns am nächsten Tag einen glänzenden Sieg gesichert hätte. Nach acht Stunden Feuergefecht und heftigen Angriffen der Infanterie und Kavallerie sah die ganze Armee mit Genugtuung, daß die Schlacht gewonnen und das Schlachtfeld in unserem Besitz war.«

Die rosige Aussicht, die Schlacht am nächsten Tag zu gewinnen, wurde nicht durch das Ausbleiben von Grouchy (der noch immer ergebnislos nach dem Verbleib der Preußen fahndete) verdorben, sondern durch einen ärgerlichen Zwischenfall auf dem Schlachtfeld selbst. Die zur Unterstützung der Kürassiere abgeordneten Bataillone der Mittleren Garde unternahmen, um das englische Kartätschenfeuer zum Schweigen zu bringen, einen Bajonettangriff auf deren Batterien, wurden aber durch einen englischen Gegenangriff in ihre Flanke durcheinandergebracht und rissen, als sie zurückflüchteten, die zunächst stehenden Regimenter mit; als diese zur Garde gehörenden Soldaten sich in Unordnung auflösen sahen und meinten, das sei die Alte Garde, begannen sie selbst zu weichen unter Rufen »Tout est perdu! La Garde est repoussée!« Die Soldaten behaupteten sogar, an manchen Stellen hätten übelgesinnte Abtrünnige »Sauve qui peut!« gerufen. »Wie dem auch sei; mit einem Mal ergriff ein panischer Schrecken das ganze Schlachtfeld und alle überließen sich wilder Flucht. So endete ein Tag, an dem Fehler begangen, wieder gutgemacht und die Voraussetzungen für die größten Erfolge am nächsten Tag gelegt waren, in einem panischen Schrecken, von dem keine Einheit verschont blieb.«[129]

Damit war der Grundstock zu einer Interpretation von Waterloo gelegt, der ein dauerhaftes Leben beschieden war. Ein so gut wie sicherer Sieg wurde durch eine Verkettung unglücklicher Umstände und fehlerhafte Entscheidungen von Napoleons Untergebenen vereitelt. Die größte Schuld luden Ney mit seinem unzeitigen Ungestüm und Grouchy durch sein Säumen auf sich. Der vom Bulletin wohl wahrheitsgemäß kolportierte Schreckensruf: »Die Garde ist zurückgeschlagen – La Garde est repoussée!«, wurde als so beleidigend für die Ehre der französischen Waffen empfunden, dass er acht Tage später in einer Sitzung der Abgeordnetenkammer eine Berichtigung erfuhr. Als der Abgeordnete Dumolard die Kammer aufforderte zu erklären, die Gefallenen vom 18. Juni hätten »sich um das Vaterland verdient gemacht« und ihren Familien seien Unterstützungen zu gewähren, fand er sofort den Beifall eines Kollegen, des Altrevolutionärs Dominique-Joseph Garat, der hinzufügte, man möge das Wort eines Soldaten im Gedächtnis bewahren, der gesagt habe: »Ich sterbe, aber ich ergebe mich nicht – Je meurs et je ne me rends pas.« Daraufhin ergänzte der Abgeordnete Jean-Augustin Pénières, ein anderer Ex-Conventionnel, der Name des Soldaten, der diese Worte gesprochen habe, dürfe nicht in Vergessenheit geraten; das sei der tapfere Cambronne gewesen, der auf die Aufforderung, sich zu ergeben, geantwortet habe: »Die Garde stirbt, aber sie ergibt sich nicht – La garde meurt et ne se rend pas.«

Eine antiquarische Gelehrsamkeit hat herausgefunden,

dass diese Phrase bereits einige Tage zuvor in zwei Zeitungen auftauchte und Cambronne von einem Journalisten in den Mund gelegt wurde. Aber nicht das hat die Phrase zu einem bis heute höchst lebendigen geflügelten Wort werden lassen, sondern die Tatsache, dass sie allgemein dem General Cambronne zugeschrieben wurde, der, aus dem letzten Karree der Alten Garde, das noch Widerstand leistete, diese Worte seinen Angreifern entgegengeschleudert haben soll, bevor er schwerverwundet wie leblos auf dem Schlachtfeld liegen blieb und später in Gefangenschaft nach England abgeführt wurde. Heftig verwahrt hat sich Cambronne (der noch bis 1842 gelebt hat) dagegen, jemals während der letzten Zuckungen der Schlacht das grobe Wort mit (im Französischen) zwei Silben und fünf Buchstaben geäußert zu haben, das ihm schon früh und später erneut von Victor Hugo, ungeachtet aller seiner Dementis, in den Mund gelegt wurde – nach dem Dichter »der vielleicht schönste Ausspruch, den je ein Franzose getan hat.« Die in dem Wort enthaltene trotzige Auflehnung im Angesicht von Tod und Niederlage machte Cambronne, dem Autor der *Misérables* zufolge, zum eigentlichen Sieger von Waterloo.[130]

Zu einer gewissen literarischen Berühmtheit brachte es neben dem General Cambronne auch Marschall Grouchy – der angebliche Verursacher der Niederlage von Waterloo. Ihm widmete Stefan Zweig in seinen *Sternstunden der Menschheit* unter dem Titel *Die Weltminute von Waterloo* eine knappe Skizze, der zufolge Grouchy am 18. Juni 1815 »unbewußt Napoleons Schicksal in Händen« hielt. Denn an ihm hätte es gelegen, die ihm befohlene Verfolgung Blüchers abzubrechen, als er in der Ferne Schlachtenlärm vernahm. Doch als kleinmütiger, pedantischer Befehlsempfänger wagte er nicht, den ihm erteilten Befehl zu ignorieren und, wie ihn seine Offiziere bedrängten, »marcher au canon«. Grouchy »überlegt[e] eine Sekunde lang, [...] und diese eine Sekunde formt[e] sein eigenes Schicksal, das Napoleons und das der Welt.« Sein Zögern entschied über nicht weniger als »das ganze neunzehnte Jahrhundert«. Die Popularität von Zweigs *Grouchy* kann man sich nur so erklären, dass er bei seinen Hunderttausenden von Lesern keine oder nur phantastische Kenntnisse über Napoleon voraussetzte. Denn sich auszumalen, welches Schicksal der Welt, dem ganzen 19. Jahrhundert, bei einem Sieg Napoleons beschieden gewesen wäre, kann einen noch nachträglich mit Schaudern erfüllen. Dass Victor Hugo, der für geschichtliche Akteure wie Napoleon im 19. Jahrhundert keinen Platz mehr sah, in seiner dichterischen Durchdringung historischer Stoffe dem in erster Linie auf dramatische Effekte erpichten Zweig weit überlegen war, wird sich noch genauer aus der Schlussbetrachtung ergeben.

Wenn schon, durch Grouchys Schuld, Napoleon von der geschichtlichen Bühne abtreten musste, dann hob Waterloo einen »damals fast Namenlosen« auf den Thron. Zweig zögert nicht, das Ende seiner Novelle mit der populären Legende zu schmücken, dass Nathan Rothschild die Kunde vom Ausgang der Schlacht als erster nach London gebracht habe und es ihm gelungen sei, »dank der noch unbekannten Nachricht, die Börse zu sprengen« und »mit diesem genialen Zug ein anderes Kaiserreich [...], eine neue Dynastie« zu begründen. Statt der Millionen, die der Rothschild durch diesen Coup gewonnen haben soll, musste er in Wirklichkeit dafür Sorge tragen, dass er und seine Brüder infolge von Waterloo keine allzu großen finanziellen Einbußen erlitten.[131]

Da es sinnlos gewesen wäre, Napoleon nachträglich zu raten, er hätte besser daran getan, für immer auf Elba zu bleiben, nahmen sich einige Zeitgenossen wenigstens die Freiheit zu erwägen, ob Waterloo – weniger für ihn als für ganz Frankreich eine beispiellose Katastrophe – eine zwingende Folge seiner Rückkehr war. Antoine-Clair Thibaudeau, Altrevolutionär und ein Weggefährte Bonapartes der ersten Stunde, der sich ihm, obwohl einst Gegner des Konsulats auf Lebenszeit und des erblichen Kaisertums, während der Hundert Tage erneut angeschlossen hatte, hielt eine Verteidigung Frankreichs auch gegen noch so mächtige Gegner für durchaus möglich. Eine Nation von dreißig Millionen Menschen zu unterwerfen, die nichts anderes als ihre Freiheit verteidigen wollten, sei unmöglich. Gegen das entfesselte Europa hätte man ganz Frankreich entfesseln, die nationale Aufwallung von 1793 (allerdings ohne die Terreur und ohne das Schafott) erneuern müssen. Das wäre allerdings nicht mit dem Kaiser Napoleon möglich gewesen, sondern allein mit dem General Bonaparte, zu dessen Gunsten er auf der Maifeld-Versammlung hätte abdanken müssen. Das von seinen Mönchen und vom Gefühl seiner nationalen Würde fanatisierte Spanien habe den Armeen Napoleons getrotzt, das sich selbst wiedergegebene Frankreich wäre unerschrocken den Armeen Europas entgegengetreten. Doch das konnte nicht geschehen, weil Napoleon zurückgekommen war, um seinen Thron zu verteidigen, weil es nicht in seiner Natur lag, die Energien eines ganzen Volkes zu entfesseln, weil er, wie er Benjamin Constant gestanden hatte, nicht der König einer Jacquerie sein wollte. Wie schon 1814 scheiterte er auch 1815 an diesem Bedenken.

Ähnlich dachten auch andere. Nach Ansicht des Generals Jean-Maximilien Lamarque, eines so ergebenen Anhängers Napoleons, dass er während der Hundert Tage sogar noch nach dessen Abdankung nicht von der Unterwerfung der Vendée abließ, hätte dieser dem Thron entsagen müssen, um als einfacher General Frankreichs natürliche Grenzen zu verteidigen; doch sein Kleben an der Macht hätte ihn gehindert, einen so noblen Entschluss zu fassen. Als Napoleon eine Woche nach seiner erzwungenen Abdankung, bereits auf dem Weg in ein noch ungewisses Exil, der Provisorischen Regierung den Vorschlag unterbreitete, ihn mit einem militärischen Kommando zu betrauen, um nunmehr zu vollbringen, was ihm bei Waterloo misslungen war, nämlich zunächst die auf Paris vorrückenden Preußen zu schlagen und anschließend die Engländer, wollten die ihm misstrauenden Politiker ungeachtet seiner Zusicherung, nach einem guten Friedensschluss seinen Weg ins Exil fortsetzen zu wollen, von einem solchen Angebot nichts wissen. Selbst Mme de Staël hielt es damals für möglich, dass Frankreich der neuerlichen Koalition gegen Napoleon hätte standhalten können, wenn dieser nicht Regierungschef gewesen wäre. Dagegen war sein unversöhnlicher Gegner Chateaubriand überzeugt, dass Napoleon lieber mit seinen Soldaten besiegt werden wollte, als die Völker zur Freiheit aufzurufen und mit ihrer Hilfe zu siegen.[132]

Doch selbst noch nachdem die Dinge ihren unheilvollen Verlauf genommen hatten, nämlich dass Napoleon *nicht* der kaiserlichen Macht hatte entsagen wollen, dass er, um diese zu behaupten, sich auf einen Krieg gegen Europa eingelassen hatte, dass er, um den – nüchtern betrachtet von ihm kaum zu gewinnenden – Waffengang gegen einen numerisch weit überlegenen Gegner durch blitzschnelles Handeln zu seinen Gunsten zu entscheiden, alles auf eine Karte gesetzt und – verloren hatte, nachdem all das geschehen war, blieb Napoleon am Tag nach Waterloo immer noch eine Entscheidung zu treffen: Sollte er, wie ihm manche rieten, bei der Armee bleiben, diese neu formieren und den Kampf fortsetzen oder sich nach Paris begeben, um dort für den Erhalt seines Throns, oder zumindest seiner Dynastie, zu kämpfen? An Mitteln zum Weiterkämpfen hätte es durchaus nicht gefehlt. Denn trotz ihrer starken Verluste zählte die Nordarmee in wenigen Tagen bereits wieder um die 50.000 Mann (zu denen noch das von Grouchy unversehrt zurückgeführte Korps kam) und Ende Juni standen um die 120.000 Soldaten für die Verteidigung von Paris bereit. Mit ihnen hätte der von Thibaudeau ersehnte nationale Verteidigungskrieg à la Spanien einen durchaus Erfolg versprechenden Anfang nehmen können. Doch Napoleon scheute einen solchen Sprung ins Ungewisse und zog es vor, sich der zur Fortführung des Kampfs für unentbehrlich gehaltenen Unterstützung der Nation durch den Rekurs auf ihre gerade vor einem Monat gewählten Repräsentanten zu vergewissern.

So bat er seinen Bruder Joseph, ihn wissen zu lassen, welche Wirkung die Niederlage auf die Abgeordneten gehabt habe, und auf sie einzuwirken, sich in der Stunde größter Gefahr mit ihm zu vereinen, um Frankreich zu retten. Und er wendete sich nach Paris, wo er am Morgen des 21. eintraf und nach einer kurzen Erfrischung im heißen Bad die höchsten Würdenträger des Reichs und seine Minister um sich versammelte. Die Diskussion mit ihnen spitzte sich auf die Frage zu, ob es rätlich sei, die Diktatur zu proklamieren. In dieser Runde konstatierte Napoleon, wohl nicht zu Unrecht und im Einklang mit der Meinung Thibaudeaus: »Wenn die Nation sich erhebt, ist der Feind vernichtet.« Aber eine Erhebung der Nation konnte er sich nicht anders vorstellen als unter *seiner* Führung und folglich fuhr er fort: »Um das Vaterland zu retten, muß ich mit umfassender Befehlsgewalt, mit einer temporären Diktatur betraut werden. Im Interesse des Vaterlands könnte ich mich dieser Gewalt bemächtigen;

aber es wäre besser und nationaler, wenn die Kammern mich damit betrauten.«[133]

Es gibt keine Veranlassung, diese Worte nicht wörtlich zu nehmen, Napoleon zu unterstellen, etwas anderes gesagt zu haben, als er gemeint hat. Gesagt aber hat er, dass, um das *Vaterland* zu retten, eine temporäre Diktatur angesagt sei, dass er im Interesse des *Vaterlands* diese von sich aus ergreifen könne, es aber nützlicher, »nationaler« sei, wenn ihn die Kammern damit betrauten. Doch nach all den Erfahrungen, die sie in fünfzehn Jahren seiner Regierung mit Napoleon hatten sammeln können, hatte eine Mehrheit von Repräsentanten und Pairs zwischen den Interessen der Nation und denjenigen des Kaisers zu unterscheiden gelernt und war daher nicht länger gewillt, sich um eines vermeintlichen vaterländischen, nationalen Interesses willen weiterhin dem Mann bedingungslos unterzuordnen, dessen maßlosem Ehrgeiz allein die erneute Präsenz feindlicher Armeen auf französischem Boden zu verdanken war. Durch seinen Rekurs auf das Parlament, der sofort in einen Machtkampf mit der Zweiten Kammer umschlug, leitete Napoleon selbst die Auseinandersetzung um seinen Verbleib auf dem Thron von der militärischen Ebene auf die parlamentarische über. Die Entscheidung über sein politisches Schicksal hing fortan nicht länger von unsicherem Waffenglück ab, sondern er selbst hatte es in die Hände der politischen Nation gelegt – was er später, *post res perditas*, bitter bereuen sollte.[134]

KAPITEL 11

Der parlamentarische Staatsstreich: Napoleons Absetzung

Zwanzig Tage vergingen von Napoleons Landung bei Cannes bis zu seinem Einzug am Abend des 20. März in Paris. Ebenfalls zwanzig Tage dauerte es, bis der Besiegte von Waterloo sich am 8. Juli in Rochefort an der Atlantikküste einschiffte, um nie wieder französisches Festland zu betreten. Diese zweiten Zwanzig Tage, mit denen die Hundert Tage zu Ende gingen (denn gleichfalls am 8. Juli kehrte Ludwig XVIII. wieder nach Paris zurück), waren noch ereignisreicher als die im fünften Kapitel geschilderten Begebenheiten. Denn den von Waterloo nach Paris heimgekehrten Napoleon zu bewegen, der Macht endgültig zu entsagen, dauerte zwar nicht viel mehr als vierundzwanzig Stunden, in denen sich aber die Ereignisse überstürzten und fast bis zur Unentwirrbarkeit verdichteten. Napoleons Abdankung bzw. Absetzung – in seinem Fall zwei so gut wie synonyme Begriffe – hinterließ ein Machtvakuum, das einerseits durch die Bildung einer Provisorischen Regierung ausgefüllt wurde und andererseits die von Napoleon einberufene Zweite Kammer auf den Plan rief, nun endlich das zu verwirklichen, worauf sie seit dem ersten Tag ihres Zusammentretens mehr als auf alles andere gebrannt hatte – in die Fußstapfen der *Constituants* von 1789 zu treten und Frankreich eine neue Verfassung zu geben.

Aus dem Plan sollte zwar nichts werden, aber dieses, in vieler Augen wirklichkeitsfremde, Beharren auf einer neuen

Verfassung in einem Augenblick, in dem (um Napoleons Worte zu variieren) Frankreich von allen Seiten von Feinden bedrängt wurde, ist aufschlussreich um zu verstehen, aus welchen Quellen sich der politische Widerstand gegen den Rückkehrer speiste, weshalb der Acte additionnel, in den Augen seines Urhebers das größtmögliche Zugeständnis an den konstitutionellen Zeitgeist, allgemein enttäuschte und weshalb der gesamte Versuch, das Empire zu restaurieren, von vornherein zum Scheitern verurteilt war. Kein geringes Stück Mühe lag schließlich darin, den entmachteten Kaiser aus seiner Hauptstadt zu entfernen und einen Ort für seinen ferneren Verbleib zu finden. Und am wenigsten Aufschub duldete es, den verlorenen Krieg zu beenden und zu einem neuen Friedensschluss zu gelangen. Dies war anfänglich die wichtigste Aufgabe der Provisorischen Regierung, die aber erst unter der Zweiten Restauration zum Abschluss gelangte und folglich im nächsten Kapitel, als schwerste Hypothek der restaurierten Bourbonenregierung, erneut aufzugreifen sein wird.

In der Sitzung, die Napoleon sofort nach seiner Rückkehr mit seinen wichtigsten Beratern im Élysée-Palast abhielt, sprachen sich, mit der Ausnahme von Kriegsminister Davout, alle Anwesenden dahingehend aus, dass man, ohne die Abgeordneten einzubeziehen, gar nichts ausrichten könne, und wenigstens ein Staatsrat hatte den Mut auszusprechen, was wohl die meisten dachten – dass es für den Kaiser an der Zeit sei abzudanken. Wenig später unterrichtete Erzkanzler Cambacérès die um halb zwei zu einer Sitzung zusammengetretenen Pairs, dass der an diesem Morgen zurückgekehrte Kaiser zur Zeit mit seinen Ministern darüber konferiere, wie die Armee wieder kampffähig gemacht werden könne, und dass er vorhabe, sich mit den Kammern über die in der gegenwärtigen Situation zu ergreifenden Maßnahmen zu verständigen.

Derweilen geschah in der wenig früher eröffneten Sitzung der Abgeordnetenkammer im Palais-Bourbon etwas Unerhörtes. Hier erhob der Marquis de La Fayette, der »Held zweier Welten«, der den ihm von Napoleon angebotenen Sitz in der Pairskammer ausgeschlagen und es vorgezogen hatte, sich im Departement Seine-et-Marne zum einfachen Abgeordneten wählen zu lassen, zum ersten Mal seit vielen Jahren öffentlich die Stimme, um als alter Freund der Freiheit, als den man ihn wiedererkennen werde, von den Gefahren zu sprechen, die allein sie, seine Mitabgeordneten, in der gegenwärtigen Lage vom Vaterland abwenden könnten. Da unheilvolle Gerüchte sich unglücklicherweise bestätigt hätten, sei die Zeit gekommen, sich um das alte Banner, die Trikolore von 1789, zu sammeln, um die Fahne der Freiheit, der Gleichheit und der öffentlichen Ordnung; allein sie sei imstande, uns gegen die Prätentionen des Auslands und gegen die Anschläge im Innern zu schützen. Daher möge man ihm, einem Veteranen dieser geheiligten Sache, dem stets aller Parteigeist fremd war, gestatten, eine Resolution in fünf Punkten einzubringen: 1. zu erklären, dass die Unabhängigkeit der Nation bedroht sei; 2. die Permanenz der Abgeordnetenkammer zu verkünden und jeden Versuch, sie aufzulösen, für Hochverrat zu erklären; 3. die Soldaten zu belobigen, die für die Freiheit des Vaterlands kämpfen; 4. die Pariser Nationalgarde zu mobilisieren, welche die sicherste Gewähr für die Freiheit, das Eigentum, die Ruhe der Hauptstadt und die Unverletzlichkeit der Volksvertretung biete; 5. die Minister für Krieg, Auswärtiges, Inneres und Polizei aufzufordern, unverzüglich vor der Versammlung zu erscheinen. Obwohl die Resolution die geltende Verfassung, den Acte additionnel, woran keiner einen

Zweifel haben konnte, in mehreren Punkten gröblich verletzte, wurde sie von den Abgeordneten und später auch von den Pairs mit überwältigender Mehrheit angenommen. Dieser Akt der Auflehnung gegen den Kaiser war, in den Worten von Thiers, »der Beginn und fast auch schon das Ende einer Revolution.«[135]

In Befolgung des letzten Punktes der Resolution begaben sich am frühen Abend die angesprochenen Minister in das Palais-Bourbon, begleitet von Lucien Bonaparte, der im Auftrag seines kaiserlichen Bruders die Abgeordneten über die Lage unterrichtete und sie ermahnte, mit dem Kaiser gemeinsam die Gefahr einer Rückkehr der Bourbonen vom Vaterland abzuwenden. Ihm entgegnete ein Abgeordneter, dass Europa allein gegen Napoleon Krieg führe und man sich nur von ihm zu trennen brauche, um das Vaterland zu retten und Frieden zu haben. Daraufhin beschwor Lucien die Versammlung, dem Feind nicht zu erlauben, einen Keil zwischen Kaiser und Nation zu treiben. Ihrer aller Rettung hänge von ihrer Einigkeit ab. Glaubten sie etwa, sich von dem Kaiser trennen, ihn seinen Feinden preisgeben zu können, ohne den Staat preiszugeben, eidbrüchig zu werden, auf immer und ewig die nationale Ehre zu beflecken! Nun erhob sich noch einmal La Fayette und antwortete mit kalter, schneidender Stimme: »Prinz, Sie verleumden die Nation. Nicht daß wir Napoleon im Stich gelassen hätten, wird uns die Nachwelt zum Vorwurf machen können, sondern ihm zu lange gefolgt zu sein. Frankreich ist ihm auf die Schlachtfelder Italiens gefolgt, in die glühenden Sandwüsten Ägyptens, in die mörderischen Berge Spaniens, in die endlosen Weiten Deutschlands, in die eisigen Einöden Rußlands. Sechshunderttausend Franzosen ruhen an den Ufern des Ebro und Tajo; könnt Ihr uns sagen, wie viele an den Ufern der Donau, der Elbe, der

Memel und der Moskwa umgekommen sind? Wehe! Wenn die Nation weniger standhaft und beharrlich gewesen wäre, hätte sie zwei Millionen ihrer Söhne retten können! Sie hätte Euren Bruder, Eure Familie, uns alle vor dem Abgrund bewahrt, in dem wir uns heute abmühen, ohne zu wissen, ob wir uns jemals wieder aus ihm befreien können.« Wie das Urteil der Nachwelt über seinen Bruder gingen diese Worte auf Lucien nieder und ließen ihn verstummen.[136]

Nachdem sich die Gemüter wieder etwas beruhigt hatten, schritt man, wie von Napoleon angeregt, zur Wahl einer Kommission von fünf Mitgliedern, die zusammen mit einer ebenso großen der Pairs die für das öffentliche Wohl notwendigen Maßnahmen vorschlagen und nach Wegen, mit den Alliierten in Friedensgespräche einzutreten, suchen sollte. Ohne sich dies offen einzugestehen, tat man einen ersten Schritt in Richtung des Unvermeidlichen – die Bildung einer provisorischen Regierung. Abends im Élysée-Palast weilte Benjamin Constant fast drei Stunden lang bei Napoleon, dem dämmerte, dass seine Zeit als Kaiser abgelaufen war. Als während ihres Gesprächs, das um Widerstand oder Abdankung kreiste, von draußen Rufe »Vive l'Empereur!« zu hören waren, bemerkte der so Apostrophierte: »Die Stimme des Volks spricht aus ihrem Mund; wenn ich es will, wenn ich es geschehen lasse, wird es die rebellische Kammer in einer Stunde nicht mehr geben.« Aber kaum aus reiner Menschlichkeit, sondern aus Einsicht in die Vergeblichkeit, sich auf einen Kampf mit der so gut wie geschlossen gegen ihn aufbegehrenden politischen Nation einzulassen, fügte er sogleich hinzu: »Aber das Leben eines Menschen ist keinen so hohen Preis wert. Ich bin nicht von Elba zurückgekommen, damit Paris in Blut ertrinkt.«

Ähnlich resigniert sprach er zu Lucien, der in der Überzeugung, man müsse die Kammern auflösen oder abdanken, zu ihm zurückgekehrt war: Im Brumaire hätte er das Schwert zum Wohle Frankreichs gezogen; aber nun sei es, gleichfalls um Frankreichs Wohlfahrt willen, aus der Hand zu legen. Lucien möge versuchen, die Kammern wieder zur Vernunft zu bringen, aber er verbiete ihm, sich an das Volk zu wenden, das nach Waffen verlange. Die Illusion, dass »das Volk«, dem er, wie er meinte, seinen Thron verdanke, fest zu ihm halte, mochte er noch immer nicht fahren lassen.[137]

Eine Stunde vor Mitternacht versammelten sich die Kommissionen der beiden Kammern mit den Ministern unter dem Vorsitz von Cambacérès in den Tuilerien. Wie zu erwarten, kam man zu keinem Ergebnis, da die einen die einzige Rettung in Napoleons Abdankung erblickten, wozu sich die anderen (noch) nicht durchringen konnten. Ebenso schwankte man im Élysée-Palast, unter Höflingen, Ministern, Prinzen und Napoleon selbst, zwischen Unnachgiebigkeit und Schwäche. Die Zweite Kammer, die am nächsten Morgen ab acht Uhr wieder tagte, bestand entschlossener denn je auf Napoleons Abdankung, bewilligte ihm aber einen Aufschub von einer Stunde, um seine Entscheidung bekanntzugeben. Vor den Abgesandten der Kammern, die ihn zur Abdankung drängten, erging sich der Bedrängte in Ausflüchten wie: »Wenn man mich zwingt, werde ich überhaupt nicht abdanken. ... Die Kammer ist nichts anderes als eine Bande von Jakobinern und Ehrgeizlingen! Ich hätte sie auseinanderjagen sollen. ... Man lasse mich in Ruhe nachdenken im Interesse meines Sohns, im Interesse Frankreichs. ... Meinen Kopf könnt Ihr haben. ... Wenn ich abgedankt habe, habt Ihr keine Armee mehr. In acht Tagen wird dann der Feind in Paris stehen.« Napoleons Worte verhallten ungehört, und schließlich beschworen ihn sein Bruder Joseph, gar auch Lucien, sich in das Unvermeidliche zu schicken. Der von allen Verlassene fand indes noch die Kraft, Lucien seine Abdankung in die Feder zu diktieren.

Mit seinen letzten Worten als Kaiser bewies er, so uneinsichtig wie seit dem ersten Tag seiner Rückkehr geblieben zu sein. Nicht den geringsten Platz räumte er dem Gedanken ein, selbst schuld an seinem Schicksal zu sein und seinem Land großen Schaden zugefügt zu haben. Mit einer auf seine Anhänger und die Nachwelt berechneten rhetorischen Geste stilisierte er sich selbst als Opferlamm für anderer Schuld: »Ich bringe mich dem Haß der Feinde Frankreichs zum Opfer – Je m'offre en sacrifice à la haine des ennemis de la France.« Möchten diese doch aufrichtig in ihren Erklärungen sein, es nur auf seine Person abgesehen zu haben! Realistisch erklärte er sein »politisches Leben für beendet«, was ihn aber nicht hinderte, seinen Sohn als »Napoleon II.« zum Kaiser der Franzosen auszurufen, die gegenwärtigen Minister als provisorische Regierung einzusetzen und die Kammern aufzufordern, unverzüglich die Regentschaft für seinen (damals vierjährigen) Sohn zu organisieren. Dem ließ er noch die Mahnung folgen, einig zu sein im Interesse des öffentlichen Wohls und um eine unabhängige Nation zu bleiben. Die Minister übermittelten die Abdankungserklärung beiden Kammern, die sich beeilten, ihm ihren Dank für seine patriotische Tat auszudrücken. So endete mit einem parlamentarischen Staatsstreich die Herrschaft dessen, der sie drei Monate zuvor durch einen Staatsstreich mit Hilfe des Militärs wiedererlangt hatte.[138]

Mit der abermaligen Entmachtung Napoleons wiederholte sich die Situation vom Vorjahr, als Ex-Außenminister Talleyrand, der aus Opposition gegen den verderblichen Kurs von Napoleons Eroberungspolitik 1807 aus dem Amt geschieden war, die Rolle übernommen hatte, in Frankreich anstelle der napoleonischen Diktatur ein konstitutionelles Regime mit Ludwig XVIII. als Monarchen zu installieren. Diese Rolle fiel 1815, da Talleyrand als Leiter der königlich-französischen Delegation auf dem Kongress in Wien weilte, einem anderen Minister Napoleons zu, dem Napoleon auch während der Hundert Tage erneut als Polizeiminister dienenden Joseph Fouché. Dieser Mann, dem wohl für immer – nicht zuletzt dank des ungünstigen Bildes, das Stefan Zweig von ihm entworfen hat – der Ruf eines machtbesessenen, skrupellosen Intriganten und Verräters anhaften wird, war ein nüchterner, illusionsloser Kopf, der dem napoleonischen Remake von Anfang an keinerlei Chance auf Erfolg eingeräumt hatte. Als Polizeiminister, zu dem ihn Napoleon aus Sorge, dass er ihm ohne dieses Amt noch gefährlicher werden könnte, selbst befördert hatte, war Fouché in einer idealen Position, die politischen und militärischen Schwächen der napoleonischen Restauration zu überblicken.

In der französischen Geschichtsschreibung wird er gern als der in den Kulissen wirkende Strippenzieher dargestellt, der durch seine Manöver im Verborgenen Napoleon zu Fall gebracht habe. Ihm wird unterstellt, durch Mittelsmänner die Opposition der Zweiten Kammer gelenkt und Napoleon so in die Enge getrieben zu haben, dass diesem am Ende nichts anderes übrig blieb, als abzudanken. Das mag bis zu einem gewissen Punkt richtig sein, lässt sich aber, eben weil Fouché meist im Verborgenen wirkte, nicht stringent nachweisen. Zu warnen ist jedoch vor der Annahme, die Abgeordneten der napoleonischen Hundert Tage-Kammer seien politisch so naiv gewesen, dass es eines erklärten Gegners Napoleons bedurft hätte, um ihnen die Augen zu öffnen und sie in die Opposition gegen ihn zu treiben. Mit einer solchen Annahme täte man ihrem *common sense* Unrecht und begäbe sich in bedenkliche Nähe zu der von Napoleon und seinen Gefolgsleuten gepflegten Legende, dass der große Mann wie alle mythologischen Helden nur durch Ränke und Verrat gefallen sein konnte. Anstatt Fouché zu dämonisieren, sollte man, um der Ausgewogenheit des historischen Urteils willen, in ihm den Mann sehen, der in der verwickelten Situation von 1815 als einziger ein Konzept parat hatte, wie in dem vom äußeren Feind bedrohten Land der schwierige Übergang zu einem neuen, praktikablen Regime ohne Anarchie und Bürgerkrieg zu bewerkstelligen sei. Ein solches Konzept hatte Fouché, und er fand überdies Mittel und Wege, es durchzusetzen.

Den durch Napoleons Abdankung vakant gewordenen Platz des Staatsoberhaupts füllten die beiden Kammern noch am selben Tag durch die Wahl einer fünfköpfigen Commission de Gouvernement aus, die mehrheitlich von »régicides« – neben Fouché die Altrevolutionäre Carnot und Quinette – besetzt war. Fouchés Einfluss reichte so weit, sich nicht nur in die Kommission, sondern auch zu ihrem Vorsitzenden wählen zu lassen. Wie die Mitglieder der Kommission selbst (außer den Genannten noch Caulaincourt und der General Grenier) entstammten auch alle von ihr umgehend ernannten Minister dem hohen napoleonischen Verwaltungspersonal. Da zunächst noch offen war, für welche Staatsform sich das Land entscheiden würde, ergingen alle Erlasse der Regierung und Entscheidungen der Gerichte »Au nom du peuple français«.[139]

Die künftige Staatsform zu bestimmen, setzte eine Verständigung darüber voraus, wer dazu befugt sei, was des weiteren die Frage aufwarf, bei wem die Souveränität liege. Im nächsten Kapitel wird man sehen, dass es wegen der damaligen Verquickung der inneren mit der äußeren Politik und wegen der unabweisbaren Notwendigkeit, auf die Wünsche der alliierten Sieger Rücksicht zu nehmen, zu der Restauration Ludwigs XVIII. keine gangbare Alternative gab. Aber das wollte die Mehrheit der Abgeordneten, die sich gerade Napoleon vom Hals geschafft hatten, nicht wahrhaben. Sie wähnten sich in die Situation von 1789 zurückversetzt, als die Abgeordneten des Dritten Standes mit dem Dekret vom 17. Juni sich selbst zur allmächtigen Nationalversammlung erklärt und sich den *pouvoir constituant*, die verfassunggebende Gewalt, beigelegt hatten. Ebenso dachten und handelten ihre Erben von 1815, so dass im Augenblick von Napoleons Sturz der Antagonismus zwischen monarchischer Souveränität und Volkssouveränität eine unerwartete Wiederauferstehung erlebte.[140] Der gestürzte Kaiser hatte sich zwar verbal immer wieder zur Souveränität des Volkes bekannt, aber faktisch eine so unumschränkte Herrschaft ausgeübt, dass er damit nicht nur den Gedanken der monarchischen Souveränität, sondern auch das (etwa in der Verfassung von 1791 fixierte) Prinzip der zwischen Nation und Monarch geteilten Souveränität bei den Abgeordneten der Zweiten Kammer völlig in Misskredit gebracht hatte.

Kaum hatte Napoleon sich auf den Weg nach Flandern gemacht, um dort seine letzten Schlachten für die Bewahrung seines Throns zu schlagen, sahen die sich selbst überlassenen Abgeordneten den rechten Zeitpunkt gekommen, sich an der Lösung des platonischen Problems der besten Verfassung zu versuchen. Wie schon bei anderen Gelegenheiten, den Kaiser die Macht des Parlaments spüren zu lassen, preschte auch diesmal der Abgeordnete André Dupin aus dem Nièvre vor (auf den in der Zukunft eine lange, ehrenvolle parlamentarische Karriere wartete) und beantragte am 15. Juni, während Napoleon sich gerade für den Kampf gegen Blüchers Preußen in Stellung brachte, in der Kammer die Wahl einer Kommission von einundzwanzig Mitgliedern mit der Aufgabe, »unsere Verfassungen zu vereinigen, umzuarbeiten und in einem allgemeinen Gesetz zu koordinieren.«

Fünf Tage später, als bereits die ersten Nachrichten von der Katastrophe, die das französische Heer bei Waterloo erlitten hatte, in Paris durchsickerten, wurde der Antrag wie aus heiterem Himmel zur Abstimmung gestellt und angenommen.[141] Am folgenden Tag leitete La Fayette mit seinem Antrag, die Kammer möge sich »in Permanenz« erklären, den parlamentarischen Staatsstreich ein, der seinen Höhepunkt und Abschluss am 22. Juni mit der Abdankung Napoleons fand. Kaum hatten die Abgeordneten dieselbe, nunmehr »Im Namen des französischen Volkes«, angenommen, als auch schon der unermüdliche Dupin seine Kollegen mit dem Antrag konfrontierte, eine »commission spéciale« mit dem Auftrag einzusetzen, »mit der Ausarbeitung einer neuen Verfassung zu beginnen, die unsere nationalen Institutionen verbürgt. Sie soll die Grundlage des Pakts und der Bedingungen bilden, unter denen der Fürst, den sich das Volk erwählen wird, den Thron besteigen kann.«[142] Nunmehr handelte es sich nicht mehr länger darum, den ungeliebten Acte additionnel zu modifizieren und zu rektifizieren, sondern die Abgeordneten hatten endlich freie Bahn, eine völlig neue Verfassung ganz nach ihren eigenen Vorstellungen zu schaffen.

Den ersten Entwurf zu einer neuen Verfassung präsentierte eine plötzlich auftauchende Neunerkommission bereits in der Sitzung vom 29. Juni; deren Entwurf war darum bemüht, grundlegende Bestimmungen des Acte additionnel und der Charte miteinander in Einklang zu bringen und den Willkürakten des napoleonischen Regimes einen Riegel vorzuschieben. Als der Kammer am 4. Juli das am Vortag unterzeichnete Waffenstillstandsabkommen, faktisch die französische Kapitulation, mitgeteilt wurde, hob der Altrevolutionär Dominique-Joseph Garat zu einer flammenden Rede an: In diesem Augenblick hätte man nicht mehr erreichen können; doch sie, die Abgeordneten, seien nicht Einzelwesen, sondern Bürger einer freien Nation, und das müsse ihre Gedanken auf andere Dinge lenken. Sie dürften sich von den Ereignissen nicht überwältigen lassen, sondern müssten sich ihnen klug anpassen, wie die Engländer einen Augenblick großer Not genutzt hätten, das Fundament ihrer Freiheit zu befestigen. Auf den für vakant erklärten Thron hätten sie Wilhelm III. berufen und das Intervall zwischen zwei Dynastien genutzt, um all ihren Rechten eine neue Sanktionierung zu geben. Damals sei die berühmte Deklaration unter dem Namen *Bill des droits* erschienen; diese sei nicht mit der französischen *Déclaration des droits de l'homme* vergleichbar, auch nicht mit einer Verfassung, sondern sie sei ein Gesetz in sehr wenigen Artikeln, eine Schutzwehr gegen die Usurpationsgelüste Wilhelms III., ein »Leuchtturm der britannischen Freiheit«. Eine von ihm im Vorhinein entworfene, der *Bill of Rights* verwandte *Déclaration des droits des Français et des principes fondamentaux de leur constitution* brachte Garat noch gegen Ende derselben Sitzung ein, und eine nur in Nuancen veränderte Fassung wurde endgültig am folgenden Tag (5. Juli) verabschiedet.

Hinter dem plötzlichen Eifer der Abgeordneten für Grundrechte und Verfassung haben manche die *manus longa* von Fouché vermutet, der, indem er durch seine Mittelsmänner in der Kammer solche akademischen Debatten anregte, ihre Aufmerksamkeit von seinen eigenen, auf die Restauration der Bourbonen hinauslaufenden Machenschaften ablenken wollte. Diese Annahme hat eine gewisse Plausibilität für sich,

und überdies ist einzuräumen, dass sowohl der Verfassungsentwurf vom 29. Juni wie auch Garats Grundrechteerklärung
von den politischen Ereignissen überrollt und jeder unmittelbaren praktischen Wirkung beraubt werden sollten. Gleichwohl bleiben beide Dokumente aufschlussreiche Zeugnisse,
wie die große Mehrheit derjenigen, die unter Napoleon die
politische Nation verkörperten, am Ende seiner fünfzehn-
jährigen Herrschaft über Grundfragen von Verfassung und
Politik gedacht haben. Weshalb die Abgeordneten, auf die
Napoleon seine konstitutionelle Regierung zu gründen gedachte, keine Skrupel quälten, ihm gegenüber illoyal zu sein,
wenn sie seine Abdankung forderten und dankbar akzeptier-
ten, ist unschwer aus dem ersten und letzten Artikel ihrer
Rechteerklärung zu erkennen: Denn grundlegend für ihr politisches Denken war der Satz: »Alle Gewalt geht vom Volk
aus – Tous les pouvoirs émanent du peuple«; das war nicht
wie bei Napoleon ein leeres Lippenbekenntnis, sondern daraus zogen sie (im letzten der dreizehn Artikel) den Schluss,
dass die Franzosen selbst zu bestimmen hätten, welcher Fürst
sie regieren soll, und dass dieser nur dann den Thron besteigen könne, wenn er die vorliegende Rechteerklärung beschworen habe.

An solchen Maximen gemessen, standen die Ansprüche
desjenigen, der aus Elba gekommen war, erneut von »seinem« Thron Besitz zu ergreifen, weil er, da vom Volk gewollt,
der einzige legitime Herrscher sei, auf schwachen Füßen;
und noch mehr im Widerspruch dazu stand die monarchi-
sche Souveränität, mit der die Bourbonen ihren Anspruch
auf den französischen Thron begründeten. In der von Garat
entworfenen Erklärung trat der seit der Frühzeit der Revolution mal offen, mal latent präsente Republikanismus erneut
zutage und kündigte an, dass dem Land noch manche Revo-

lution bevorstand, bis eine dem Grundsatz der Volkssouveränität genügende Verfassung gefunden sein würde. In diesen Dokumenten und in den Personen, die sie entwarfen und billigten, kündigt sich eine Verschmelzung von Liberalen à la 1789, Jakobinern à la 1793 und Bonapartisten zu einer republikanischen, latent »linken« Opposition an, welche zur bestimmenden politischen Kraft in Frankreich aufsteigen sollte.[143]

Diese Entwicklung verweist auf die fernere Zukunft; doch zunächst einmal schoben sich die Probleme des Tages gebieterisch in den Vordergrund. Nachdem Napoleon sich endlich zur Abdankung durchgerungen hatte, verkündete sein Besieger Wellington in dem Augenblick, als er die französische Grenze überschritt, in einer Proklamation: »Ich betrete das Land nicht wie ein Feind [...], sondern um den Franzosen zu helfen, das eherne Joch, das sie unterdrückt, abzuschütteln.« Für einen Waffenstillstand stellte der Generalissimus der Alliierten drei Bedingungen: (1) Napoleon sei außerstand zu setzen, weiterhin Schaden anzurichten; (2) gegen den Rat fast aller bestand er auf der Restauration der Bourbonen, in seinen Augen die einzige Garantie für einen dauerhaften Frieden; (3) nachdem er von der Abreise Napoleons nach Rochefort erfahren hatte, forderte er überdies den Rückzug der französischen Armee hinter die Loire. Am 1. Juli konstatierte der um Fouché versammelte Kriegsrat, dass ungeachtet eines ephemeren Erfolgs, den General Exelmans an diesem Tag über eine preußische Einheit in der Nähe von Versailles errungen hatte, Paris nicht zu verteidigen sei. Die von Fouché eingeleiteten Verhandlungen führten am 3. Juli zur Konvention von Saint-Cloud, deren wichtigste Artikel eine Waffenruhe, den sofortigen Rückzug der französischen Armee hinter die Loire und die Besetzung von Paris durch die Verbündeten beinhalteten. Außerdem hatte Fouché sich einen Aufschub von drei Tagen ausbedungen, um die Kammern von der Notwendigkeit, die Bourbonen von sich aus zurückzurufen, zu überzeugen. Das sollte ihm nicht gelingen.

Scheinbar unbeeindruckt von dem, was um sie herum vorging, versteiften sich die Abgeordneten, wie an ihrer Rechteerklärung vom 5. Juli zu sehen, darauf, dass allein sie das Recht hätten, über ihr Staatsoberhaupt zu bestimmen. Am 7. Juli teilte die Commission de Gouvernement, also die von Fouché geführte Provisorische Regierung, den Kammern mit, dass die verbündeten Souveräne übereingekommen seien, Ludwig XVIII. wieder auf seinen Thron einzusetzen, dass dessen Einzug in die Hauptstadt unmittelbar bevorstünde und die Commission de Gouvernement, von einem in den Tuilerien erschienenen preußischen Offizier dazu aufgefordert, sich deshalb auflöse. Daraufhin blieb auch der Zweiten Kammer, als sie in der festen Absicht, ihre Beratung über die Verfassung fortzusetzen, ihren gewöhnlichen Tagungsort im Palais-Bourbon am 8. Juli verschlossen fand, nichts anderes übrig, als unter feierlichem Protest vor den gegen sie aufmarschierten Bajonetten der Nationalgarde zu weichen und darüber ein von allen Abgeordneten unterzeichnetes Protokoll aufzusetzen. Für einen Schritt, wie ihn ihre Vorgänger von 1789 in einer ähnlichen Situation getan hatten, sich gegenseitig in einem feierlichen Schwur im Ballhaus zu binden, nicht eher auseinanderzugehen, bis die Verfassung des Königreichs festgesetzt sei, war nach fünfundzwanzig Jahren ergebnisloser Verfassungsdebatten die Zeit abgelaufen.[144]

Nach erfolgter Abdankung war es dringend geboten, den Ex-Kaiser von Paris und aus Frankreich fortzuschaffen, um zu verhüten, dass er sich durch ihm noch immer ergebene

Einheiten der Armee zu einer unbesonnenen Aktion hinreißen ließ, und um die Alliierten zu beruhigen. Um die Soldaten wissen zu lassen, dass das napoleonische Abenteuer ein für alle Mal beendet sei, machte Kriegsminister Davout dessen Abdankung in einer Proklamation an die Armee allgemein bekannt. Eine erste Station auf seinem langen Weg ins Exil legte Napoleon in Malmaison, dem westlich von Paris gelegenen Schloss seiner im Vorjahr verstorbenen Ex-Frau Joséphine ein, wo ihm vier Tage in einer an glückliche Zeiten erinnernden Umgebung blieben, um ein letztes Mal Mutter, Brüder, die Königin Hortense, Marie Walewska, zum ersten Mal seinen natürlichen Sohn Léon zu sehen, mit dem Bankier Laffitte seine finanziellen Angelegenheiten zu regeln und auf die Zusage des Marineministers zu warten, dass in Rochefort zwei Fregatten bereitstünden, um ihn nach Amerika zu bringen. Wie berechtigt die Sorge war, dass Napoleon sich noch immer nicht als endgültig besiegt betrachtete, verrät seine in Malmaison aufgesetzte, von Fouché jedoch unterdrückte Proklamation an die Armee, die in dem Satz gipfelt: »Soldaten, noch eine letzte Anstrengung, und die Koalition ist aufgelöst.« Von hier aus trat er auch an die Regierung heran, ihn als einfachen General gegen die Alliierten kämpfen zu lassen, was diese jedoch, wie erwähnt, schroff abwies.

Die Strecke von Malmaison an die Atlantikküste legte Napoleon in Zivil und von der Bevölkerung unerkannt in bloß vier Tagen zurück, fand in Rochefort tatsächlich die beiden ihm von der Provisorischen Regierung zugesagten Fregatten vor, aber die Reede des Kriegshafens von der englischen Flotte blockiert. Am 8. Juli schiffte er sich auf einer der beiden Fregatten, der *Saale* ein, zögerte aber, mit ihr die Überfahrt nach Amerika erzwingen zu wollen. Nach einigen Tagen an Bord der *Saale* und auf der Rochefort vorgelagerten

Insel Aix entschloss sich Napoleon, um nicht das Risiko einzugehen, als Flüchtling gefasst und in Kriegsgefangenschaft abgeführt zu werden, am 15. Juli sich selbst dem Kommandanten des vor Rochefort kreuzenden englischen Kriegsschiffs *Bellerophon* auszuliefern. In einem am Vortag verfassten Appell an den Prinzregenten von England tat er der Welt kund, dass er, zur Zielscheibe der Kämpfe zwischen seinem Land und den feindlichen Mächten Europas geworden, seine politische Karriere beendet habe und wie Themistokles komme, um sich am Herd des britischen Volks niederzulassen. Er begebe sich unter den Schutz der britischen Gesetze, um den er Seine Königliche Hoheit als den mächtigsten, beharrlichsten und großmütigsten seiner Gegner anrufe.

Wie wenig sein – bei unvoreingenommener Betrachtung unbegreifliches – Vertrauen in die englische Großmut gerechtfertigt war, erwies sich schon in Bälde. Denn anstatt ihn englischen Boden betreten zu lassen, verluden die Engländer Napoleon am 4. August auf ein anderes Kriegsschiff, auf die *Northumberland*, mit der Bestimmung, ihn nach Sankt Helena zu deportieren. Dagegen half dem Betroffenen auch nicht ein feierlicher Protest, den er gegen die, wie er meinte, Verletzung »seiner heiligsten Rechte« erhob: Er sei aus freien Stücken und in gutem Glauben an Bord der *Bellerophon* gekommen und folglich ein Gast Englands. Wenn dieses sein Wort breche, handle es gegen seine Ehre und beflecke seine Flagge. Zu seinem Zeugen rief er die Geschichte an, die urteilen werde, dass ihm seitens Englands großes Unrecht widerfahren sei. Der Gedanke, dass auch er Unrecht begangen haben könnte, kam Napoleon auch bei diesem Protest nicht, mit dem der achtundzwanzigste, der letzte seiner Biographie gewidmete Band seiner unter der Schirmherrschaft Napoleons III. herausgegebenen *Correspondance* schließt.[145]

KAPITEL 12

Napoleons Revanche I:
der Dérapage der liberalen Restauration

Die begriffliche Metapher eines »Dérapage« haben vor fast einem halben Jahrhundert François Furet und Denis Richet in die Geschichtsschreibung der Französischen Revolution eingeführt. Sie deuteten den Gang der Revolution in der Weise, dass diese nach einem »glücklichen Jahr« 1790 infolge einer Häufung widriger Umstände von der ihr im Augenblick ihrer Entstehung vorgezeichneten Bahn einer Verfassungsrevolution abgekommen sei, ihren auf das Ziel einer neuen Verfassung gerichteten Kurs aus dem Blick verloren habe, gewissermaßen ins Schlingern geriet und sich in einem solchen Ausmaß radikalisiert habe, dass ihre ursprünglichen Ziele in der Art und Weise, wie sie schließlich endete, nicht wiederzuerkennen waren.[146]

Ähnliches widerfuhr auch der Restauration am Ende der napoleonischen Herrschaft. Die Erste Restauration des Jahres 1814 mochte in den Augen eines Revolutionärs von 1789 manche Mängel haben und Enttäuschungen wecken; doch niemand konnte ihr ernsthaft absprechen, in Frankreich erstmals die Verfassung als oberste Richtschnur des politischen Handelns und politische Freiheit in einem Ausmaß verankert zu haben, wie es das Land noch nie gekannt hatte. Dem gegenüber fiel die Zweite Restauration in mancher Beziehung hinter die Erste zurück. Zwar erlangte die Charte erneut Geltung und blieb die durch sie etablierte konstitutionelle Mon-

archie in ihren Grundzügen erhalten. Doch ein anderer, un-
guter Geist beherrschte das politische Leben. Die Tage von
Revolution und Gegenrevolution, die Spaltung des Landes in
feindliche, unversöhnliche Lager schienen zurückgekehrt,
selbst der anarchische und der »legale« Terror wieder aufer-
stehen zu wollen, die Charte ihre heftigsten Gegner in Mitgliedern des Königshauses, in der Regierung und im Parlament zu finden. Eine solche hauptsächlich durch Napoleons
Rückkehr bewirkte Depravierung des politischen Lebens
zwingt dazu, scharf zwischen Erster und Zweiter Restauration zu unterscheiden und die spätere Phase als eine krasse
Abweichung, in vieler Hinsicht gar Verkehrung, von den An-
trieben und Zielen der ursprünglichen Restauration, eben als
einen *Dérapage* von ihr, zu deuten.

Zu den langfristig unheilvollsten Folgen der Hundert Tage
gehören die aus der Kriegs- und unmittelbaren Nachkriegszeit resultierenden Verwerfungen in den Beziehungen zwischen Frankreich und Deutschland. Der Grund zu einer
feindseligen Einstellung vieler Deutscher, insbesondere von
Preußen, gegenüber Frankreich wurde in den napoleonischen Kriegen in Mitteleuropa von 1805 bis 1809 gelegt und
verfestigte sich infolge der aus ihnen resultierenden Drangsale und Demütigungen in Gestalt von Niederlagen, Besetzung, territorialen Verlusten, wirtschaftlicher und finanzieller
Auspressung usw. Doch was auch immer einzelne Landstriche und Bevölkerungsgruppen in jenen Jahren erlitten haben
mochten, wog offenbar nicht so schwer, dass es im Mai 1814
einen Friedensschluss verhindert hätte, durch den aller Un-
friede und alles Unrecht der Vergangenheit ein für alle Mal
begraben schienen. Der am 30. Mai 1814 in Paris unterzeichnete Friede war so sehr auf Ausgleich und Mäßigung bedacht,
dass er, was er in seinen Grundzügen ja auch getan hat, ein

Jahrhundert hätte halten können, wenn er nicht bereits nach zehn Monaten durch Napoleons Rückkehr wieder in Frage gestellt worden wäre. Der Rückkehrer aus Elba mochte wieder und wieder seine Friedensbereitschaft beteuern; doch damit verhinderte er keinen neuen großen Krieg, weil ihm niemand Glauben schenkte und die verbündeten Staatsmänner überzeugt waren, dass, solange Napoleon in Frankreich herrschte, kein dauerhafter Friede möglich sei.

Nachdem die Alliierten am 25. März 1815 von Wien aus die Quadrupelallianz erneuert und gegen Napoleon zu Felde zu ziehen beschlossen hatten, wollten es ihre geographische Nähe und wohl auch ihre feste Kriegsentschlossenheit, dass die Preußen zusammen mit der anglo-niederländischen Armee unter Wellington als erste kampfbereit an der französischen Nordgrenze aufmarschiert waren. Da Napoleon allenfalls dann eine Chance hatte, sich der, sobald ihr Aufmarsch vollendet sein würde, erdrückenden Übermacht der Alliierten zu erwehren, wenn er sie, bevor sie sich vereinigen konnten, einzeln angriff, eröffnete er den Feldzug, noch bevor er selbst optimal gerüstet war. Seine Eile, den Gegner einen nach dem anderen zu schlagen, brachte es mit sich, dass er zunächst auf die Preußen stieß und, nachdem er sie am 16. Juni bei Ligny aus dem Feld geschlagen hatte, ein zweites Mal nur achtundvierzig Stunden später bei Waterloo, wo die ersten preußischen Korps gerade noch rechtzeitig eintrafen, um eine den Truppen Wellingtons drohende Niederlage in einen vollständigen Sieg über Napoleon zu verwandeln.

Auch ohne die seelischen Befindlichkeiten der gegen Napoleon aufmarschierten preußischen Soldaten und Offiziere näher zu kennen, wird man vermuten dürfen, dass viele, besonders die Freiwilligen unter ihnen, auf Revanche sannen für Jena, Auerstedt und Tilsit sowie für das halbe Dutzend Niederlagen, die sie erst kürzlich im Frühjahrsfeldzug 1814 in Nordfrankreich durch Napoleon erlitten hatten. Auf jeden Fall scheint die Preußen ein heftiger Groll nicht nur auf Napoleon, sondern auf Frankreich insgesamt beseelt zu haben, der sich bereits bei ihrem Vormarsch auf Paris in Plünderungen und anderen Willkürtaten entlud. In ihrer Feindseligkeit gegen alles Französische machten sie keinen Unterschied zwischen Einwohnern, die auf seiten des Königs standen, und solchen, die zu Napoleon hielten. Offiziere der gleichfalls vorrückenden englischen Armee sahen sich hin und wieder genötigt, die drangsalierte Zivilbevölkerung durch die Aufstellung von Wachtposten vor den Preußen zu schützen.[147]

Als dann am 6. Juli, zwei Tage vor demjenigen des Königs, der Einzug der Alliierten in Paris begann, bekamen die Pariser zum ersten Mal am eigenen Leib zu spüren, was in den Jahren zuvor den Einwohnern von Wien, Berlin, Madrid, Lissabon, Moskau usw. widerfahren war. Die alliierten Soldaten hatten keine Scheu, Paris in eine riesige Kaserne zu verwandeln, auf den Boulevards, Quais und Plätzen zu kampieren und, in Verletzung der Waffenstillstandskonvention vom 3. Juli, eine außerordentliche Kontribution von hundert Millionen Francs zu fordern. In besonders übler Erinnerung blieben den Parisern die preußischen Soldaten, die nicht nur die zahlreichsten, sondern auch, wie es scheint, die undiszipliniertesten waren. Ihr Chef, Blücher, wollte die Hauptstadt seines Erzgegners nicht nur finanziell ausbluten, sondern auch die an Napoleons Siege erinnernden Monumente sprengen, was allerdings die Ankunft Ludwigs XVIII. und Zar Alexanders verhinderte. Dass der König sich lieber mit dem unter Napoleon erbauten und zur Erinnerung an dessen Sieg über Preußen benannten Pont d'Iéna in die Luft sprengen lassen wollte, als die von Blücher geplante Sprengung der Brücke zu dulden, ist indes eine von Talleyrand in Umlauf gesetzte Legende. Eine wohlfeilere Art, sie zu schützen, bestand in ihrer mit königlicher Ordonnanz vom 9. Juli 1815 vorgenommenen Umbenennung in Pont des Invalides; diesen Namen trat sie später an eine neue, dem Hôtel des Invalides gegenüber errichtete Brücke ab, um erneut ihren alten Namen anzunehmen. Am 9. Juli, nur einen Tag nach Rückkehr des Königs, erhielten übrigens alle Pariser Plätze, Brücken und öffentlichen Gebäude ihre alten, am 1. Januar 1790 gültigen Namen zurück oder, sofern sie damals, wie eben der Pont d'Iéna noch nicht bestanden hatten, neue Bezeichnungen.[148]

Während ihrer neuerlichen Besetzung musste die Hauptstadt erleiden, was ihr im Vorjahr, aus Schonung für den frisch inthronisierten Ludwig XVIII., noch erspart geblieben war: nämlich die – teilweise *manu militari* erzwungene – Herausgabe der Kunstwerke, die im Gefolge der siegreichen Armeen der Revolution und Napoleons aus allen Ecken und Enden Europas nach Frankreich überführt worden waren. Der Louvre, vormals das Musée Napoléon, in dem man die wertvollsten Stücke der Raubkunst vereinigt hatte, verlor diese nahezu vollständig, während die über die Provinzmuseen verstreuten Objekte meist in Frankreich verblieben. So wenig wie diesen Affront ersparten die Alliierten dem König andere Demütigungen: Er war genötigt, die alliierten Souveräne an seine Tafel zu bitten, Zar Alexander den Cordon Bleu des Ordens vom Heiligen Geist zu verleihen (was er im Vorjahr noch hatte vermeiden können); vom Balkon der Tuilerien aus der Siegesparade der Alliierten beizuwohnen usw.; aber er weigerte sich standhaft, zu Ehren seiner Rückkehr in Notre-Dame ein *Te Deum* veranstalten zu lassen. Zu Wellington bemerkte der König damals, eine Dornenkrone zu tragen.[149]

Dass Ludwig XVIII. nicht noch schwerer an seiner wiedererlangten Krone zu tragen hatte, verdankte er an erster Stelle Castlereagh. Denn um ein Gleichgewicht unter den großen Mächten und einen dauerhaften Frieden in Europa zu erhalten (wozu er Frankreichs Stellung als Großmacht und die Akzeptanz der Bourbonendynastie unangetastet erhalten musste), widersetzte sich der britische Außenminister erfolgreich den vor allem von preußischer Seite verfolgten Absichten, das besiegte Land durch größere Gebietsabtretungen zu schwächen und zu strafen. So verlor es im Zweiten Pariser Frieden (20. November 1815) nicht mehr als rund 5.000 km² und eine halbe Million Einwohner, womit seine Grenzen von 1790 in etwa wiederhergestellt waren. Härter wog für Ludwigs Untertanen, dass sie für wenigstens drei und höchstens fünf Jahre eine Besatzung von 150.000 alliierten Soldaten, die tägliche Kosten von annähernd 400.000 Francs verursachten, zu ertragen und für eine Kriegsentschädigung von siebenhundert Millionen Francs aufzukommen hatten. Die Pariser Regierung beeilte sich so sehr, die finanziellen Verpflichtungen zu erfüllen, dass die letzten Besatzungssoldaten bereits 1818 wieder abzogen. Die für beide Seiten emotional so brisante Frage der Restitution von Raubkunst brauchte nicht im Friedensvertrag geregelt zu werden, da die Verbündeten in dieser Angelegenheit bereits unmittelbar nach ihrem Einzug in Paris zur Selbsthilfe geschritten waren.

Um nicht den Makel, diesen härteren Friedensvertrag unterzeichnet zu haben, auf sich zu ziehen, ersuchte Talleyrand Ende September den König um seine Entlassung, die ihm zu seiner eigenen Überraschung umgehend gewährt wurde. Mit dem durch Napoleon verursachten, aber im Namen Ludwigs XVIII. geschlossenen Zweiten Pariser Frieden widerfuhr Frankreich zum ersten Mal, was es seit einem Vierteljahrhundert anderen Mächten angetan hatte, doch gerade im Vergleich dazu behandelten es die Verbündeten recht schonend. Auch als Sieger vergaßen sie nicht, dass sie, um Napoleon von der Macht zu vertreiben, in den Krieg gezogen waren und dass der Frieden Europas eines friedlichen Frankreichs und dieses einer friedfertigen Dynastie bedurfte. Dass dieses auch der Zweiten Restauration der Bourbonen zugrunde liegende Kalkül Frankreich selbst keinen dauerhaften inneren politischen Frieden gebracht hat, das ist zu einem erheblichen Teil der Rückkehr Napoleons geschuldet.[150]

Viel ärger als der Hauptstadt erging es der Provinz, genauer den drei Vierteln der französischen Departements, über die sich ein Heer von mehr als einer Million Besatzungssoldaten, die meisten von ihnen preußische, ergoss. Diese verursachten dem Land zunächst tägliche Kosten von 1,7 Millionen Francs; die Gesamtkosten der Hundert Tage, »les plus chers de l'histoire de France« (Pierre Branda), werden auf zwei Milliarden Francs veranschlagt. Die »terreur prussienne« prägte sich dem kollektiven Gedächtnis so tief ein, dass Clemenceau in seiner antideutschen Propaganda sich noch 1919 auf sie berief. Ludwig XVIII. sah sich genötigt, durch seinen frischernannten Premierminister Talleyrand am 2. Juli die alliierten Souveräne warnen zu lassen: »Das Betragen der verbündeten Armeen wird mein Volk bald dazu bringen, gegen diese zu den Waffen zu greifen, wie man es in Spanien getan hat.« Sie, die verkündet hätten, allein gegen Napoleon Krieg zu führen, ließen nicht ab, auch nach dessen Gefangennahme das französische Volk wie einen Feind zu behandeln – was, wie der Protest impliziert, den König bei seinem eigenen Volk verhasst machen musste.

Auch Wellington sah sich veranlasst, seine Regierung vor einem »neuen nationalen Krieg« zu warnen. Um sich gegen die zahlreichen Übergriffe der Besatzer zu wehren, bildeten sich in den am stärksten betroffenen Regionen Ostfrankreichs allenthalben Freikorps, und auch in grenzferneren Gegenden beobachtete man das »Wiederaufflammen der revolutionären Gärung in den unteren Volksklassen.« Aus dem im Herzen des Landes gelegenen Departement Loiret warnte der Präfekt die Regierung: »Die Unzufriedenheit grenzt an Verzweiflung, und wenn man den Einwohnern keine Abhilfe verschafft, ist das Departement für den König verloren.« Genau darin lag die größte Gefahr für die eben mit alliierter Hilfe restaurierte Bourbonenmonarchie, dass ihr die durch die Besetzung verursachte Not angelastet würde. Wilhelm von Humboldt gab Anfang August 1815 in einer Denkschrift zu erwägen, dass Gebietsabtretungen für die wieder in ihre Rechte eingesetzte königliche Regierung leichter zu ertragen seien als eine längere Besetzung des Landes. »Es war eine wahrhaft absurde Ungerechtigkeit«, empörte sich noch viele Jahre später François Guizot, »der Restauration die Gegenwart der Fremden anzulasten, die allein der unsinnige Ehrgeiz Napoleons auf unseren Boden hergeführt hatte und welche nur die Bourbonen durch einen schnellen und sicheren Frieden wieder davon zu entfernen imstande waren.« Das tragische Los der Bourbonen war es, die Konsequenzen eines von dem Vorgängerregime angezettelten und verlorenen Krieges tragen zu müssen, eine Hypothek, an der (die Beispiele liegen auf der Hand) auch zu anderen Zeiten und an anderen Orten Regierungen schwer zu tragen gehabt haben.[151]

Niemals werde er es Napoleon verzeihen, schrieb der hellsichtige Guizot noch am Tag von Waterloo an seine Frau, dass er es geschafft habe, die Größe Frankreichs auf solche

Weise zu entehren. Entehrt hatte jener sein eigenes Land, indem er es erneut dem nunmehr auf Bestrafung und Rache sinnenden Gegner ausgeliefert hatte. Während 1814 die Ankunft des Königs, die dem kriegsgeplagten Land den heiß ersehnten Frieden brachte, von den meisten Franzosen freudig begrüßt wurde, sah sich der König bei seiner Rückkehr nach den Hundert Tagen dem bösartigen Vorwurf ausgesetzt, »im Troß des Auslands« zurückgekehrt zu sein. Schon Chateaubriand hatte die beiden Invasionen von 1814 und 1815 einander gegenübergestellt und die frühere wegen der Ordnung, des Friedens und der Mäßigung, die sie kennzeichneten, als »beispiellos in den Annalen der Geschichte« gewürdigt; in nichts habe sie der späteren Invasion geglichen, die von Feindschaft gegen die Fremden erfüllt gewesen sei. Den Kontrast zwischen den beiden Jahren hob zu der Zeit selbst, nämlich Mitte Juli 1815, auch Metternich hervor: »Zwischen Frankreich im Jahre 1815 und Frankreich im Jahre 1814 ist der Unterschied nicht geringer als zwischen demselben Frankreich in den Jahren 1814 und 1793. Das einzige Verdienst welches Bonaparte um Frankreich und um Europa hatte, war die Zügellung des Jakobinismus; aber auch dieses Verdienst sollte ihn nicht überleben, und er hat den Jakobinismus zum Abschiede an die Welt wieder freigegeben.«[152]

Dasselbe hatten zur gleichen Zeit auch die königlichen Präfekten in der Normandie mit Sorge beobachtet, die das »Wiederaufflammen der revolutionären Gärung in den unteren Volksklassen« wohl völlig korrekt der Raubgier der alliierten Soldaten zuschrieben. Dem »Jakobinismus« durch die Drangsale, welche die Präsenz von über einer Million Besatzungssoldaten mit sich brachte, erneut Nahrung gegeben zu haben, musste auch der Revolutionsfurcht und der Gegenrevolution erneut Auftrieb geben. Wie die Invasionen der beiden Jahre unterscheiden sich auch die durch sie ermöglichten Restaurationen: Diejenige von 1814 verlief friedlich, in geordneten Bahnen und brachte ein liberales konstitutionelles Regime hervor, während die Restauration von 1815 große Mühe hatte, sich gegen antiliberale, reaktionäre, auf Rache und Vernichtung des Gegners zielende Tendenzen zu behaupten, und diesen immer häufiger das Feld überlassen musste.

Zwei Tage nach Waterloo erreichte den in Gent residierenden Ludwig XVIII. die erlösende Nachricht Wellingtons vom glücklichen Ausgang der Schlacht und dass für den König die Zeit gekommen sei, sich Richtung Frankreich in Bewegung zu setzen. Am Tag, als Napoleon in Paris endlich in den Thronverzicht einwilligte, brach Ludwig von Gent auf, überschritt zwei Tage später, von der Bevölkerung freudig begrüßt, die Grenze zu Frankreich und legte einen ersten Halt auf heimischem Boden in Cateau-Cambrésis ein. Von dort erging am 25. Juni die berüchtigte, den Namen dieses Orts tragende Deklaration, durch welche der König »die Guten zu belohnen und gegen die Schuldigen die geltenden Gesetze anzuwenden« verkündete. Diese Botschaft, die ein schreckliches Strafgericht über eine große Zahl von Untertanen anzukündigen schien, ging auf den Grafen Artois zurück, der im Exil einen wachsenden unheilvollen Einfluss auf seinen königlichen Bruder gewonnen hatte und dem Napoleons Rückkehr gerade recht gekommen war, mit der Liberalität der Charte ein für alle Mal Schluss zu machen und zu vorrevolutionären Zuständen zurückzukehren.

Von Artois' Umtrieben, der den König gar allzu großer Sympathien für das napoleonische Regime verdächtigte und dessen Versöhnungspolitik desavouierte, war in Paris so viel bekannt geworden, dass La Fayette am 15. Mai in einem Brief äußern konnte: »Wir sehen den Hof von Gent von unseren Grundsätzen weiter entfernt, als er es in den Tuilerien war; und den Hof der Prinzen [sc. Artois und seine Söhne, die Herzöge von Angoulême und Berry] in der Gesinnung der militanten Emigration befangen und voll Genugtuung darüber, von den Verpflichtungen der Charte entbunden zu sein.«

Gegen die Strenge der Deklaration von Cateau-Cambrésis erhoben sowohl Wellington wie der gerade aus Wien zurückgekehrte Talleyrand Einwände, so dass sie drei Tage später (28. Juni) durch die im königlichen Rat heftig debattierte Deklaration von Cambrai ersetzt wurde, in welcher der König nunmehr versprach, »den vom rechten Weg abgekommenen Franzosen für alles Pardon zu gewähren, was seit dem Tag, an dem ich Lille verlassen habe, vorgefallen ist«, das heißt alles, was seit seinem Überschreiten der französischen Grenze am 23. März an Strafbarem begangen wurde; von dieser nahezu universellen Amnestie nahm der König lediglich »die Anstifter und Urheber dieses verabscheuungswürdigen Komplotts – les instigateurs et les auteurs de cette trame horrible« aus; in Kürze wird man sehen, dass hierunter nur sehr wenige fielen.[153]

Wenn Ludwig XVIII. am 8. Juli wieder seine Hauptstadt betreten konnte, verdankte er das in erster Linie dem Zusammenwirken zweier Männer – Wellington und Fouché. Die entscheidende Rolle, die Fouché bei seiner Rückkehr gespielt hatte, anerkannte der König, indem er diesen notgedrungen in das am 9. Juli unter dem Vorsitz von Talleyrand gebildete Kabinett aufnahm und Napoleons Polizeiminister auch zu seinem eigenen machte. Diese Zweckallianz zwischen dem Bruder des hingerichteten Ludwig XVI. und dem »régicide« sollte für beide Seiten keine dauerhaften Früchte tragen. Einen ersten und, wie sich mit der Zeit herausstellte, irreparablen Schaden fügte der durch die Ereignisse der Hundert Tage verbitterte und verhärtete König seiner restaurierten Herrschaft dadurch zu, dass er unter keinen Umständen gewillt war, unter der Trikolore, den Farben der Revolution und Napoleons, in Paris einzuziehen. Zu seinem eigenen und seiner Dynastie Verhängnis missachtete er, was die Commission de Gouvernement, die unter Fouchés Vorsitz anstelle des entmachteten Napoleon für eine kurze Weile die Geschicke des Landes lenkte, »im Namen des französischen Volkes« gleichsam als ihren Abgesang verfügt hatte: »Die Kokarde, die Fahne, die Flagge mit den drei nationalen Farben stehen unter dem besonderen Schutz der Armeen, der Nationalgarden und aller Bürger.«

Als der von Fouché zum Kommandanten der Pariser Nationalgarde ernannte Masséna den König beschwor, mit der dreifarbigen Kokarde in Paris einzuziehen, reagierte dieser unwillig: »Nein! Nein! Niemals wähle ich die Farben einer rebellischen Nation!« Wie die meisten im Lande drang auch Fouché auf den König ein, die Trikolore beizubehalten. In dem Entwurf eines Briefs, dessen Inhalt Wellington dem König übermitteln sollte, sah er hellsichtig voraus, dass die Trikolore über die politische Zukunft des Landes entscheiden würde: »Diese scheinbar unbedeutende Frage entscheidet alles. Es ist die Frage des Banners, unter dem man sich einreiht, es ist die Frage des Triumphs einer Partei über die andere. Die Farbe des Ordensbandes (ruban) entscheidet über die Farbe des Regimes.« Man meint, den Polizeiminister in dieser Diatribe über politische Symbolik bereits die Julirevolution und die politischen Kämpfe in den Anfängen der Dritten Republik voraussagen zu hören.[154]

Gut zwei Monate diente Fouché noch als Minister, dann wurde er, von Ludwigs Entourage geächtet und bekämpft, als

Gesandter nach Dresden abgeschoben. Sein Abschiedsbrief an den König geriet ihm zu einem politischen Testament – sowohl seinem eigenen wie demjenigen Ludwigs XVIII. Denn in diesem Brief führte er dem König die Maximen vor Augen, denen dieser bei seiner ersten Restauration gefolgt war und von denen abzuweichen, wie der König unter dem Einfluss von Artois und anderer Ultras im Begriff stand, sein Versöhnungswerk von 1814 gefährden, wenn nicht gar zunichte machen würde: »Die Wohlfahrt des Staates erfordert Befriedung und Stabilität. Das Gegenteil von Befriedung ist die Reaktion, das Gegenteil von Stabilität ist es, den Thron auf ein neues Fundament zu gründen. [...] Man hat in der Wiederherstellung des Throns einen moralischen Sieg, den Eure Majestät errungen hat, sehen wollen. Das würde heißen, daß es in Frankreich Sieger und Besiegte gegeben hätte. Dieser unklugen Hypothese für einen Augenblick mal Raum gebend, beschwöre ich Eure Majestät sich zu vergegenwärtigen, daß die Ruhe stets den Siegern dient und von Unruhen nur die Besiegten profitieren.« Seinen Brief schloss Fouché mit einem allen Regeln der Etikette genügenden Dank, der indes seine Bitterkeit kaum verbergen konnte: »Mit Dankbarkeit, Sire, nehme ich die Gesandtschaft an, die Eure Majestät geruht hat, mir zum Abschied zu gewähren.«

Kaum vierzehn Tage später (26. September) fiel auch Talleyrand in Ungnade, und Fouchés Zeit als Gesandter des Königs am sächsischen Hof endete bereits Anfang des Jahres 1816. Dann traf auch ihn, wie alle »régicides«, die Verbannung, die ihn ins habsburgische Exil führte – zunächst nach Prag und Linz, später nach Triest, wo der Mann, dem Ludwig XVIII. mehr als jedem anderen die Rückkehr auf seinen Thron verdankte, im Dezember 1820 starb.[155]

So wenig wie Fouché konnte Ludwig XVIII. selbst seiner

Restauration wirklich froh werden. Als er am 8. Juli – von dem Seine-Präfekt Chabrol mit den Worten begrüßt (»Sire, hundert Tage sind vergangen …«), die diesen dramatischen Monaten ihren dauerhaften Namen verliehen haben – in Paris einzog, konnten weder er noch irgendein anderer ahnen, dass sie zu Zeugen der letzten *entrée royale* in der französischen Geschichte geworden waren und dass sich die Bourbonen gerade noch so lange auf dem Thron halten würden, wie Napoleons Herrschaft gedauert hatte. Denn mit seiner Rückkehr hatte er den dezidiert reaktionären, antirevolutionären Kräften unter den Royalisten so starken Auftrieb gegeben, dass die Restauration, die im Vorjahr noch vom Geist von 1789 durchdrungen war, in kürzester Zeit für die Mehrheit der durch die Revolution und das Empire geprägten Franzosen zu einem unerträglichen Anachronismus wurde, den sie mit der Julirevolution endgültig aus ihrer Geschichte verbannten.

Doch um zu dem Gang der Ereignisse zurückzukehren, ist zunächst daran zu erinnern, dass der Zweiten Restauration an ihrem Anfang noch ein liberaler Altweibersommer beschieden war, mit dem sie an das liberale Regime von 1814 anknüpfen zu wollen schien. Das Ministerium Talleyrand/ Fouché war eine echte Kabinettsregierung, von der die erzreaktionären königlichen Prinzen ausgeschlossen blieben. In sie berief der König neben einem einzigen Emigranten, dem bereits *vor* 1789 emigrierten Herzog von Richelieu, sechs Männer, die allesamt ihre Titel und Stellungen Napoleon verdankten: zum Premierminister den Fürsten von Benevent (Talleyrand) sowie zu Ministern den Herzog von Otranto (Fouché), zwei Barone, einen Grafen und einen Marschall des Empire. Die für hartgesottene Royalisten schockierende Tatsache, dass der König seine Reinthronisation einem »régicide« verdankte und diesen überdies zum Polizeiminister ernannt hatte, fand der König immerhin einer Begründung bedürftig und schickte der Ministerliste im *Bulletin des Lois* eine knappe Erläuterung voraus: »Louis, etc. In der Absicht, unserem Ministerium Geschlossenheit und Solidarität zu verleihen, die unseren Untertanen berechtigtes Vertrauen einflößt«, habe die Genannten zu Ministern berufen.

Von Versöhnung und Vertrauen, um das die Regierung warb, zeugen auch ihre ersten Maßnahmen: Politisch motivierte Säuberungen hielten sich in engen Grenzen; so entstammten von den Präfekten 67 dem kaiserlichen Verwaltungspersonal, nur 16 waren einstige Emigranten. Mit einer Ordonnanz schaffte der König die Vorzensur der Presse ab, und von Talleyrand ließ er sich das Zugeständnis einer erblichen Pairskammer (anstelle einer vom König zu ernennenden) abringen. Die Charte wurde im liberalen Sinn novelliert: die Wählbarkeit auf 25 Jahre herabgesetzt, die Anzahl der Abgeordneten um ein Drittel auf 402 vermehrt. Diese und weitere Reformen verfolgten den Zweck, Gegengewichte zur königlichen Autorität zu bilden und zu einer konstitutionellen Monarchie nach englischem Vorbild zu gelangen.[156]

Gerade vierzehn Tage war die neue Regierung im Amt, da wurde auch schon die in der Deklaration von Cambrai angekündigte Amnestie in die Tat umgesetzt, von der am Ende nur wenige Protagonisten der Hundert Tage ausgeschlossen blieben. Eine Ordonnanz vom 24. Juli führte in einer ersten Gruppe die Namen von 19 Generälen und Offizieren an – mit Marschall Ney und Oberst La Bédoyère an der Spitze –, die vor ein Kriegsgericht gestellt werden sollten, und eine zweite Gruppe von lediglich 38 Personen, die binnen drei Tagen Paris zu verlassen und an einem ihnen vom Polizeiminister zugewiesenen Ort im Landesinnern zu verweilen hätten, bis die Kammern über ihr weiteres Schicksal eine Entscheidung getroffen hätten. Der Besitz derer, die zu Landesverweisung verurteilt würden, dürfe nicht konfisziert werden (womit man sich von der Willkür des Acte additionnel distanzierte und an die Charte anknüpfte); ein letzter Artikel bestimmte, dass die beiden Listen mit den namentlich aufgeführten Personen hiermit geschlossen seien und »niemals, unter welchem Vorwand auch immer, auf weitere Personen ausgedehnt werden dürften.« Der Wille des Königs sei es, schrieb Fouché zwei Tage später in einem Zirkular an die Präfekten, einen Schleier des Vergessens über die begangenen Verbrechen und Vergehen zu breiten; er überlasse es der Justiz, schwere Verbrechen und Verrat zu ahnden, und um dem Verdacht gegen andere keinen Raum zu geben, habe er die Angeklagten mit Namen nennen und ihre Zahl begrenzen wollen. Welches Los die mehr und weniger Schuldigen an den Hundert Tagen erwartete, wird zu Beginn des letzten Kapitels zu sehen sein.[157]

Nicht darum, die mehr oder weniger Schuldigen gerechter Strafe zuzuführen, sondern um Rache ging es denjenigen, die in den Wochen und Monaten nach Waterloo an vielen Orten des royalistischen Midi die *Terreur blanche* entfachten, eine wilde Hetz- und Lynchjagd auf diejenigen, die man für Bonapartisten und Anstifter der Hundert Tage hielt. Den Mordaktionen des royalistischen Mobs fielen an die zweitausend Personen zum Opfer. Wie in der Revolution den Septembermorden der »legale Terror« gefolgt war, so folgte 1815 der *Terreur blanche* die *Terreur blanche légale*. Das Instrument, dem spontanen Terror durch Wiederherstellung des staatlichen Gewaltmonopols das Wasser abzugraben, bildete die berühmt-berüchtigte *Chambre introuvable*. Ohne zu bedenken, was man mit diesem Schritt anrichtete, wurden nach Rückkehr des Königs umgehend die beiden napoleonischen Kammern aufgelöst und Wahlen für Mitte August anberaumt, aus denen das reaktionärste Parlament des nachrevolutionären Frankreich hervorging. Sowohl Talleyrand als auch Fouché hatten es unterlassen, Einfluss auf die Wahlen zu nehmen, so dass die durch die politischen Umwälzungen, Krieg, Besetzung, Bürgerkrieg und spontanen Terror verunsicherten Notabeln, aus denen allein sich das Wahlvolk rekrutierte, in ihrer Entscheidung ganz sich selbst überlassen blieben und denjenigen ihre Stimme gaben, die am ehesten eine Rückkehr zu Ruhe und Ordnung zu versprechen schienen. So kam, bei einer äußerst geringen Wahlbeteiligung, eine Zweite Kammer zustande, in der nur fünfzig Abgeordnete eine parlamentarische Erfahrung vorweisen konnten (33 aus der Chambre von 1814 und 17 aus der Chambre der Hundert Tage) und der große Rest aus politischen *homines novi* bestand, deren erdrückende Mehrheit sich als royalistischer als der König bzw., um den damals aufkommenden Begriff zu gebrauchen, als Ultraroyalisten entpuppten.

So gewann die gegen den König opponierende Kamarilla um dessen Bruder Artois einen einflussreichen parlamentarischen Verbündeten. Im Vertrauen auf Unterstützung durch diese politischen Neulinge und ermutigt durch die Abschaffung der Vorzensur, entfachte die royalistische Presse eine hemmungslose Hetzkampagne gegen die Männer an der Spitze der Regierung, die sich in einem Pamphlet ungestraft verhöhnen lassen mussten: »Ein abtrünniger Priester, dazu ein Königsmörder, ein verheirateter Bischof, ein unkeuscher Mann, beladen mit vierzehn Eiden und einem Ehebruch mit der Kirche, das sind die Männer, welche die Geschicke Frankreichs lenken sollen.« Um der Opposition weniger Angriffsfläche zu bieten, entschloss sich Talleyrand, wie schon angedeutet, seinen Polizeiminister am 15. September fallen zu lassen, ein Bauernopfer, das er selbst nur um wenige Tage in seinem Amt überlebte.[158]

Unter der neuen, vom Herzog von Richelieu geleiteten Regierung verabschiedete die Chambre introuvable das Paket von Sicherheitsgesetzen, die als *Terreur blanche légale* in die Geschichtsschreibung eingegangen sind: Ein an dunkelste Zeiten der großen Revolution erinnerndes, mit überwältigender Mehrheit am 31. Oktober verabschiedetes Gesetz über die allgemeine Sicherheit suspendierte bis zur nächsten Sitzungsperiode die individuellen Freiheitsrechte und gestattete die Festnahme aller der Verschwörung gegen den Staat verdächtigen Personen, ohne sie einem Richter vorführen zu müssen. Zehn Tage später verbot ein weiteres Gesetz über »aufrührerische Parolen, Reden und Schriften« alle derartigen Äußerungen, die durch Verleumdungen und Beleidigungen den der Person des Königs und seiner Familie geschuldeten Respekt zu mindern bezweckten oder »den Namen des Usurpators, eines Mitglieds seiner Familie und irgendeines anderen Chefs der Rebellion« anriefen und so zum Ungehorsam gegen den König und die Charte constitutionnelle anstifteten. Am 20. Dezember wurden die alten, mit summarischen Verfahren entscheidenden Prevotalgerichte wiedereingerichtet und mit ihnen »der erste politische Sondergerichtshof in Frankreich im 19. Jahrhundert« geschaffen. Das folgende Jahr eröffnete die Kammer mit einem »Amnestiegesetz«, das diejenigen »régicides« zu lebenslänglicher Verbannung verurteilte, die für den Acte additionnel votiert oder unter dem »Usurpator« ein Amt bekleidet hatten. Infolge dieses Gesetzes war Fouché, der Hauptarchitekt der Zweiten Restauration, nicht einmal mehr auf seinem fernen Außenposten als Gesandter in Dresden zu halten.[159]

Hier ist nicht der Ort, im einzelnen darzustellen, wie die Chambre introuvable sich in den aberwitzigen Plan verrannte, Schritt für Schritt Revolution und Empire auszuradieren und in eine imaginäre, verklärte vorrevolutionäre Zeit zurückzukehren. Das versuchte sie durch die Säuberung von Justiz und Verwaltung, durch den Ausschluss der führenden Köpfe aus der Académie und dem Institut National, durch die Versetzung von 20.000 Offizieren in den Ruhestand, durch die Disziplinierung der Volksmassen, indem sie an die Nationalgüter- und Kirchengesetzgebung der Revolution und Napoleons rührte, usw.

Doch je weiter sie in diese Richtung ging, desto mehr fachte sie den Widerstand gegen ihre unverbrämt gegenrevolutionäre Politik an und weckte neue Sympathien für den verbannten Kaiser. Die in den Ruhestand versetzten Offiziere wurden zu Heimstätten der Opposition; nicht gewillt, sich durch Gesetze und Obrigkeit den Mund verbieten zu lassen, hing das einfache Volk seinem Protest ein napoleonisches Mäntelchen um. Wer »Vive l'Empereur!« rief, eine rote Nelke im Knopfloch trug, seinen Sohn »Jean-Napoléon« oder seine Tochter »Anne-Marie-Louise-Léopoldine« nannte, musste mit Verfolgung und nicht selten drakonischen Strafen rechnen. So wurde ironischerweise durch die Maßlosigkeit derjenigen, die das Empire mit Stumpf und Stil auszurotten gedachten, ein populärer Bonapartismus geweckt, dem eine große Zukunft bestimmt war.

Mit ihrem Hyperradikalismus brachten die Ultras schließlich große Teile der öffentlichen Meinung gegen sich auf und weckten bei den alliierten Regierungen die Befürchtung, dass sie die von den letzteren bewerkstelligte Restauration der Bourbonen vollends in Verruf bringen könnten. Daher übte die alliierte Botschafterkonferenz in Paris, auch in der Sorge um die Kreditwürdigkeit des französischen Staats, auf die Regierung Ludwigs XVIII. Druck aus, die störrische Zweite Kammer aufzulösen, was dann auch im August 1816, nur ein Jahr nach ihrem Zusammentritt, geschah.[160] Napoleon und seine Anhänger brauchten also selbst nichts zu unternehmen, den restaurierten Ludwig XVIII. und das von ihm repräsentierte Regime in Misskredit zu bringen. Das Geschäft konnten sie getrost denjenigen überlassen, denen die Hundert Tage – das heißt die Restauration des Empire, der daraus folgende Krieg mit Europa, militärische Besetzung, Ausbeutung und ein harter Friede, die Furcht vor einem Wiederbeginn der Revolution – die Gelegenheit verschafft hatten, die in ihrer Abrechnung mit Napoleon stets Maß wahrende Politik Ludwigs XVIII. der Ersten Restauration durch eine Radikalopposition zu überbieten; damit aber verkehrten sie dessen auf Befriedung und Ausgleich zielendes Programm in sein Gegenteil und brachten die *gesamte* Restauration in den Augen einer wachsenden Zahl von Zeitgenossen und der Mehrheit der Geschichtsschreiber in Misskredit. Und je tiefer das Ansehen der Restauration sank, desto heller und fleckenloser begann die Erinnerung an das Empire und seinen Kaiser zu erblühen.

KAPITEL 13

Napoleons Revanche II:
Sieger über die Erinnerung

Um das Jahr 1839 – Napoleons Gebeine ruhten seit bald zwei Jahrzehnten in ihrem einsamen Grab auf Sankt Helena – schrieb Chateaubriand eben so verwundert wie voll Bitternis: »Die Welt gehört Bonaparte. Das, was der Zerstörer nicht mehr erobern konnte, vereinnahmt sein Renommee. Lebend hat er die Welt nicht erworben, tot besitzt er sie. [...] Bonaparte ist nicht mehr der wahre Bonaparte, er ist eine legendäre Gestalt, zusammengesetzt aus den Phantasien der Dichter, den Erinnerungen der Soldaten und den Erzählungen des Volkes. Wie wir ihn heute sehen, ist er der Karl der Große und der Alexander der mittelalterlichen Epen. Dieser phantastische Held wird die reale Person bleiben, die anderen Porträts werden verschwinden. Bonaparte war so sehr ein Mann der absoluten Herrschaft, daß wir, nachdem wir dem Despotismus seiner Person erlegen sind, nun dem Despotismus seiner Erinnerungen erliegen müssen. Dieser letzte Despotismus ist noch zwingender als der erste, denn während man Napoleon, als er noch auf dem Thron saß, zuweilen angriff, herrscht nun eine allgemeine Übereinstimmung, die Ketten anzunehmen, in die der Tote uns wirft. Er ist ein Hemmschuh für die künftigen Ereignisse.« Diesem Despotismus der Erinnerung an einen legendären Napoleon waren alle unterworfen: »der Soldat und der Bürger, der Republikaner und der Monarchist, der Reiche und der Arme«, und selbst die von ihm Besiegten, Italiener und Deutsche, waren ihm erlegen.[161]

Mit diesen Sätzen umreißt Chateaubriand ein Phänomen, dem man den Namen »napoleonische Legende« gegeben hat. Gemeint ist damit die wahrhaft frappierende Tatsache, dass Abermillionen Franzosen, die sich 1814, des Krieges müde, von ihrem Kaiser abgewandt, wenn nicht gar ihn verwünscht hatten, bereits wenige Zeit später ihm, in verklärter Gestalt, eine abgöttische Verehrung entgegenbrachten. Darin gingen sie so weit, dass sie am 10. Dezember 1848 einen politischen Abenteurer, allein weil dieser den Namen Napoleon trug und dessen politischer Erbe zu sein beanspruchte, mit einer Dreiviertelmehrheit zu ihrem ersten republikanischen Präsidenten wählten und ihm, Louis-Napoléon, einem Sohn des zeitweiligen holländischen Königs Louis Bonaparte und Neffen des Kaisers, so ermöglichten, vier Jahre später ein zweites Empire zu errichten.

Diese in so kurzer Zeit erfolgte Umkehr ihrer Einstellungen gegenüber Napoleon ist um so erstaunlicher, als die Hundert Tage mit einem totalen Desaster für Frankreich geendet hatten: mit einer erneuten schweren militärischen Niederlage, mit einem außenpolitisch-diplomatischen Ansehensverlust, mit gewaltigen finanziellen Belastungen und im Innern mit dem Wiederaufbrechen von Antagonismen, die einen Rückfall in die Bürgerkriege der Revolutionszeit befürchten ließen. Inmitten dieser durchweg negativen Bilanz gab es indes einen, nämlich Napoleon, dem die Katastrophe von 1815 anscheinend nicht nur nichts anhaben konnte, sondern dem sie dazu verhalf, sich den Franzosen und der übrigen Welt erneut und nunmehr dauerhaft in Erinnerung zu bringen – und zwar nicht als denjenigen, der er wirklich gewesen war, sondern so, wie er wünschte, von der Nachwelt gesehen zu werden. Der militärisch und politisch besiegte Napoleon bildet einen der seltenen Fälle in der Geschichte, dass der Besiegte Klio den Griffel geführt hat.

Während Frankreich schwer an der Niederlage und der unseligen Erbschaft der Hundert Tage zu tragen hatte, brach derjenige, der sein Land in solches Unglück gestürzt hatte, zu neuen Ufern auf. Seiner Überzeugung getreu, dass letztlich immer der Geist den Sieg über das Schwert davonträgt, griff der Besiegte von Waterloo zur Feder, um sich durch *seine* Darstellung seiner Taten zum Sieger über die geschichtliche Erinnerung aufzuschwingen. Bereits nach der ersten Abdankung hatte Napoleon seine Ex-Frau Joséphine wissen lassen, dass er in seiner Retraite auf Elba das Schwert mit der Feder zu vertauschen gedenke. Und seinen alten Kämpen, von denen er wenige Tage später im Schlosshof von Fontainebleau tränenreichen Abschied nahm, erklärte er, am Leben geblieben zu sein, »um noch Eurem Ruhm zu dienen« und um »die großen gemeinsam vollbrachten Taten« aufzuzeichnen. An Bord der *Bellerophon*, die ihn zunächst nach Norden in eine noch ungewisse Zukunft entführte, ließ sich Napoleon aus dem Plutarch vorlesen, allerdings nicht aus den Viten Alexanders und Caesars, sondern der *Vita Catonis*. Doch gegen den von diesem Helden gewählten Freitod hatte er sich bereits entschieden; er war nämlich fest entschlossen zu leben, um, wie er seinem ihn begleitenden Sekretär Marchand anvertraute, »dem zivilisierten Europa zu beweisen, was eine große Seele im Unglück vermag.«

Gut zwei Wochen später, nachdem man ihn von der Entscheidung der britischen Regierung, ihn nach Sankt Helena zu verbannen, in Kenntnis gesetzt hatte, soll er dann, noch immer an Bord der *Bellerophon* auf der Reede von Plymouth, den endgültigen Entschluss gefasst haben, sein eigener Geschichtsschreiber zu werden: »Wohlan! So schreiben wir denn unsere Memoiren. Man muß etwas tun; auch die Arbeit ist eine Sense der Zeit.« Den Vorsatz, die Zeit, zwar nicht selbst schreibend, so doch seinen Begleitern diktierend, hinzubringen, begann der Ex-Kaiser bereits während der langen Seereise in den Südatlantik in die Tat umzusetzen. Nach vier Wochen Fahrt, nunmehr auf der mit vierundsiebzig Kanonen bestückten *Northumberland*, schlug ihm Las Cases, einer seiner Begleiter in das ferne Exil, vor, mit dem Diktat der italienischen Feldzüge zu beginnen, da die Bewahrung der Erinnerung an sie »ein Dienst am Vaterland, ein echtes Monument des nationalen Ruhmes« sein würde. Zwei Tage später (am 9. September) ging Napoleon auf den Vorschlag ein, bestellte Las Cases in seine Kajüte und diktierte ihm, während das Schiff sich mittlerweile dem Äquator näherte, »etwas über die Belagerung von Toulon«, wo er vor zweiundzwanzig Jahren zum ersten Mal die Blicke der Welt auf sich gelenkt hatte. Als die *Northumberland* nach siebzig Tagen Sankt Helena erreichte, schloss sich (in Las Cases' Worten) »das erste Glied der Kette, die den modernen Prometheus an seinen Felsen schmiedet.« Damit fand dieser endlich die Muße, in die Fußstapfen Caesars zu treten und der Welt eine Rechtfertigung seines politischen und militärischen Handelns zu liefern.[162]

Auf dem Weg nach Sankt Helena und während seiner Zeit auf der Insel selbst fiel es Napoleon mehrfach ein, sein Schicksal mit demjenigen von Jesus Christus zu vergleichen: »Wenn Jesus Christus nicht am Kreuz gestorben wäre, wäre er nicht Gott.« Oder wenig später, im Juli 1817, gleichfalls zu seinem Gefährten Montholon: »Ohne seine Dornenkrone wäre Jesus Christus nicht bis auf den heutigen Tag Gott; durch sein Martyrium hat er auf die Vorstellung der Völker eingewirkt. Wenn ich statt an dieser Stelle wie mein Bruder Joseph in Amerika wäre, würde man nicht mehr an mich denken und meine Sache wäre verloren. So sind die Menschen!«[163] Daher hat man nicht unpassend diejenigen seiner engsten Begleiter die »vier Evangelisten« genannt, die, freiwillig sein Schicksal der Verbannung teilend, der Mit- und Nachwelt Zeugnis abgelegt haben von seinem »Martyrium« auf dem fernen Felsen und von den Gedanken, die ihn dort bewegten.[164]

Von den zahlreichen später als Bücher veröffentlichten Werken, die in Diktaten des Kaisers, Gesprächen mit ihm und in den Erinnerungen seiner Begleiter und Ärzte ihren Ursprung haben, überragt eines an Umfang und Gehalt alle anderen – die *Denkschrift*, der *Mémorial de Sainte-Hélène*, den Graf Emmanuel Las Cases, nachdem ihm die Engländer 1821, nach Napoleons Tod, seine Papiere restituiert hatten, auf der Grundlage der von ihm stenographierten kaiserlichen Diktate und eigener Erinnerungen verfasst und 1823 in acht Bänden veröffentlicht hat. Mit diesem voluminösen Werk, das allein in den beiden folgenden Jahrzehnten fünf weitere Auflagen erlebte, gelang Las Cases einer der größten buchhändlerischen Erfolge Frankreichs im 19. Jahrhundert. Damit prägte er nachhaltig und dauerhaft das Napoleonbild von Millionen Franzosen. Mit dem als Herrscher am Ende immer weniger geliebten Kaiser versöhnte sie offenbar sein Schicksal als Gefangener des »perfiden Albion«, das Las Cases als ein nie endendes, mitleiderregendes Martyrium darzustellen wusste. Überdies rief er seinen Lesern in leuchtenden Farben die einzelnen Stationen der napoleonischen Epopöe, von Korsika über Ägypten, Marengo, Austerlitz, Jena, Friedland, Wagram usw. bis Waterloo, in Erinnerung, und zeichnete von dem Ersten Konsul und Kaiser ein so stark idealisiertes Bild, dass darin kaum noch die erst wenige Jahre zurückliegende geschichtliche Wirklichkeit wiederzuerkennen ist.

Nach den Worten, die ihm diktiert wurden und die der Schreibende noch weiter geschönt haben mag, war Napoleon von Anfang bis Ende ein Mann, der nie von den Prinzipien von 1789 abgerückt ist, ein Herold der Freiheit und des Selbstbestimmungsrechts der Völker, der auf exemplarische Weise die Tendenzen der neuen Zeit, Liberalismus und Nationalismus, verkörperte. Zudem sei er stets ein Fürst des Friedens gewesen, der Kriege nur dann führte, wenn sie ihm aufgezwungen wurden und um den Feind vom Boden des Vaterlands abzuwehren. Kurz, auf Sankt Helena korrigierte Napoleon nachträglich seine anstößigsten politischen Fehler und machte es auf diese Weise Liberalen, Republikanern und Katholiken möglich, sich mit dem untergegangenen Empire auszusöhnen. Weniger durch seine Taten selbst als durch ihre nachträglichen verbalen Korrekturen und Beschönigungen lieferten Napoleon und seine Getreuen auf Sankt Helena das ideologisch-politische Rüstzeug für den Bonapartismus.[165]

Um die ländlichen Massen, welche die Hauptlast seiner Kriege zu tragen gehabt hatten, mit sich zu versöhnen und den Bourbonen zu entfremden, verfiel Napoleon auf einen ingeniösen Trick. In seinem Testament vermachte er den Überlebenden der Kriege von 1792 bis 1815 sowie den Einwohnern der noch vom Feind besetzten östlichen Departements zweihundert Millionen Francs aus seinem »domaine privé«. Zwar gehörte ihm dieses Geld überhaupt nicht und dachte die Regierung nicht daran, seinen Anspruch auf diese horrende Summe anzuerkennen, doch der propagandistische Trick funktionierte hervorragend. Die von Napoleon so reichlich Beschenkten erfuhren von ihrem Glück aus den wiederholten Veröffentlichungen des Testaments durch die

Presse und wurden dadurch zum Groll auf die Regierung angestachelt, die sie, wie sie glaubten, um das ihnen zugedachte kaiserliche Vermächtnis betrog.[166]

Mächtigen Auftrieb erfuhr der Napoleonkult durch die Julirevolution, da er sich nun frei von den Nachstellungen seitens der bourbonischen Behörden ungehindert entfalten konnte und überdies von dem Regime des Bürgerkönigs aktiv begünstigt wurde, um von der Napoleon geltenden Verehrung zu profitieren und um der sich auf den Ex-Kaiser berufenden Opposition den Wind aus den Segeln zu nehmen. Ab 1830 war Napoleon in allen Medien präsent. Zu größter Popularität verhalf ihm das Chanson, und kein Dichter hat mehr zur Festigung der napoleonischen Legende beigetragen als Pierre-Jean Béranger. Seit den Hundert Tagen stieg er zum meist gehörten Herold des Kaisers auf, und die Lieder dessen, der wegen ihrer politischen Anstößigkeit zweimal (1821 und 1828) mit dem Gefängnis Bekanntschaft gemacht hatte, durften nun überall im Land die Erinnerung an den guten, in der Verbannung gestorbenen Kaiser wachhalten. Das versäumten auch die Dramatiker so wenig wie die Odendichter und Komponisten, denen – wie etwa Berlioz – der Todestag des Kaisers, »Der 5. Mai« (1821), willkommener Anlass war, dem Napoleongedenken poetisch und musikalisch zu huldigen.

Auf Druck der öffentlichen Meinung schrieb die Regierung bereits im April 1831 einen Wettbewerb für eine Napoleonstatue aus, um die 1814 von der Vendôme-Säule herabgestürzte zu ersetzen. Der neue eherne Napoleon (ein Werk von Emile Seurre) nahm am dritten Jahrestag der Julirevolution in Gegenwart von König Louis-Philippe seinen alten Platz auf der Säule wieder ein, allerdings nicht wie sein Vorgänger in kaiserlichem Gewand (das zu sehr an den Despoten erinnert hätte), sondern mit Zweispitz und in der Uniform des Soldaten, in der er für Frankreich die glänzendsten Siege errungen hatte. Genau drei Jahre später gab es ein weiteres Denkmal einzuweihen, das Napoleon (ebenso wie die Säule der Großen Armee auf der Place Vendôme) nach dem Sieg von Austerlitz gestiftet hatte – den Arc de Triomphe de l'Étoile. Dieser war beim Sturz des Kaisers bis zu seiner halben Höhe aus dem Boden gewachsen; die Arbeiten an ihm wurden infolge dieses Ereignisses eingestellt und erst ein Jahrzehnt später unter den Bourbonen wieder aufgenommen (um an einen französischen Sieg über spanische Revolutionäre zu erinnern). So oblag es nach der Julirevolution dem ebenso geschichtskundigen wie geschichtsbewussten König Louis-Philippe, über das ikonographische Programm des Triumphbogens zu entscheiden, das folglich (wie auch die zahlreichen Inschriften) in gleicher Weise den Kriegen der Revolution und denjenigen Napoleons gewidmet wurde.

Der Gedanke, die Revolution und die Zeit Napoleons als eine Einheit aufzufassen und sich selbst als ihren legitimen Erben darzustellen, leitete den Bürgerkönig gleichfalls, als er 1833 das Schloss von Versailles zum Sitz eines historischen Museums bestimmte, um die Erinnerung A TOUTES LES GLOIRES DE LA FRANCE zu bewahren. Dessen zentralen Saal, die hundertzwanzig Meter lange Galerie des Batailles, schmücken dreiunddreißig riesige Gemälde, die ebenso vielen Siegen der Franzosen gewidmet sind, beginnend mit dem Sieg Chlodwigs bei Tolbiac (496) und endend mit den Siegen der Revolution bei Fleurus, Rivoli, Zürich und Hohenlinden sowie denjenigen Napoleons bei Austerlitz, Jena, Friedland und Wagram. Indem man der Darstellung der napoleonischen Siege unmittelbar den der Revolution von 1830 gewidmeten Raum folgen ließ, wurde die napoleonische Zeit in das Kontinuum der französischen Geschichte eingebettet und ihres außerordentlichen Charakters entkleidet.[167] Sich zum Vorläufer des Bürgerkönigtums herabgestuft zu sehen, hätte dem Kaiser gewiss missfallen; doch um sich von dem gewaltigen Schatten Napoleons nicht erdrücken zu lassen, blieb Louis-Philippe gar nichts anderes übrig, als ihn für seine Herrschaft zu vereinnahmen, und das glaubte er am wirkungsvollsten dadurch zu erreichen, dass er die sterblichen Überreste Napoleons nach Frankreich überführen ließ.

In die Tat umgesetzt wurde dieser seit längerem erwogene Gedanke während der Orientkrise von 1839–41, in der Frankreich durch seine Unterstützung des ägyptischen Statthalters Mohammed Ali sich in eine bedenkliche diplomatische Isolierung manövriert hatte. Um von dem außenpolitischen Debakel abzulenken, stellte die seit dem 1. März 1840 amtierende Regierung Thiers am folgenden 12. Mai in der Kammer den Antrag, die Mittel für eine würdige Überführung der Gebeine Napoleons nach Frankreich zu bewilligen, um ihm dort »sein letztes Grab« zu errichten. Dieser Antrag fand eine überwältigende Zustimmung. Am 7. Juli stach eine unter dem Kommando eines Sohns des Königs stehende Fregatte in See, erreichte am 8. Oktober Sankt Helena, trat zehn Tage später die Heimfahrt an und erreichte am 30. November Cherbourg. Mit gewaltigem Pomp wurden die sterblichen Überreste Napoleons von dort nach Le Havre, sodann die Seine hinauf bis in die Nähe von Paris und schließlich am 15. Dezember durch die von Menschen dicht gesäumten Straßen wie in einem Triumphzug in den Invalidendom überführt. Dann musste sich der Kaiser in einer Seitenkapelle der Kirche noch zwanzig Jahre gedulden, bis am 2. April 1861 sein endgültiges Grab in der Krypta der Invalidenkirche eingeweiht wurde – in Gegenwart eines neuen Empereur, Napoleons III.[168]

Die Umbettung der kaiserlichen Gebeine war in der Absicht erfolgt, einige Strahlen der hell leuchtenden Sonne der Napoleonlegende auf die um ihr Ansehen in der Öffentlichkeit besorgte Dynastie und Regierung zu lenken. Die Architekten der Legende hatten Napoleon damals bereits so sehr zu einem Idol verklärt, dass nur wenige Zeitgenossen Zweifel an der Weisheit, den toten Kaiser um tagespolitischer Effekte willen zu instrumentalisieren, anzumelden wagten. Der zur äußersten Linken gehörende Abgeordnete Glais de Bizoin gab der zur Reise nach Sankt Helena bereiten Delegation den Rat mit auf den Weg, sich mit der Rückführung der Gebeine des Kaisers zu begnügen, jedoch »die bonapartistischen Ideen«, die in seinen Augen »eine der schlimmsten Plagen unserer gesellschaftlichen Ordnung« seien, in seinem Grab zu belassen.[169]

Bei einer solch knappen Warnung beließ es der Dichter und Abgeordnete Alphonse de Lamartine nicht, sondern legte seine Bedenken gegen das Vorhaben der Regierung seinen Abgeordnetenkollegen in einer, wie sich kaum ein Jahrzehnt später herausstellen sollte, prophetischen Rede ausführlich dar. Die Zeit sei noch nicht gekommen, den Mann, »dessen Wille zehn Jahre lang an die Stelle der Gesetze, der Wünsche und des Schicksals seines Landes getreten war«, von seinem Felsen im Ozean herabsteigen zu lassen. Auch die Alten hätten zwischen dem Tod ihrer Heroen und dem Urteil der Nachwelt über sie mehr Zeit verstreichen lassen. Inmitten der allgemeinen Bewunderung für Napoleon dürfe man die Stimme der Vernunft und des *bon sens* nicht schweigen lassen. In ihrem Namen scheue er nicht die Unpopularität und bekenne: Er, Lamartine, werfe sich vor der Erinnerung an Napoleon nicht in den Staub; er sei kein Anhänger der »napoleonischen Religion«, dieses »Kults der Gewalt«, »den man bereits seit einiger Zeit im Denken der Nation an die Stelle der wahrhaften Verehrung der Freiheit setzen will.« In seiner Jugend (der Redner war 1790 geboren) habe er die unter Napoleon unterdrückte Freiheit lieben gelernt. Wer die Freiheit ernst nehme, dürfe das Volk nicht durch Schein blenden und in ihm die Geringschätzung der gegenwärtigen Institutionen nähren – »unserer Vernunftmonarchie, unserer neuen, repräsentativen und friedliebenden Monarchie.« Die Regierung täusche sich, wenn sie behaupte, die von ihr selbst geschürte napoleonische Bewegung und Propaganda stelle keine Gefahr für die repräsentative Monarchie dar. Ihn befalle Sorge, wenn man dem Volk sage: »Am Ende zählt allein der Ruhm, und der Erfolg rechtfertigt die Mittel; seid groß! tut, was euch gefällt, gewinnt Schlachten und schert euch nicht um die Institutionen eures Landes!« Ob man das wirklich wolle, ob man so eine Nation ihre Rechte achten lehre! »Wenn dieser große General«, nähert sich Lamartine dem Ende seiner Rede, »in allem ein großer Mann, ein Bürger ohne Fehl und Tadel, wenn er der Washington Europas gewesen wäre; [...] wenn er wie Solon oder wie der Gesetzgeber Amerikas sich auf dem Höhepunkt seines Ruhmes uneigennützig zurückgezogen und seinen Platz der Freiheit überlassen hätte!« Wer weiß, ob er, weniger beachtet, nicht ruhiger in seinem Grab schliefe – so wie die Heroen der Revolution: Mirabeau, Barnave, Bailly (deren Gräber man nicht einmal kenne) oder La Fayette. Doch den Mann des 18. Brumaire, den Mann, dem Frankreich alles – mit Ausnahme der Freiheit – schulde, suche die siegreiche Revolution (sc. die Julirevolution) jenseits des Meeres auf, um ihm ein kaiserliches Grab zu bereiten! Er richte an die siegreiche Revolution die Frage, ob auf französischem Boden ein Monument groß genug, heilig genug, national genug sei, um ihn aufzunehmen. Er, Lamartine, wolle sich dem Willen der Mehrheit nicht widersetzen, ermahne sie aber, dem Genie nicht um jeden Preis zu huldigen. »Ich fürchte für unsere Zukunft. [...] Ich mag keine Männer, die offiziell Freiheit, Legalität und Fortschritt verkünden, aber den Säbel und die Despotie zu Erkennungszeichen wählen.« Für das Denkmal, das er sich auf dem Marsfeld wünschte, wollte Lamartine die Inschrift: A NAPOLEON SEUL. Diese drei Worte sollten Frankreich und Europa zu verstehen geben, dass eine großmütige Nation zwar ihre großen Männer zu ehren wisse, aber nicht wolle, dass aus deren Gebeinen Krieg, Tyrannei, Thronprätendenten und Nachahmer erwüchsen.[170]

Lamartines beschwörender Appell, die schlimmen Folgen zu bedenken, die eine staatliche Förderung des ohnehin bereits wild wuchernden Napoleonkults für das Ansehen der wenig geliebten »Vernunftmonarchie« und damit für die Bewahrung der 1830 errungenen politischen Freiheit nach sich ziehen würde, verhallte ungehört. Die meisten vermochten nicht einzusehen, weshalb die »neue, repräsentative, friedliebende Monarchie« Schaden nehmen sollte, wenn man dem größten Sohn Frankreichs seit dem Sonnenkönig seine letzte Ruhestätte, worum er in seinem Testament gebeten hatte, »an den Ufern der Seine, inmitten des französischen Volkes, das ich so sehr geliebt habe«, errichte. Zu wachsendem Ansehen unter der Masse der Franzosen verhalf dem toten Kaiser zweierlei: Viele verschlossen einfach die Augen davor, was es für ein Volk in der Realität bedeutet, von einem Napoleon »sehr geliebt« zu werden, nämlich, wie Lamartine warnte, sich im Guten wie im Bösen der Herrschaft seines Willens zu überantworten. Auch wer solches nicht ernsthaft beabsichtigte, konnte Sympathie für Napoleon bekunden, um damit seiner Unzufriedenheit mit den gegenwärtigen politischen Verhältnissen Ausdruck zu verleihen.

Die prägenden Merkmale der Legende waren also, dass der Kult Napoleons seine Kraft aus der Opposition gegen die ihm nachfolgenden Regime bezog und dass er überdies einer in ihren wesentlichen Zügen imaginären, den Niederungen der geschichtlichen Realität entrückten Gestalt galt. 1840 stand die napoleonische Legende in voller Blüte; um aus dem zum Mythos verklärten Empereur politisches Kapital zu schlagen, bedurfte es jetzt nur noch des Willens eines Angehörigen seines Clans, das in der Legende schlummernde politische Potential sich nutzbar zu machen. Der Kaiserneffe Louis-Napoléon war derjenige Bonaparte, der das Ziel, gestützt auf seinen Namen die Macht im Lande zu erringen, mit aller nur denkbaren Energie und Konsequenz verfolgte, es zum ausschließlichen Inhalt seines Lebens machte und so zum Begründer des Bonapartismus wurde.

Der 1830 beginnende, nahezu zwei Jahrzehnte dauernde politische Aufstieg Louis-Napoléons ist an dieser Stelle lediglich so weit anzudeuten, wie seine Karriere seinem Namen, seiner Verwandtschaft mit Napoleon I. und seinem Anspruch, dessen politischer Erbe zu sein, geschuldet ist. Für Louis-Napoléon und seinen politischen Mentor Victor de Persigny wurde Las Cases' *Mémorial de Sainte-Hélène* zur wichtigsten Quelle der politischen Inspiration; aus dieser Schrift schöpfte der Prinz direkt für seinen Traktat *Des idées napoléoniennes* (1839), und als Separatdrucke veröffentlichte Auszüge aus dem *Mémorial* sollten 1848 im Wahlkampf um die Präsidentschaft seine Friedens- und Freiheitsliebe, seine republikanische Gesinnung sowie seine Offenheit für die Soziale Frage dokumentieren.[171] Doch zunächst verfolgte der Prätendent sein Ziel weiterhin auf dem Weg der Konspiration und Gewaltstreiche. Nur zweieinhalb Monate nach Lamartines Rede, in der Nacht vom 5. auf den 6. August 1840, versuchte er, durch einen gegen die Garnison der Küstenstadt Boulogne geführten Handstreich sich an die Macht zu putschen, scheiterte damit aber ebenso kläglich wie vier Jahre zuvor mit einer ähnlichen Unternehmung in Straßburg. Hatte ihm sein erster Putschversuch lediglich die Verbannung nach Amerika eingetragen, so musste er für Boulogne mit lebenslanger Haft büßen, der er sich aber bereits 1846 durch die Flucht nach England entzog. In England brauchte Louis-Napoléon nicht viel mehr zu tun, als die Legende um seinen Onkel ihre Wirkung entfalten zu lassen. Seine Stunde schlug mit der Revolution von 1848. In ihren Anfängen hielt er sich klug zurück und kandidierte im April noch nicht für die Nationalversammlung; dazu entschloss er sich erst anlässlich der Ergänzungswahlen vom 4. Juni und wurde prompt in vier Departements gewählt. Der ihm damals noch wohlgesonnene Victor Hugo kommentierte den Erfolg in seiner Zeitung: »Es ist nicht ein Prinz, der zurückkehrt, es ist eine Idee [...]. Derjenige, den das Volk zu seinem Vertreter ernennt, ist nicht der Erbe des Dummenjungenstreichs von Boulogne, es ist der Sieger von Jena [...]. Seine Kandidatur datiert von Austerlitz her.«[172]

Dieser Wahlerfolg (und ein noch beachtlicherer am 18. September) war nicht ganz so ausschließlich, wie Hugo suggeriert, der nostalgischen Erinnerung an die militärischen Triumphe des Onkels geschuldet, sondern auch der Propagandatätigkeit einer noch embryonalen, doch äußerst rührigen bonapartistischen Partei; ihr wichtigster Trumpf bestand darin, in dem Kandidaten den Napoleoniden herauszukehren. Wenn Louis-Napoléon, der am 26. Oktober seine Kandidatur für das Präsidentenamt ankündigte, bloß sechs Wochen später, am 10. Dezember 1848, einen phänomenalen Wahlsieg errang, hat dafür sein Wahlkampf gewiss keine unwichtige Rolle gespielt; aber der entscheidende Faktor war, wie der Prinz-Präsident am 31. Oktober 1849 in einer Botschaft an die Gesetzgebende Versammlung selbst einräumte, der Name des Onkels: »Ein ganzes System hat am 10. Dezember triumphiert. Denn der Name Napoleons ist für sich allein ein Programm, das besagen will: Ordnung, Autorität, Religion, Wohlfahrt des Volkes im Innern und gegenüber dem Ausland nationale Würde.«[173] Drastischer ausgedrückt heißt dies: Abschaffung der Demokratie, Lösung der Sozialen Frage von oben und eine zumindest tendenziell bellizistische Außenpolitik.

Um das bonapartistische Programm zu vervollständigen, muss man drei Jahre weiter gehen – bis zu Louis-Napoléons Staatsstreich vom 2. Dezember 1851, bis zu dem, wie Marx ihn genannt hat, 18. Brumaire des Louis Bonaparte. Zu den Kernmerkmalen des Bonapartismus gehört nicht notwendig der Staatsstreich, wohl aber die Ergreifung der Macht in der Absicht, sich ihrer *dauerhaft* zu bemächtigen. Um den dauerhaften Besitz der mehr oder minder illegal errungenen Macht zu legitimieren, bildet das anschließende plebiszitäre Referendum ein weiteres Kernelement des Bonapartismus. Um seine Macht unanfechtbar auf den Willen des Volkes zu gründen, beeilte sich Louis-Napoléon nach dem 2. Dezember, die im Mai 1850 vorgenommene Einschränkung des »suffrage universel« rückgängig zu machen, was ihm drei Wochen später drei Viertel der männlichen Wähler mit ihrer Stimme dankten. So war er frei, durch eine selbstgeschneiderte Verfassung sich zunächst eine zehnjährige Präsidentschaft zu bewilligen und durch ein erneutes Plebiszit (21. November 1852) zum erblichen Kaiser der Franzosen zu machen. Napoleon III. hat so die plebiszitäre Monarchie seines Onkels erneuert und Frankreich und der Nachwelt ein weiteres Vorbild geliefert, wie sich unter formaler Wahrung des Prinzips der Volkssouveränität ein autoritäres, substantiell undemokratisches Regime errichten und gar noch als Ausdruck des Volkswillens legitimieren lässt.

KAPITEL 14

Epilog

Der Feldzug vom Juni 1815 dauerte nur wenige Tage, doch war er einer der blutigsten der napoleonischen Zeit. In den Schlachten von Ligny und Waterloo sowie im Verlauf der anderen Kampfhandlungen hatten beide Seiten zusammen um die 25.000 Gefallene und eine wesentlich höhere Zahl von Verwundeten und Verkrüppelten zu beklagen. Die in der unmittelbaren Nachkriegszeit im Midi tobende *Terreur blanche* kostete an die zweitausend weitere Personen, allermeist Zivilisten, das Leben. Vergleichsweise sehr gering war dagegen die Zahl derjenigen, die nach den Hundert Tagen für ihren Eidbruch gegenüber ihrem König mit ihrem Leben büßen mussten. Von den in Artikel 1 der königlichen Ordonnanz vom 24. Juli 1815 genannten neunzehn Personen, die vor ein Kriegsgericht gestellt werden sollten, wurden lediglich drei zum Tod verurteilt *und* hingerichtet: Als erster wurde Oberst Charles de La Bédoyère, der durch den Übertritt mit seinem Regiment am 7. März vor Grenoble zu dem auf Paris vorrückenden Napoleon den Prozess der massenhaften Meuterei in Gang gesetzt hatte, in dieser Stadt am 19. August 1815 füsiliert. Dasselbe Schicksal ereilte knapp vier Monate später Marschall Ney, also denjenigen, der dem König versprochen hatte, ihm den Usurpator in einem Eisenkäfig auszuliefern, dann aber, von seinen eigenen Soldaten im Stich gelassen, gleichfalls zu Napoleon übergelaufen war. Als Pair von Frankreich focht Ney die Zuständigkeit des Kriegsgerichts an und zog es vor, sich von Seinesgleichen richten zu lassen. Seine Verfehlungen gegenüber dem König waren so unübersehbar, dass am 5. Dezember von 161 Pairs 139, unter ihnen fünf einstige Marschälle Napoleons, für seinen Tod votierten.

Einen dritten, den General Mouton-Duvernet, ereilten das Todesurteil und seine Vollstreckung erst Mitte des folgenden Jahres, weil er sich monatelang versteckt gehalten hatte. Ein knappes Dutzend anderer hoher Offiziere entging demselben Schicksal dadurch, dass sie sich durch ihre Flucht aus Frankreich der Vollstreckung der gegen sie ergangenen Todesurteile entzogen bzw. in den Genuss einer späteren Begnadigung kamen. Einige wurden auch freigesprochen und andere kamen mit ihrer Verbannung davon. Entgegen dem Amnestieversprechen für alle in der Ordonnanz vom 24. Juli *nicht* Genannten wurde einigen wenigen gleichwohl der Prozess gemacht und das gegen sie verhängte Todesurteil auch vollstreckt: So widerfuhr es im September 1815 in Bordeaux den Zwillingsbrüdern Faucher, deren Tod man aber auch der in jener Gegend wütenden *Terreur blanche* zurechnen kann, und im Mai 1816 dem General Chartrand, der während der Hundert Tage im Süden gegen den Herzog von Angoulême gekämpft und sich dadurch bei den Royalisten besonders verhasst gemacht hatte.[174]

Angesichts der Schwere des begangenen Verrats und der Größe des angerichteten Unheils bewiesen der König und seine Richter eine Milde, die das Ziel der nationalen Aussöhnung nicht aus dem Blick verlor. Zu einer Art Ehrenrettung oder Wiedergutmachung verhalf allen infolge der Hundert Tage mit dem Tod Bestraften eine spätere Zeit, die ihre Entscheidung für Napoleon nicht als Verrat, sondern als patriotisches Verdienst wertete. Von dieser veränderten Bewertung der Brüche und Umbrüche der jüngsten französischen Geschichte, des Wechsels von Revolutionen und Restaurationen, profitierte derjenige am meisten, der, nächst Napoleon selbst, den größten Anteil daran hatte, die Kette der Ereignisse der Hundert Tage in Gang zu setzen. 1848 gab die Provisorische Regierung bei dem Bildhauer François Rude ein Denkmal für Marschall Ney in Auftrag, das als symbolischer Affront gegen die gerade gestürzte Monarchie gedacht war. Als Zeugnis unerschütterlicher Treue – gegenüber Napoleon – wurde das Denkmal gedeutet, als es 1853, unter einem neuen Kaiserreich, beim Observatorium nahe der Stelle, wo der volkstümlichste von Napoleons Marschällen, dem Füsilierkommando mit unverbundenen Augen unerschrocken die Brust darbietend, sein Leben geendet hatte. In dieser Haltung wollte, nicht anders als die Druckgraphik der Zeit, zunächst auch der Bildhauer den Marschall darstellen, entschied sich dann aber für die von Napoleon III. favorisierte, von Auguste Rodin außerordentlich bewunderte heroische Pose des seinen Degen schwingenden Kriegers.

Dieses Motiv mochte zu dem im Aufstieg begriffenen Second Empire durchaus passen; an dessen Ende wählte Jean-León Gérôme dagegen, um den Tod des populären Helden darzustellen, nicht den Augenblick seiner Exekution, sondern den Moment, wie der Leichnam des Hingerichteten mit dem Gesicht zur Erde niedergesunken ist, im Hintergrund das Füsilierkommando nach getaner Arbeit abzieht und allein ein Offizier, der das Kommando »Feuer« gegeben haben mochte, einen knappen Blick auf den im Staub der Straße Liegenden zurückwirft (siehe das Frontispiz). Selten ist das Motiv des *Sic transit gloria mundi* – sei es eines einzelnen Helden, sei es eines ganzen Reiches – eindringlicher in einem Bild festgehalten worden.[175] So hoch wie Marschall Ney ist kein anderer »Märtyrer« der Hundert Tage auf dem Parnass der bildenden Künste emporgestiegen; doch ein monumentales Grab wie das seinige erhielten auch La Bédoyère auf dem Pariser Friedhof Père Lachaise und die Generäle Mouton-Duvernet und Chartrand an den Stätten ihrer Hinrichtung; keinem, auch nicht den Brüdern Faucher, blieben die Namen einer Straße oder einer Metrostation in oder außerhalb von Paris vorenthalten, welche die Erinnerung an diese tragischen Helden der Hundert Tage bewahren.

Unfreiwillige Opfer, zumeist namenlose Militärpersonen, infolge der *Terreur blanche* aber auch erschreckend viele Zivilisten, haben die Hundert Tage mehr als genug produziert; in den Augen der Bonapartisten überdies eine Handvoll Märtyrer – an erster Stelle der an seinen einsamen Felsen geschmiedete moderne Prometheus, der allerdings, im Gegensatz zu seinen gerade genannten vor ein Kriegsgericht gestellten Offizieren, für seine Taten nicht mit dem Leben büßen musste. War nun ihr Opfer der Sache wert, um die es bei den Hundert Tagen ging, und der langfristigen Resultate, die sie zeitigten? Vom »Flug des Adlers« und dem 20. März zu sprechen, drängt einen Vergleich mit dem 18. Brumaire, einen Vergleich zwischen dem Bonaparte von 1799 und dem Napoleon von 1815, auf. Über den Revolutionsgeneral, der im dreißigsten Jahr seines Lebens nach der höchsten Gewalt im Staat griff und diese als Erster Konsul mit den segensreichsten Folgen für sein eigenes Land und den Frieden in Europa ausgeübt hat, ist seit der Zeit selbst so oft und in so überschwenglich rühmenden Tönen gesprochen worden, dass es, um seine Größe anzudeuten, genügt, denjenigen seiner Lobredner zu Wort kommen zu lassen, der zugleich sein schärfster und hellsichtigster Kritiker gewesen ist. Gemeint ist der Schriftsteller und Staatsmann François-René de Chateaubriand, der zu einer Zeit, als die Gebeine Napoleons noch auf Sankt Helena ruhten, auf den von ihm einst als Usurpator und Totengräber der öffentlichen Freiheit Geschmähten ein Loblied in geradezu dithyrambischen Tönen angestimmt hat:

»Bonaparte [...] ist groß, weil er eine ordentliche und mächtige Regierung geschaffen hat, einen in verschiedenen Ländern angenommenen Gesetzeskodex, Gerichtshöfe, Schulen, eine starke, tätige und intelligente Verwaltung, mit der wir noch heute leben; er ist groß, weil er Italien wieder zum Leben erweckt, aufgeklärt und überlegen verwaltet hat; er ist groß, weil er in Frankreich aus dem Schoße des Chaos die Ordnung wieder erstehen ließ, weil er die Altäre wieder errichtet hat, weil er die wütenden Demagogen in die Schranken wies [...]. Er ist groß, weil er alles aus sich selber tat, weil er es ohne andere Autorität als die seines Genius vermochte, sich den Gehorsam von sechsunddreißig Millionen Untertanen zu verschaffen, in einer Zeit, da keine Illusion die Throne mehr umgab; er ist groß, [...] weil er zehn Jahre mit solchen Wundertaten erfüllte, daß man es sich heute [1838/39] kaum noch vorzustellen vermag.« Insgesamt sieben Mal lässt Chateaubriand dieses »il est grand pour ...« aufeinanderfolgen, um aus dem Rückblick die Größe des Mannes zu würdigen, den er ab 1804, seitdem aus dem Ersten Konsul Bonaparte der Kaiser Napoleon geworden war, zu hassen und zu verachten begonnen hatte. Einem modernen Historiker genügten bloß vier Worte, um in johanneischer Diktion die weltgeschichtliche Größe Napoleons zum Ausdruck zu bringen.[176]

Nähert man sich dagegen demselben Mann, der fünfzehn Jahre später in Frankreich einfiel, um erneut den Thron zu besteigen, den er im Jahr davor verloren hatte, fühlt man sich unwillkürlich an das Hegelsche Diktum erinnert, dass »alle großen weltgeschichtlichen Tatsachen und Personen

sich sozusagen zweimal ereignen«; wenn Marx dem hinzufügte: »das eine Mal als Tragödie, das andere Mal als Farce«,
tat er das in der Absicht, durch den Kontrast mit dem großen
Onkel die lächerliche Nichtigkeit von dessen Neffen zu un-
terstreichen.[177] Den Satz, dass Geschichte sich als Farce wie-
derhole, kann man indes auch auf den Onkel selbst beziehen,
der durch seine Rückkehr von Elba seiner unbestrittenen
vormaligen Größe gewaltigen Abbruch getan hat.

Im Vergleich zu dem Bonaparte vom Brumaire 1799 hatte
der Napoleon von 1815 in den Augen des ihm durchaus gewo-
genen Verfassungshistorikers Maurice Deslandres alles, was
ihn einst rühmlich ausgezeichnet hatte, verloren: Er hatte
nicht mehr das Prestige seiner Jugend, die seinem Genie einen überirdischen Glanz verliehen hatte. Er war nicht länger
strahlender Sieger, sondern in Feldzügen und Schlachten besiegt. Er war nicht mehr der Verteidiger des heimischen Bo-
dens, sondern hatte durch seinen Ehrgeiz und seine Fehler
dem Gegner das Tor nach Frankreich geöffnet. Er war nicht
mehr der Mann des 1799 heiß ersehnten äußeren Friedens;
den Frieden, den man 1815 genoss, hat er durch sein Kommen aufs Spiel gesetzt. Er war nicht mehr der Mann der Ordnung und des inneren Friedens; zweifellos habe die Restaurationsregierung Fehler begangen und Interessen verletzt, doch
habe sie das Land ordentlich regiert, ihm ausreichende Freiheit und wirtschaftliches Gedeihen beschert. Auch fehlten
ihm politische Parteigänger wie 1799, von denen er sich als
Kaiser getrennt hatte. Alles, was 1799 seine Stärke ausgemacht
und ihn 1804 auf den Kaiserthron gehoben hatte, ging Napoleon 1815 ab. Es war nicht einmal im Traum daran zu denken,
das autoritäre Empire zu erneuern, nachdem Ludwig XVIII.
den Parlamentarismus in Frankreich eingeführt und dem
Land einen beträchtlichen Anteil an der Leitung seiner Ge-

schäfte eingeräumt hatte. Napoleon konnte also nicht die neuen liberalen Institutionen einfach beiseiteschieben. »Er war gezwungen, sich als Liberaler zu gebärden. Aber diese Rolle hatte für ihn große Schwierigkeiten. Der Liberalismus war seiner Natur fremd; er wollte alles selbst, von oben herab, notfalls gewaltsam entscheiden. Gewiss hatte er erkannt, was er falsch gemacht hatte; doch war es ihm möglich, sich von Grund auf zu verändern? Und wenn er die neue Rolle annahm, wie desavouierte er damit seine Vergangenheit!« Und dabei hätte das von Feinden umlagerte Frankreich 1815 dringend einer starken, autoritären Regierung bedurft! Damals fehlten ihm die Männer, die 1799 seine Stärke ausgemacht hatten: Sieyès, Talleyrand, Fouché, eine ganze Partei! 1815 war Napoleon allein und verlassen. Die Jakobiner, die Königsmörder von einstmals, konnte er sie um sich scharen, nachdem er sie als Kaiser gedemütigt und schikaniert hatte? Und blieb er für die gleichfalls mit der Entwicklung der Restauration unzufriedenen Konstitutionellen nicht immer der »Usurpator«? Und wie viele von seinen engsten militärischen Gefolgsleuten waren nicht zu ihm auf Distanz gegangen – Berthier, Victor, Maison, Lauriston, Macdonald, Gouvion-Saint-Cyr, Oudinot, Marmont; und von den zivilen Talleyrand, Portalis, Pasquier, fast alle seine Diplomaten! Zugejubelt auf seinem Weg von Cannes nach Paris hatten ihm eigentlich nur die Landleute, die von der Restauration eine Wiederkehr des Ancien Régime befürchteten, während die auf innere Ordnung und äußeren Frieden bedachten Städter, Bürger und Geschäftsleute ihm gegenüber Zurückhaltung an den Tag gelegt hatten. Von allen Seiten umgaben ihn Schwierigkeiten! »Napoleon war noch immer Napoleon, aber er war nicht mehr der Mann von 1799.«[178]

Noch stärker als der Protagonist selbst hatte die Bühne, auf der er agierte, sich gewandelt. 1799 hatte Bonaparte gewissermaßen im Einklang mit der geschichtlichen Bewegung, im Einklang mit den Bedürfnissen und Sehnsüchten der Zeit gehandelt, hatte ihrem tiefen Bedürfnis nach Frieden, Ordnung und Sicherheit entsprochen. Sein Wiedererscheinen musste dagegen bei der großen Mehrheit der Notabeln, welche die öffentliche Meinung bildeten und so gut wie allein die politische Nation repräsentierten, auf heftige Ablehnung stoßen, weil es ihrem Interesse an politischer Freiheit, Ruhe und Ordnung, weil es dem wahren Interesse Frankreichs entschieden zuwiderlief. Napoleon ist nicht deswegen zurückgekehrt, weil ein mit den Bourbonen unzufriedenes Frankreich nach ihm gerufen hätte, sondern weil Elba, obgleich von nicht ganz geringer Größe, ihm, dem Rastlosen, dem immer Drängenden und Tätigen, dem von unstillbarer *ambition* Erfüllten, ein zu enges Gefängnis war.[179] Doch weil er von der großen Mehrheit der Franzosen, zumindest von denjenigen, auf die es politisch ankam, nicht mit offenen Armen empfangen wurde, bedurfte er, um von Cannes nach Paris zu gelangen, der aktiven Unterstützung durch das Militär, die ihm die von den Bourbonen enttäuschten Offiziere und Soldaten bereitwillig gewährten. So geriet der »Flug des Adlers« zu einem Pronunciamiento und setzte ein Beispiel, das im Verlauf des 19. und 20. Jahrhunderts in manchen Ländern Europas und in Übersee zahlreiche Nachahmer finden sollte.[180] Weil Napoleons Rückkehr in keiner Weise den Bedürfnissen und Erwartungen des Landes entsprach, musste sein Putsch binnen kurzer Zeit scheitern und wurde von allen Einsichtigen als die »schwerste Schuld«, die Napoleon auf sich geladen hat, als ein »unverzeihliches Verbrechen«, als eine einzige »Katastrophe für Frankreich« verurteilt.[181]

Angesichts eines solchen einhellig negativen Verdikts mag

es überraschen, wenn Victor Hugo gegen Ende der Waterloo-Kapitel in den *Misérables* überhaupt die Frage stellt: »Faut-il trouver bon Waterloo? – Muß man Waterloo gut finden?«, und darauf antwortet: »Pour nous, Waterloo n'est que la date stupéfaite de la liberté – Für uns ist Waterloo lediglich der verblüffende Anbruch der Freiheit.«[182] Wie sich die Freiheit infolge eines »bewußt konterrevolutionären Sieges«, denn ein solcher war Waterloo zweifellos, Bahn brechen kann, lag dem Romancier zufolge in der Dialektik der geschichtlichen Entwicklung begründet. »Da das Kaiserreich despotisch war«, musste das Königtum »durch die natürliche Rückwirkung der Dinge notwendigerweise liberal werden«, und ging »zum großen Leidwesen der Sieger [...] aus Waterloo widerwillig eine konstitutionelle Regierung hervor«. Eine solche trat, wie Hugo an dieser Stelle zu ergänzen wäre, nicht erst *nach* Waterloo ins Leben, sondern bereits nach Napoleons erster Abdankung mit der Ersten Restauration; deren Liberalismus zwang ihrerseits den Rückkehrer Napoleon, es mit einer freiheitlicheren Regierungsweise zu versuchen, an der er jedoch scheiterte, was eine neuerliche Wiederherstellung des Königtums nach sich zog.

Die Zweite Restauration war zwar viel weniger vom Geist der Freiheit durchdrungen als ihre Vorgängerin, aber gleichwohl außerstande, dem Siegeszug der Freiheit länger als für einen Augenblick Einhalt zu gebieten. In den Worten des Dichters »bedient sich [der Fortschritt] des Gichtkranken [sc. Ludwigs XVIII.] wie des Eroberers, des Eroberers nach draußen, des Gichtkranken nach innen. Waterloo, das dem Degen Einhalt gebot, die europäischen Throne zu stürzen, hat nichts anderes bewirkt, als daß die revolutionäre Arbeit auf einer anderen Ebene fortgeführt wird. Die Haudegen haben ausgespielt, die Denker sind an der Reihe. Das Jahrhundert, das Waterloo aufhalten wollte, ist darüber hinweggeschritten und hat seinen Weg fortgesetzt. Dieser unheilvolle Sieg wurde von der Freiheit besiegt.«

In Anlehnung an einen Gedanken Machiavellis, dass bürgerliche Zwietracht oder, moderner gesprochen, politische und soziale Spaltungen einer Gesellschaft dieser nicht notwendigerweise zum Schaden gereichen, sondern, indem sie die Monopolisierung und damit den Missbrauch von Macht verhindern, die Freiheit zu befördern vermögen, kann man den Hundert Tagen auch eine segensreiche Wirkung auf den Gang der französischen Geschichte im 19. Jahrhundert zuschreiben: Sie verstärkten und befestigten einen bereits mit Napoleons erster Abdankung und der Ersten Restauration eingeleiteten Wechsel der Regime und die Bildung konkurrierender Parteien: Liberale, Royalisten verschiedener Richtungen, Jakobiner, Bonapartisten, die sich mal in dieser, mal in jener Konstellation zu zwei großen oppositionellen politischen Lagern formierten. Ihre stete Konkurrenz und ständiger Kampf miteinander zeitigten die Julirevolution und das Bürgerkönigtum, die Februarrevolution und die Zweite Republik, ein Zweites Kaiserreich und eine so starke Opposition gegen dasselbe, dass bereits zu der Zeit, als Hugo, selbst ein leidenschaftlicher Gegner Napoleons III., seine Waterloo-Kapitel schrieb (1861), vorauszusehen war, dass die Herrschaft des Neffen so wenig wie die des Onkels von Dauer sein und dass erneut die Opposition zum Zuge kommen würde. Dieses ständige Gegeneinander der Kräfte des Fortschritts und der Beharrung setzte sich auch noch in den Anfangsjahren der Dritten Republik fort und beruhigte sich erst dann, als die Mehrheit der Franzosen die republikanische Staatsform endgültig als die ihrem Sinn für Freiheit und Gleichheit zuträglichste akzeptiert hatte. Erst dann endete –

nach der Interpretation von François Furet – wahrhaft die Französische Revolution, in deren bewegter und wechselvoller Geschichte die Hundert Tage nicht nur eine negative Rolle gespielt, sondern, obgleich in engen Grenzen, auch dem Fortschreiten der Freiheit Vorschub geleistet haben.[183]

Zeittafel

1814

31. März • Alliierte ziehen in Paris ein

2. April • Absetzung Napoleons durch den Senat

6. April • »Senatsverfassung«

6. April • Abdankung Napoleons

11. April • Vertrag von Fontainebleau

20. April • »Adieux de Fontainebleau«

2. Mai • Ludwigs XVIII. Deklaration von Saint-Ouen

3. Mai • Einzug Ludwigs XVIII. in Paris

4. Mai • Napoleon auf Elba

30. Mai • Erster Pariser Friede

4. Juni • Charte constitutionnelle (»octroyée«)

1815

12. Februar • Fleury de Chaboulon bei Napoleon auf Elba

26. Februar • Napoleon entweicht von Elba

1. März • Landung N.s im Golfe Juan bei Cannes –
drei Proklamationen vom Golfe Juan

5. März • Nachricht von seiner Landung erreicht Paris,
zwei Tage später Wien

7. März • Napoleon in Grenoble – Abfall der kgl. Truppen zu
Napoleon beginnt

10.–13. März • Napoleon in Lyon – Dekrete von Lyon

13. März • Ächtung Napoleons durch den Wiener Kongress

14. März • Abfall von Marschall Ney

16. März • Rede Ludwigs XVIII. vor der Zweiten Kammer

19. März • nachts Ludwig XVIII. verlässt Paris

20. März • morgens Napoleon in Fontainebleau

20. März • abends Napoleon in Paris

21.–23. März • Bildung einer neuen Regierung

23. März • Ludwig XVIII. überschreitet die Grenze zu den Niederlanden, schlägt seine provisorische Residenz in Gent auf

25. März • Alliierte beschließen Feldzug gegen Napoleon

26. März • Empfang der Grands Corps d'État durch N.

28. März • Beginn der Mobilisierung

4. April • Wellington trifft in Brüssel ein

14. April • erste Unterredung N.s mit Benjamin Constant über die künftige Verfassung

17. April • Napoleon zieht von den Tuilerien in den Élysée-Palast um

22. April • Promulgation des *Acte additionnel aux constitutions de l'Empire*

8.–22. Mai • Wahlen zur Chambre des Représentants

1. Juni • Versammlung des *Champ de Mai* auf dem Marsfeld: Bekanntgabe der Ergebnisse des Plebiszits über den *Acte additionnel*

4. Juni • Verteilung der Adler in der Großen Galerie des Louvre

7. Juni • Eröffnung der Kammern (»séance impériale«) – N.: »Je viens commencer la monarchie constitutionnelle.«

9. Juni • Schließung des Wiener Kongresses (Wiener Kongressakte)

12. Juni • Napoleon bricht zur Nordarmee auf

15. *Juni* • Napoleon erreicht Charleroi

16. *Juni* • Sieg über die Preußen bei Ligny

18. *Juni* • Schlacht von Waterloo

21. *Juni* • morgens Napoleon zurück in Paris

22. *Juni* • Napoleon dankt zum zweiten Mal ab –
Ludwig XVIII. verlässt Gent

23. *Juni* • Bildung einer Provisorischen Regierung unter Fouché
(Commission de Gouvernement)

25.–28. *Juni* • Napoleon in Malmaison

28. *Juni* • Ludwigs XVIII. Proklamation von Cambrai

3. *Juli* • Napoleon erreicht den Atlantikhafen Rochefort

3. *Juli* • Waffenstillstand, Kapitulation von Paris

6. *Juli* • Alliierte ziehen erneut in Paris ein

8. *Juli* • Ludwig XVIII. kehrt nach Paris zurück – Begrüßung
durch Präfekt Chabrol: »Hundert Tage sind vergangen …«

9. *Juli* • Ministerium Talleyrand/Fouché

15. *Juli* • Napoleon begibt sich an Bord der *Bellerophon*

24. *Juli* • Kgl. Ordonnanz gegen 57 Beteiligte am
napoleonischen Staatsstreich

14./21. *August* • Wahlen zur *Chambre introuvable*

7. *August* • Napoleon an Bord der *Northumberland*

16. *Oktober* • Napoleon trifft auf Sankt Helena ein

20. *November* • Zweiter Pariser Friede

7. *Dezember* • Marschall Ney hingerichtet

1821

5. *Mai* • Tod Napoleons auf Sankt Helena

1840

Oktober–Dezember • Napoleons Gebeine nach Paris überführt
(»le retour des Cendres«)

Anmerkungen

1 A. P., Ser. 2, Bd. 14, S. 358; Correspondance, Bd. 28, S. 32.

2 Constant, Mémoires, S. 141.

3 Lentz, NHPE, Bd. 4, S. 340 u. 509.

4 Lentz, NHPE, Bd. 2, S. 534 u. 542.

5 Kerautret, GT, Bd. 3, S. 104–119; Lentz, ebd., S. 569 f.

6 Rosanvallon, La monarchie impossible, S. 187 f.

7 Rosanvallon, ebd., S. 188–197; Lentz, NHPE, Bd. 2, S. 561 ff.; Volker Sellin, Die geraubte Revolution. Der Sturz Napoleons und die Restauration in Europa, Göttingen 2001; zur verfassunggebenden Gewalt des Senats siehe Hunecke, Napoleon, S. 112–115.

8 Correspondance, Bd. 27, S. 358–361; Lenz, NHPE, Bd. 2, S. 568 ff.

9 Jacques-Olivier Boudon, Comment l'île d'Elbe est-elle devenue française, in: Nap. Iᵉʳ, Nr. 32 (Mai–Juni 2005), S. 6–11.

10 Kerautret, GT, Bd. 3, S. 126–133; Lentz, NHPE, Bd. 4, S. 151 ff.; Mémoires du Général de Caulaincourt, Duc de Vicence, Grand Écuyer de l'Empereur, hg. von Jean Hanoteau, Bd. 3, Paris 1933, S. 226.

11 Correspondance, Bd. 27, S. 362; Lentz, ebd., S. 157 ff.

12 Correspondance, Bd. 28, S. 3 (Proclamation à l'armée, Golfe Juan, 1.3.1815); vgl. Jacques Delebecque, La Première Restauration et les »fourgons de l'étranger«, Paris 1914.

13 Guizot, Mémoires, Bd. 1, S. 30 f.

14 Emmanuel de Waresquiel, Talleyrand, le prince immobile, Paris 2006², S. 463ff.; Lentz, NHPE, Bd. 2, S. 589ff., u. Bd. 4, S. 21ff.; Text in: Kerautret, GT, Bd. 3, S. 145ff.

15 Text in: Rosanvallon, La monarchie impossible, S. 209f. u. 250ff.; vgl. Hunecke, Napoleon, S. 321ff.

16 Waresquiel/Yvert, Histoire de la Restauration, S. 67ff.; Lentz, NHPE, Bd. 4, S. 211ff.; Tulard, Les vingt jours, S. 47ff.; Démier, La France de la Restauration, S. 71ff.; Bertaud, Les royalistes et Napoléon, S. 345f.; Emmanuel de Waresquiel, Un groupe d'hommes considérables. Les pairs de France et la Chambre des pairs héréditaire de la Restauration 1814–1831, Paris 2006, S. 91ff.

17 Hobhouse, Letters, Bd. 1, S. 77ff.; ders., Histoire des Cent Jours, S. 92ff.; Stendhal, Vie de Napoléon (1817/18), Paris 2006 (Petite Bibliothèque Payot), S. 223ff. – Zu Hobhouse siehe den ihn betreffenden Artikel im Oxford Dictionary of National Biography, Bd. 27 (2004), S. 409–412.

18 Buchez/Roux, Histoire parlementaire, Bd. 40, S. 30 u. 32; Lentz, NHPE, Bd. 4, S. 244; Amson, Histoire constitutionnelle, S. 711f.

19 Buchez/Roux, ebd., S. 33 u. 35f.; Bertier de Sauvigny, La Restauration, S. 81ff.; Waresquiel/Yvert, Histoire de la Restauration, S. 72ff.; Lentz, NHPE, Bd. 4, S. 241ff.; Amson, ebd., S. 710ff.; Démier, La France de la Restauration, S. 68f. u. 79ff.

20 Bertier de Sauvigny, ebd., S. 85; Lentz, ebd., S. 229ff.; Branda, Le prix de la gloire. Napoléon et l'argent, S. 487ff.

21 Hobhouse, Letters, Bd. 1, S. 94ff.; Buchez/Roux, Histoire parlementaire, Bd. 40, S. 29 u. 38; Waresquiel/Yvert, Histoire de la Restauration, S. 90ff.; Waresquiel, CJ, S. 86f. u. 210; Démier, La France de la Restauration, S. 79f.

22 Villepin, CJ, S. 83; Waresquiel/Yvert, ebd., S. 97; Bertier de Sauvigny, La Restauration, S. 87.

23 Guizot, Mémoires, Bd. 1, S. 53 f.

24 Buchez/Roux, Histoire parlementaire, Bd. 40, S. 37 ff.; Lentz, NHPE, Bd. 4, S. 255 ff.; Bertier de Sauvigny, La Restauration, S. 85 ff.

25 Dossier: »Les demi-solde«, in: Nap. Ier, Nr. 52 (Mai–Juli 2009), S. 14–44; Petiteau, Lendemains d'Empire. Les soldats de Napoléon dans la France du XIXe siècle, S. 85 ff.

26 Les cahiers du Capitaine Coignet, hg. von Jean Mistler, Paris 1968, S. 279; vgl. Tulard, Les vingt jours, S. 58.

27 Stéphane Calvet, Dupont de l'Étang, le général de Baylen, in: Nap. Ier Nr. 58 (Nov.–Jan. 2010/11), S. 68–75; Buchez/Roux, Histoire parlementaire, Bd. 40, S. 33 ff.; Waresquiel/Yvert, Histoire de la Restauration, S. 96 f.

28 Waresquiel, CJ, S. 260 ff.; Lentz, NHPE, Bd. 4, S. 251 ff.; Bertier de Sauvigny, La Restauration, S. 79.

29 Chateaubriand, MOT, XXII, 21, Bd. 2, S. 597 (Übers. Massenbach, S. 369 f.).

30 Tulard/Garros, Napoléon au jour le jour, S. 557; das Folgende nach Lentz, NHPE, Bd. 4, Kap. VII.

31 Lentz, ebd., S. 200 f. u. 208.

32 Lentz, ebd., S. 284 ff.

33 Waresquiel, CJ, S. 111 ff.; Lentz, ebd., S. 324 ff.

34 Guizot, Mémoires, Bd. 1, S. 57; Chateaubriand, MOT, XXII, 26, Bd. 2, S. 617, und XXIII, 1, S. 620; Waresquiel/Yvert, Histoire de la Restauration, S. 101; Waresquiel, CJ, S. 77 ff.

35 Chateaubriand, MOT, XXIII, 1 u. 2, Bd. 2, S. 620 u. 622; Waresquiel, CJ, S. 78 (Zitat von Beugnot); Madame de Staël, Considérations sur la Révolution française, S. 496; Guizot, Mémoires, Bd. 1, S. 60.

36 Alfred Fierro, Le douanier du débarquement, in: Nap. Ier, Nr. 53 (Aug.–Okt. 2009), S. 14 f.; zu den folgenden Begebenheiten siehe: Alfred Fierro, Le récit du vol de l'Aigle, ebd., Nr.

32 (Mai–Juni 2005), S. 24 ff., und Tulard/Garros, Napoléon au jour le jour, S. 565 ff.

37 Text der drei Proklamationen in: Correspondance, Bd. 28, S. 1–6; Las Cases, Mémorial de Sainte-Hélène, Bd. 2, S. 1250; siehe auch Napoléon à Sainte-Hélène par les quatre évangelistes, hg. von Jean Tulard, S. 470 u. 532; Lentz, NHPE, Bd. 4, S. 289; Relation de la marche de Napoléon de l'île d'Elbe à Paris, in: Correspondance, Bd. 28, S. 11.

38 Jonathan I. Israel, General introduction, in: ders. (Hg.), The Anglo-Dutch Moment, Cambridge 1991, S. 12 ff.; ders., The Dutch role in the Glorious Revolution, ebd., S. 121 f.

39 Correspondance, Bd. 28, S. 6 u. 12.

40 Napoléon à Sainte-Hélène par les quatre évangelistes, S. 472; Mazel, Un héros des »Vingt-Jours«, S. 96 ff.

41 A. P., Ser. 2, Bd. 14, S. 356, und Correspondance, Bd. 28, S. 7 f.

42 Thiers, HCE, Bd. 19, S. 150 f.; siehe unten S. 94.

43 Constant, Mémoires, S. 121; A. P., Ser. 2, Bd. 14, S. 355 ff.

44 Waresquiel, CJ, S. 135.

45 A. P., Ser. 2, Bd. 14, S. 313 f., 318 u. 326 f.; Waresquiel, CJ, S. 168 ff.; von Thadden, Restauration und napoleonisches Erbe, S. 91 f.

46 A. P., ebd., S. 327, 338 u. 349; Waresquiel, CJ, S. 167 u. 206 ff.

47 Zum Folgenden: Waresquiel, CJ, S. 240 ff., und Lentz, NHPE, Bd. 4, S. 305 f. (dort auch die Zitate).

48 A. P., Ser. 2, Bd. 14, S. 359.

49 Constant, Mémoires, S. 69; vgl. Waresquiel, CJ, S. 89 ff., und Démier, La France de la Restauration, S. 99 ff.

50 Guizot, Mémoires, Bd. 1, S. 60 ff.; Hobhouse, Letters, Bd. 1, S. 178 (frz. Ausg. S. 173).

51 Guizot, ebd., S. 57 f.

52 Waresquiel, CJ, S. 44 u. 47; dort S. 214ff. zum Folgenden; Démier, La France de la Restauration, S. 89 (das Fouché-Zitat).

53 Lentz, NHPE, Bd. 4, S. 319ff.

54 Waresquiel/Yvert, Histoire de la Restauration, S. 115.

55 Hunecke, Napoleon, S. 116ff.

56 Vgl. Thiers, HCE, Bd. 19, S. 406ff. u. 628f.; Démier, La France de la Restauration, S. 151f.

57 Constant, Mémoires, S. 134; vgl. Démier, ebd., S. 102f.

58 Waresquiel, CJ, S. 334f.

59 Ebd., S. 64ff. u. 83f.

60 Duvergier, CCL, Bd. 19, S. 378; von Thadden, Restauration und napoleonisches Erbe, S. 96; Tulard, Les vingt jours, S. 247ff.; siehe oben S. 33.

61 A. P., Ser. 2, Bd. 14, S. 362, und Correspondance, Bd. 28, S. 16f.; vgl. dazu den Kommentar von Constant, Mémoires, S. 172.

62 Lentz, NHPE, Bd. 4, S. 367ff.; Waresquiel/Yvert, Histoire de la Restauration, S. 114f.; Amson, Histoire constitutionnelle, S. 764ff.

63 Thiers, HCE, Bd. 19, S. 310ff.; Waresquiel/Yvert, Histoire de la Restauration, S. 115.

64 Correspondance, Bd. 28, S. 30–35; Thiers, HCE, Bd. 19, S. 316ff.; Deslandres, Histoire constitutionnelle, S. 748f.; Buchez/Roux, Histoire parlementaire, Bd. 40, S. 101; Constant, Mémoires, S. 131 u. 171f.; siehe oben S. 11.

65 Duvergier, CCL, Bd. 19, S. 385; Correspondance, Bd. 28, S. 51; vgl. Muir, Britain and the Defeat of Napoleon, Index s.v. »slave trade«.

66 Duvergier, ebd., S. 390ff.; Chateaubriand, Rapport, S. 236f.; siehe oben S. 36.

67 Tulard, Fouché, S. 324f.

68 Constant, Mémoires, S. 133 u. 137.

69 Chateaubriand, Rapport, S. 256 ff.; vgl. Thiers, HCE, Bd. 19, S. 407 ff.; Deslandres, Histoire constitutionnelle, S. 743, 749 u. 760.

70 Thibaudeau, Empire, Bd. 7, S. 259 ff.

71 Dictionnaire Napoléon, hg. von Jean Tulard, Paris 1989², S. 1010; Villepin, CJ, S. 137 ff.; Mazel, Un héros des »Vingt-Jours«, S. 104 u. 106; Constant, Mémoires, S. 135 (Hervorhebungen nicht im Original).

72 Gonnard, Les origines de la légende napoléonienne, S. 318.

73 Waresquiel, CJ, S. 275 ff.

74 Guizot, Mémoires, Bd. 1, S. 78; Waresquiel, CJ, S. 301 ff., 363 ff., 370 ff. u. 382 ff.

75 Siehe oben S. 59.

76 Constant, Mémoires, S. 148; Lentz, NHPE, Bd. 4, S. 376 u. 397; Waresquiel/Yvert, Histoire de la Restauration, S. 116; Thiers, HCE, Bd. 19, S. 434.

77 Thibaudeau, Empire, Bd. 7, S. 323 f.

78 Benjamin Constant, Œuvres complètes, Bd. IX, 1, hg. von Olivier Devaux und Kurt Kloocke, Tübingen 2001, S. 527–538.

79 Boulay de la Meurthe, Regnaud de Saint-Jean-d'Angély, Defermon, Merlin de Douai sowie die Minister Cambacérès, Carnot und Maret.

80 Constant, Mémoires, S. 131–138; Amson, Histoire constitutionnelle, S. 778 ff.; Lentz, NHPE, Bd. 4, S. 378; Waresquiel/Yvert, Histoire de la Restauration, S. 117.

81 Chateaubriand, Rapport, S. 260–263.

82 Waresquiel, CJ, S. 379; Frédéric Bluche, Le plébiscite des Cent-Jours (avril–mai 1815), Genf 1974, S. 6 ff.; Deslandres, Histoire constitutionnelle, S. 754 ff.; Amson, Histoire constitutionnelle, S. 782 ff., und andere.

83 Constant, Mémoires, S. 147 Fn.; Chateaubriand, Rapport, S. 262.

84 Constant, ebd., S. 149 ff.; Thibaudeau, Empire, Bd. 7, S. 328; siehe oben S. 66.

85 Constant, ebd., S. 163; Thibaudeau, ebd., S. 325; Maximien Lamarque, Mémoires et souvenirs, Bd. 1, Paris 1835, S. 43; Hobhouse, Histoire des Cent Jours, S. 178 ff.; Mémoires de Marchand, premier valet de chambre ... de l'Empereur, hg. von Jean Bourguignon, Bd. 1, Paris 1952, S. 151; Thiers, HCE, Bd. 19, S. 448 ff.

86 Constant, ebd., S. 140 f.

87 Constant, ebd., S. 164.

88 Duvergier, CCL, Bd. 19, S. 411 f.

89 Duvergier, ebd., S. 416; Correspondance, Bd. 28, S. 141 f.; Constant, Mémoires, S. 147 f.; Chateaubriand, Rapport, S. 260; Thiers, HCE, Bd. 19, S. 455 ff.

90 Duvergier, ebd., S. 416 f.; von Thadden, Restauration und napoleonisches Erbe, S. 97 f.; Waresquiel, CJ, S. 425; Lentz, NHPE, Bd. 4, S. 391 f.

91 Lentz, ebd., S. 405 ff.; Waresquiel, CJ, S. 423 ff.

92 Thiers, HCE, Bd. 19, S. 555 ff.; Lentz, ebd., S. 422 ff.; Démier, La France de la Restauration, S. 106.

93 Buchez/Roux, Histoire parlementaire, Bd. 40, S. 139 ff.; Thiers, ebd., S. 468 ff.; Lentz, ebd., S. 426 ff.; Waresquiel, CJ, S. 325 ff.

94 Siehe oben S. 59, 90 u. 97 f.

95 A. P., Ser. 2, Bd. 14, S. 388–391; Thiers, HCE, Bd. 19, S. 551 ff. u. 573 ff.; Lentz, NHPE, Bd. 4, S. 397 ff.; Jacques-Olivier Boudon, La cérémonie du Champ de Mai, in: Nap. Ier, Nr. 49 (Aug.–Okt. 2008), S. 34–39.

96 Buchez/Roux, Histoire parlementaire, Bd. 40, S. 147 f.

97 Guizot, Mémoires, Bd. 1, S. 71; Hobhouse, Histoire des Cent Jours, S. 184; Waresquiel/Yvert, Histoire de la Restauration, S. 120; Démier, La France de la Restauration, S. 105.

98 Menant, Les députés de Napoléon, S. 397ff.; Villepin, CJ, S. 319ff.; Tulard, Fouché, S. 327f.; Lentz, NHPE, Bd. 4, S. 389ff.

99 A. P., Ser. 2, Bd. 14, S. 392–400; Thiers, HCE, Bd. 19, S. 593ff.; Menant, ebd., S. 405ff.

100 A. P., ebd., S. 387 u. 400ff. (in der Literatur wird als Datum des Eids immer der 26.5. genannt); Menant, ebd., S. 407ff.; Deslandres, Histoire constitutionnelle, S. 769.

101 A. P., ebd., S. 403–410; Lentz, NHPE, Bd. 4, S. 434ff. (hier auch die folgenden Zitate); siehe oben S. 103f.

102 A. P., ebd., S. 410; Lentz, ebd., S. 438f.

103 Hunecke, Napoleon, Kap. VIII; siehe oben S. 7 u. 30.

104 Zu dem an dieser Stelle nicht näher zu erörternden Wiener Kongress siehe Heinz Duchhardt, Der Wiener Kongress. Die Neugestaltung Europas 1814/15, München 2013, und, für Freunde einer episch-breiten Darstellung, Adam Zamoyski, Rites of Peace. The Fall of Napoleon and the Congress of Vienna, London 2007, wovon eine Übersetzung ins Deutsche angekündigt ist.

105 Mémoires du prince de Talleyrand suivis de 135 lettres …, hg. von Emmanuel de Waresquiel, Paris 2007, S. 613; Lentz, NHPE, Bd. 4, S. 125–145.

106 Lentz, ebd., S. 345ff.; dt. Übers. nach: Diplomatische Geschichte der Jahre 1813, 1814, 1815, Zweiter Theil: Vom Wiener Congresse bis zum zweiten pariser Frieden, Leipzig 1863, S. 286, und: Geschichte in Quellen, [Bd. 4:] Amerikanische und Französische Revolution, München 1981, S. 576f.

107 Thiers, HCE, Bd. 19, S. 349.

108 Kerautret, GT, Bd. 3, S. 118–123 (Chaumont) und 177–181 (Quadrupelallianz vom 25.3.1815); Lentz, NHPE, Bd. 4, S. 356ff.; Muir, Britain and the Defeat of Napoleon, S. 348 u. 352f.; John M. Sherwig, Guineas and Gunpowder. British

Foreign Aid in the Wars with France 1793–1815, Cambridge, Mass. 1969, S. 335–339; C. K. Webster (Hg.), British Diplomacy 1813–1815, London 1921, S. 309.

109   Lentz, ebd., S. 440 ff. (das Zitat S. 442).

110   Siehe Schroeder, Transformation, S. 552.

111   Correspondance, Bd. 28, S. 60 f.; Diplomatische Geschichte (wie Anm. 106), S. 289; Lentz, NHPE, Bd. 4, S. 443 f.; zum Folgenden ebd., S. 445 ff.

112   Lentz, ebd., S. 449.

113   Lentz, ebd., S. 452 ff.; Thiers, HCE, Bd. 19, S. 288 ff.; Waresquiel, CJ, S. 416 ff. u. 429 ff.; Jacques Garnier, La réorganisation de l'armée, in: Nap. Ier, Nr. 49 (Aug.–Okt. 2008), S. 40–48.

114   Lentz, ebd., S. 457; vgl. Garnier, La réorganisation, S. 44 ff.

115   Lentz, ebd., S. 458 ff.

116   Lentz, ebd., S. 359 ff. u. 462 ff.

117   Das Folgende im Wesentlichen nach Lentz, ebd., S. 467 ff.; Philippe de Callataÿ, La bataille de Ligny. 16 juin 1815, journée noire pour l'Empereur, in: Nap. Ier, Nr. 57 (Aug.-Okt. 2010), S. 34–41; Logie, Napoléon. La dernière bataille; ders., Waterloo. De la bataille à la légende, Sonderheft Nr. 7 von Nap. Ier (Juni 2007), S. 8–23; Chandler, Campaigns, S. 1034–1058.

118   Callataÿ, ebd., S. 39 f.

119   Jacques Garnier, Waterloo, la bataille de la dernière chance, in: Nap. Ier, Nr. 27 (Juli–Aug. 2004), S. 31; Schroeder, Transformation, S. 551.

120   Victor Hugo, Les Misérables, Teil 2, Buch 1, Kap. 3 (dt. Übers., S. 366). – Zur selben Zeit, als Hugo dies schrieb, zog Thiers, HCE, Bd. 20, S. 295, die Voraussicht Napoleons in Zweifel, der sich selbst in eine Lage gebracht hatte, in der »le moindre accident physique devenait un grave danger.«

121   Las Cases, Mémorial, Bd. 1, S. 853.

122 Lentz, NHPE, Bd. 4, S. 483; Chandler, Campaigns, S. 1059f.; Logie, Napoléon. La dernière bataille, S. 71, 79 u. 88f.

123 Das Folgende im wesentlichen nach: Lentz, ebd., 482–504; Logie, ebd., S. 85–186; Chandler, Campaigns, S. 1064–1093.

124 Jacques Logie, La défaite [de Waterloo]: quels sont les véritables responsables?, in: Nap. Ier, Nr. 27 (Juli–Aug. 2004), S. 36; ders., Napoléon. La dernière bataille, S. 185; Chandler, Campaigns, S. 1073 u. 1076.

125 Hugo, Les Misérables, Teil 2, Buch 1, Kap. 9 (dt. Übers., S. 390f.); Yves Vander Cruysen, Victor Hugo et le camp de bataille de Waterloo, in: Nap. Ier, Nr. 61 (Aug.-Okt. 2011), S. 58–67; Chandler, Campaigns, S. 1080; Logie, Napoléon. La dernière bataille, S. 180f.

126 Zu dem äußerst verbissenen Kampf um das Gehöft La Haie-Sainte siehe Brendan Simms, Der längste Nachmittag. 400 Deutsche, Napoleon und die Entscheidung von Waterloo, München 2014.

127 Lentz, NHPE, Bd. 4, S. 496; Logie, ebd., S. 155f.; Chandler, Campaigns, S. 1093f.

128 Chandler, ebd., S. 1092f.; weitere Fehlentscheidungen Napoleons an diesem Tag verzeichnet Logie, La défaite (wie Anm. 124), S. 32ff.

129 Correspondance, Bd. 28, S. 295ff.; Thiers, HCE, Bd. 20, S. 306f.; Lentz, NHPE, Bd. 4, S. 507.

130 A. P., Ser. 2, Bd. 14, S. 564 (Sitzung der Chambre des Représentants vom 28. Juni 1815); Hugo, Les Misérables, Teil 2, Buch 1, Kap. 15; Logie, Napoléon. La dernière bataille, S. 195f.; Vincent Rolin, La bravoure du général Cambronne, in: Nap. Ier, Nr. 33 (Juli–Aug. 2005), S. 6–13; vgl. auch Georg Büchmann, Geflügelte Worte, 34. Aufl., bearb. von Winfried Hofmann, Berlin 1981, S. 331.

131 Niall Ferguson, The World's Banker. The History of the House of Rothschild, London 1998, S. 102 ff.; Pierre Branda, Le coup de bourse des Rothschild à Waterloo: légende ou réalité?, in: Nap. Ier, Nr. 54 (Nov.–Dez. 2010), S. 40–45.

132 Thibaudeau, Empire, Bd. 7, S. 372 ff.; Constant, Mémoires, S. 134; Lamarque, Mémoires et souvenirs, Bd. 1 (wie Anm. 85), S. 32 ff.; Thiers, HCE, Bd. 20, S. 438 ff.; Madame de Staël, Considérations sur la Révolution française, S. 501; Chateaubriand, MOT, XXIII, 14, Bd. 2, S. 674.

133 Thiers, HCE, Bd. 20, S. 306 ff.; Lamarque, ebd., Bd. 1, S. 130 f.; Chandler, Campaigns, S. 1094; Lentz, NHPE, Bd. 4, S. 506 ff. u. 517.

134 Gonnard, Les origines de la légende napoléonienne, S. 318; siehe oben S. 82 f.

135 Lentz, NHPE, Bd. 4, S. 509 ff.; A. P., Ser. 2, Bd. 14, S. 498 u. 501; Thiers, HCE, Bd. 20, S. 340 ff.

136 Buchez/Roux, Histoire parlementaire, Bd. 40, S. 214 f.; Thiers, ebd., S. 360 ff.; Villepin, CJ, S. 468 ff.; Lentz, ebd., S. 513 ff.

137 Constant, Mémoires, S. 197 u. 199; Démier, La France de la Restauration, S. 114.

138 Siehe oben S. 15 u. 67 f.; Buchez/Roux, Histoire parlementaire, Bd. 40, S. 220 ff.; A. P., Ser. 2, Bd. 14, S. 505; Correspondance, Bd. 28, S. 299 f.; Villepin, CJ, S. 474 ff.; Lentz, NHPE, Bd. 4, S. 516 ff.

139 Buchez/Roux, ebd., S. 247; Tulard, Fouché, S. 333 f.

140 Waresquiel, CJ, S. 465 f.; Volker Hunecke, Die Niederlage der Gemäßigten. Die Debatte über die französische Verfassung im Jahr 1789, in: Francia, Bd. 29/2 (2002), S. 75–128.

141 A. P., Ser. 2, Bd. 14, S. 427 f. u. 495 ff.; Lentz, NHPE, Bd. 4, S. 510 f.

142 A. P., ebd., S. 513; Menant, Les députés de Napoléon, S. 413, schreibt einen derartigen Antrag dem Abgeordneten Antoine Jay zu, was sich nicht aus den A. P. ergibt.

143 A. P., ebd., S. 570–573, 598f., 603 u. 609; Waresquiel, CJ, S. 620 Anm. zu S. 466; Démier, La France de la Restauration, S. 117; Waresquiel/Yvert, Histoire de la Restauration, S. 139f.

144 Waresquiel, CJ, S. 447 u. 495f.; ders./Yvert, ebd., S. 139ff.; Lentz, NHPE, Bd. 4, S. 535; Vincent Rollin, La bataille de Rocquencourt, 1er juillet 1815, in: Nap. Ier, Nr. 20 (Mai–Juni 2003), S. 54–57; Buchez/Roux, Histoire parlementaire, Bd. 40, S. 363ff. u. 371ff.; A. P., ebd., S. 625.

145 Correspondance, Bd. 28, S. 301f.; Tulard/Garros, Napoléon au jour le jour, S. 583ff.; Lentz, ebd., S. 524ff.; Bernard Chevallier, Les adieux de Malmaison, 25–29 juin 1815, in: Nap. Ier, Nr. 37 (März–April 2006), S. 32–35; Michel Kerautret, De Malmaison à »Bellérophon«, 29 juin–5 juillet 1815, ebd., S. 36–41.

146 François Furet/Denis Richet, La Révolution française, Paris 1965/66, 2. Aufl. 1973, Teil I, Kap. 5.

147 Waresquiel, CJ, S. 455ff. – Zu den Preußen im besetzten Frankreich siehe Klaus Rudolf Wenger, Preußen in der öffentlichen Meinung Frankreichs 1815–1870, Göttingen 1979, S. 54ff. (»Die Besetzung 1815–1818«).

148 Duvergier CCL, Bd. 20, S. 3f.; Buchez/Roux, Histoire parlementaire, Bd. 40, S. 377ff.

149 Bénédicte Savoy, Patrimoine annexé. Les biens culturels saisis par la France en Allemagne autour de 1800, Bd. 1, Paris 2003, S. 183ff.; Waresquiel, CJ, S. 498ff.

150 Kerautret, GT, Bd. 3, S. 269–281; Lentz, NHPE, Bd. 4, S. 539ff.; Waresquiel, CJ, S. 518f.

151 Schroeder, Transformation, S. 554; Branda, Le prix de la gloire. Napoléon et l'argent, S. 487ff.; Waresquiel, CJ, S. 501ff.; Lentz,

ebd., S. 537 ff.; Démier, La France de la Restauration, S. 125 ff.; von Thadden, Restauration und napoleonisches Erbe, S. 44 (zu Humboldt); Guizot, Mémoires, Bd. 1, S. 29.

152 Waresquiel, CJ, S. 440 (Guizot); Chateaubriand, MOT, XXII, 13, Bd. 2, S. 558 f.; von Thadden, ebd., S. 42 f. (Metternich).

153 Wortlaut der Deklarationen vom 25. und 28.6. in: Duvergier, CCL, Bd. 20, S. 1 f.; nur der zweiten in: Rosanvallon, La monarchie impossible, S. 266 ff.; Waresquiel/Yvert, Histoire de la Restauration, S. 127 f. u. 132 ff.; Waresquiel, CJ, S. 449 u. 453 ff.; Démier, La France de la Restauration, S. 113 f.; zum Ultraroyalismus von Artois siehe auch Waresquiel, CJ, S. 363 ff., und Lentz, NHPE, Bd. 4, S. 236 ff.

154 Bulletin des lois, 6e série, tome unique, 1815, Nr. 38; Démier, ebd., S. 121; Waresquiel, CJ, S. 490.

155 Tulard, Fouché, Kap. 24 u. 25 (das Zitat auf S. 359).

156 Waresquiel/Yvert, Histoire de la Restauration, S. 143 ff.; Waresquiel, CJ, S. 506 ff.; Démier, ebd., S. 123 ff.; von Thadden, Restauration und napoleonisches Erbe, S. 100 f.

157 Duvergier, CCL, Bd. 20, S. 3 u. 14 f.; Lentz, NHPE, Bd. 4, S. 548 f.; Démier, ebd., S. 120 ff.; Tulard, Fouché, S. 349.

158 Démier, ebd., S. 140 ff.; Waresquiel/Yvert, Histoire de la Restauration, S. 143 ff. u. 154 ff. (das Zitat S. 156).

159 Démier, ebd., S. 189 ff.

160 von Thadden, Restauration und napoleonisches Erbe, S. 52 f.; Démier, ebd., S. 237 ff.

161 Chateaubriand, MOT, XXIV, 8, Bd. 2, S. 731 f. (Übers. Massenbach, S. 422 f.). – Dieser Abschnitt fußt im Wesentlichen auf Kapitel XII meines Napoleon-Buchs von 2011.

162 Hunecke, Napoleon, S. 338 f. (mit den genauen Nachweisen der kurzen Zitate).

163 General Montholon, Récits de la captivité de l'empereur Napoléon à Sainte-Hélène, Bd. 2, Paris 1847, S. 152 u. 156; Gonnard, Les origines de la légende napoléonienne, S. 23.

164 Napoléon à Sainte-Hélène par les quatre évangélistes Las Cases, Montholon, Gourgaud, Bertrand, hg. von Jean Tulard (1981), Paris 2012.

165 Gonnard, Les origines de la légende napoléonienne, S. 3f. u. 334ff.

166 Branda, Le prix de la gloire. Napoléon et l'argent, S. 88 u. 97; Gonnard, ebd., S. 285.

167 Volker Sellin, Napoleon auf der Säule der Großen Armee. Metamorphosen eines Pariser Denkmals, in: Europäische Sozialgeschichte. Festschrift für Wolfgang Schieder, hg. von Christof Dipper u. a., Berlin 2000, S. 385ff.; Corinna Engel, Napoleons Grab im Invalidendom, Frankfurt am Main 2007, S. 56ff.; Thomas W. Gaehtgens, Le musée historique de Versailles, in: Les lieux de mémoire, hg. von Pierre Nora, Abt. II: La nation, Bd. 3, Paris 1986, S. 143–167.

168 Jean Tulard, Le retour des Cendres, in: Les lieux de mémoire (wie vorige Anm.), S. 81–110.

169 Jean Bourguignon, Le retour des Cendres 1840, Paris 1941, S. 43; zu dem Redner siehe Dictionnaire du Second Empire, hg. von Jean Tulard, Paris 1995, S. 576.

170 Alphonse de Lamartine, Rede vom 26. Mai 1840, in: ders., La France parlementaire (1834–1851). Œuvres oratoires et écrits politiques …, première série: 1834–1840, Bd. 2, Paris 1864, S. 348–356.

171 Sudhir Hazareesingh, La légende de Napoléon, Paris 2005, S. 238f., 260f. u. 272f.

172 Thierry Lentz, Artikel »Bonapartisme«, in: Dictionnaire du Second Empire (wie Anm. 169), S. 181.

173 Œuvres de Napoléon III, Bd. 3: Discours, proclamations, messages, Paris 1856, S. 112 f.; siehe auch Jean Tulard, Aux origines du bonapartisme: le culte de Napoléon, in: Der Bonapartismus. Historisches Phänomen und politischer Mythos, hg. von Karl Hammer u. a., München 1977, S. 5–10.

174 Siehe oben S. 191, sowie S. 58 u. 63 f.; Fleury de Chaboulon, Mémoires pour servir à l'histoire de la vie privée, du retour, et du règne de Napoléon en 1815, Bd. 2, London 1820, S. 415–419; Mazel, Un héros des »Vingt-Jours«. Le général de La Bédoyère, S. 139 ff.; Jacques Jourquin, Le maréchal Ney, in: Nap. Ier, Nr. 3 (Juli–Aug. 2000), S. 56–64.

175 June Hargrove, Les statues de Paris, Antwerpen 1989, S. 89; Pierre Kjellberg, Le nouveau guide des statues de Paris, 1988, S. 85; Guy Cogeval, 7. Dezember 1815, neun Uhr morgens – Die Hinrichtung des Marschall Ney, in: Triumph und Tod des Helden. Europäische Historienmalerei von Rubens bis Manet, Ausst.-Kat. Köln, 1987, S. 218 ff.

176 Chateaubriand, MOT, XXIV, 8, Bd. 2, S. 732 f. (Übers. Massenbach, S. 423 f.); zur Würdigung der immensen Verdienste des Ersten Konsuls Bonaparte siehe Hunecke, Napoleon, Teil I.

177 Karl Marx, Der achtzehnte Brumaire des Louis Bonaparte, in: Karl Marx/Friedrich Engels, Werke, Bd. 8, Berlin 1973, S. 115.

178 Deslandres, Histoire constitutionnelle, S. 743 f.

179 Siehe oben S. 53 f.; vgl. Guizot, Mémoires, Bd. 1, S. 67.

180 Schroeder, Transformation, S. 550; vgl. Waresquiel, CJ, S. 522.

181 Chateaubriand, MOT, XXIII, 1, Bd. 2, S. 619; Georges Lefebvre, Napoléon (1936), Paris 1969[6], S. 567; Émile Dard, Napoléon et Talleyrand (1935), Paris 1947, S. 366 f.; dem Restaurationshistoriker Bertier de Sauvigny zufolge war es »un des plus grands crimes qu'un chef ait perpétrés contre une nation« (zit. von Tulard, Les vingt jours, S. 262).

182 Victor Hugo, Les Misérables, Teil 2, Buch 1, Kap. 17 (dt. Übers. S. 412ff.); auch die folgenden Zitate aus diesem Kapitel.

183 François Furet, La Révolution. De Turgot à Jules Ferry, 1770–1880, Paris 1988; zu Machiavelli siehe Gisela Bock, Civil discord in Machiavelli's *Istorie Fiorentine*, in: Machiavelli and Republicanism, hg. von G. Bock, Q. Skinner und M. Viroli, Cambridge 1990, S. 181–201.

Bibliographie

Aufgenommen wurden nur die mehrfach und die in abgekürzter Form zitierten Titel.

Amson, Daniel, Histoire constitutionnelle française de la prise de la Bastille à Waterloo, Paris 2010.

Archives Parlementaires de 1787–1860, Ser. 2 (1800 à 1860), Bd. 14 (3. Dez. 1814–9. Juli 1815), Paris 1869 (zit. als: A. P.).

Bertaud, Jean-Paul, Les royalistes et Napoléon, Paris 2009.

Bertier de Sauvigny, G., La Restauration (1955), Paris 1999.

Branda, Pierre, Le prix de la gloire. Napoléon et l'argent, Paris 2007.

Buchez, P.-J.-B. und Roux-Lavergne, P.-C., Histoire parlementaire de la Révolution française ou Journal des Assemblées nationales depuis 1789 jusqu'en 1815, Bd. 40, Paris 1838 (zit. als: Buchez/Roux).

Chandler, David G., The Campaigns of Napoleon, New York 1966.

Chateaubriand, François de, Mémoires d'outre-tombe, hg. von Jean-Claude Berchet, Bd. 2, Paris 1998 (zit. als: Chateaubriand, MOT); dt. Übers. in Auswahl von Sigrid von Massenbach u. d. T.: Erinnerungen, Frankfurt/Main usw. 1969.

Chateaubriand, François-René de, Rapport sur l'état de la France, fait au roi dans son conseil (9. Mai 1815), in: ders., Écrits politiques (1814–1816), hg. von Colin Smethurst, Genf 2002, S. 229–267.

Constant, Benjamin, Mémoires sur les Cent-Jours, hg. von O. Pozzo di Borgo, Paris 1961.

Correspondance de Napoléon Ier publiée par ordre de l'empereur Napoléon III, Bde. 27 u. 28, Paris 1869.

Démier, Francis, La France de la Restauration (1814–1830). L'impossible retour du passé, Paris 2012.

Deslandres, Maurice, Histoire constitutionnelle de la France de 1789 à 1870, Bd. 1: De la fin de l'Ancien Régime à la chute de l'Empire (1789–1815), Paris 1932.

Duvergier, J. B., Collection complète des lois, des décrets, ordonnances, réglemens, avis du Conseil-d'État … (de 1788 à 1830), Bde. 19 u. 20, Paris 1836/37 (zit. als: Duvergier, CCL).

Gonnard, Philippe, Les origines de la légende napoléonienne. L'Œuvre historique de Napoléon à Sainte-Hélène, Paris 1906.

Guizot, [François], Mémoires pour servir à l'histoire de mon temps, Bd. 1, Paris 1858.

[Hobhouse, John Cam], The Substance of Some Letters Written by an Englishman Resident at Paris During the Last Reign of the Emperor Napoleon, 2 Bde., London 1816; franz., stellenweise gekürzte und entschärfte Übersetzung: Histoire des Cent Jours, ou dernier règne de l'empereur Napoléon …, Paris 1819.

Hugo, Victor, Die Elenden (Les Misérables), hg. von Norbert Miller, München 1998.

Hunecke, Volker, Napoleon. Das Scheitern eines guten Diktators, Paderborn 2011.

Kerautret, Michel, Les grands traités de l'Empire, Bd. 3: La chute de l'Empire et la restauration européenne (1811–1815), Paris 2004 (zit. als: Kerautret, GT).

Las Cases, Emmanuel de, Mémorial de Sainte-Hélène, hg. von Joël Schmidt (1968), 2 Bde., Paris 1999.

Lentz, Thierry, Nouvelle histoire du Premier Empire, Bd. 2: L'effondrement du système napoléonien 1810–1814, Paris 2004 (zit. als: Lentz, NHPE, Bd. 2).

–, Bd. 4: Les Cent-Jours 1815, Paris 2010 (zit. als: Lentz, NHPE, Bd. 4).

Logie, Jacques, Napoléon. La dernière bataille (1998), Brüssel 2002.

Mazel, Geneviève, Un héros des »Vingt-Jours«. Le général de La Bédoyère, à travers sa correspondance inédite, Paris 2004.

Menant, Fabien, Les députés de Napoléon 1799–1815, Paris 2012.

Muir, Rory, Britain and the Defeat of Napoleon 1807–1815, New Haven/London 1996.

Napoléon à Sainte-Hélène par les quatre évangelistes Las Cases, Montholon, Gourgaud, Bertrand, hg. von Jean Tulard (1981), Paris 2012.

Napoléon Ier. Le magazine du Consulat et de l'Empire, Nr. 1 (2000) ff. (zit. als: Nap. Ier).

Petiteau, Natalie, Lendemains d'Empire. Les soldats de Napoléon dans la France du XIXe siècle, Paris 2003.

Rosanvallon, Pierre, La monarchie impossible. Les Chartes de 1814 et de 1830, Paris 1994.

Schroeder, Paul W., The Transformation of European Politics 1763–1848 (1994), Oxford 1996.

Staël, Germaine de, Considérations sur la Révolution française, hg. von Jacques Godechot, Paris 1983.

Thadden, Rudolf von, Restauration und napoleonisches Erbe. Der Verwaltungszentralismus als politisches Problem in Frankreich (1814–1830), Wiesbaden 1972.

Thibaudeau, A. C., Le Consulat et l'Empire, ou histoire de la France et de Napoléon Bonaparte de 1799 à 1815, Empire, Bd. 7, Paris 1835 (zit. als: Thibaudeau, Empire, Bd. 7)

Thiers, A., Histoire du Consulat et de l'Empire, Bde. 19 u. 20, Paris 1861/62 (zit. als: Thiers, HCE).

Tulard, Jean, Joseph Fouché, Paris 1998.

–, Les vingt jours. Louis XVIII ou Napoléon?, Paris 2001.

– u. Garros, Louis, Itinéraire de Napoléon au jour le jour 1769–1821, Paris 2002.

Villepin, Dominique de, Les Cent-Jours ou l'esprit de sacrifice, Paris 2001 (zit. als: Villepin, CJ).

Waresquiel, Emmanuel de, Cent Jours. La tentation de l'impossible, mars–juillet 1815, Paris 2008 (zit. als: Waresquiel, CJ).

– u. Yvert, Benoît, Histoire de la Restauration 1814–1830 (1996), Paris 2002.

Personenregister

Alexander der Große • *53,
197, 199*

Alexander I. (russ. Zar) • *14,
22, 24, 26, 180 f.*

Angoulême, Louis-Antoine de
Bourbon, Duc d' (Sohn von
Artois) • *187, 214*

Anne d'Autriche (Mutter Ludwigs XIV.) • *36*

Artois, Charles-Philippe de
Bourbon, Comte d' (jünge-
rer Bruder Ludwigs XVIII.,
später König Karl X.) • *29,
31, 84 f., 186, 189, 193*

Bailly, Jean-Sylvain (Astro-
nom, Opfer der Terreur) •
207

Barante, Amable-Guillaume-
Prosper Brugière, Baron de
(Schriftsteller, Gegner Na-
poleons) • *111*

Barère, Bertrand (Abgeordneter) • *107*

Barnave, Antoine (Revolutio-
när) • *207*

Beauharnais, Eugène de (Stiefsohn Napoleons, vormals
ital. Vizekönig) • *20, 25*

Beauharnais, Hortense de
(Stieftochter und Schwägerin Napoleons, Ex-Königin
von Holland) • *79, 174*

Beauharnais, Joséphine de
(erste Gemahlin Napoleons)
• *25, 174, 199*

Béranger, Pierre-Jean (Dichter) • *203*

Berlioz, Hector (Komponist) •
203

Berry, Charles-Ferdinand de
Bourbon, duc de (zweiter
Sohn von Artois) • *187*

Berthier, Louis-Alexandre
(Marschall) • *219*

Bertrand, Henri-Gatien (General, Großmarschall) • *45,
48, 50, 60, 94*